吉林外国语大学学术著作出版基金资助出版

| 光明社科文库 |

美国"家长参与"政策批判研究

卫沈丽◎著

光明日报出版社

图书在版编目（CIP）数据

美国"家长参与"政策批判研究 / 卫沈丽著 . -- 北京：光明日报出版社，2019.12

ISBN 978 - 7 - 5194 - 5577 - 4

Ⅰ.①美… Ⅱ.①卫… Ⅲ.①学校教育—合作—家庭教育—研究—美国 Ⅳ.①G459

中国版本图书馆 CIP 数据核字（2019）第 298085 号

美国"家长参与"政策批判研究

MEIGUO "JIAZHANG CANYU" ZHENGCE PIPAN YANJIU

著　者：卫沈丽

责任编辑：许　怡　　　　　　责任校对：周春梅
封面设计：中联学林　　　　　　责任印制：曹　净

出版发行：光明日报出版社
地　　址：北京市西城区永安路 106 号，100050
电　　话：010-63139890（咨询），63131930（邮购）
传　　真：010 - 63131930
网　　址：http：//book. gmw. cn
E - mail：xuyi@ gmw. cn
法律顾问：北京德恒律师事务所龚柳方律师
印　　刷：三河市华东印刷有限公司
装　　订：三河市华东印刷有限公司
本书如有破损、缺页、装订错误，请与本社联系调换，电话：010 - 63131930

开　　本：170mm×240mm
字　　数：253 千字　　　　　　印　　张：16
版　　次：2020 年 8 月第 1 版　　印　　次：2020 年 8 月第 1 次印刷
书　　号：ISBN 978 - 7 - 5194 - 5577 - 4
定　　价：85. 00 元

前　言

　　在儿童的教育过程中，家庭和学校是两个最主要的实施单元。学校伴随着家庭教育功能的部分衰退而兴起，经过大规模扩展、专业化建设以及现代制度建构，已经成为当代世界中教育的压倒性主力，家庭的教育职能则处于边缘和次要地位。然而，随着儿童对现代学校制度的依赖和儿童发展标准多元化之间张力的扩大，家校合作已经势在必行。20世纪中期以来，美国以政策路径进行持续而坚定的家校合作关系建构，希图将家长参与学校教育涵盖所有家庭。应该如何看待这一政策倡导下的家校关系的本质？美国对家校关系的政策倡导，代表着家庭的独立教育职能重回儿童发展主流视域，还是代表着家庭已经作为一种现代学校制度的附庸工具而被重新界定？家校关系是否需要政策引导？政策系统能否对家校关系做出合法的、有效的引导？又该以什么作为评判其合法性和有效性的依据？

　　本研究试图通过以下几个部分对上述研究问题加以探讨。

　　第一章确立家校关系的政策考察路径，即依据哈贝马斯的系统与生活世界学说这一理论视角确立考察家校关系政策的有效性和合法性标准，对美国"家长参与"政策研究进行一种政策价值定向。

　　第二章进行美国"家长参与"政策的历史背景和文本解析，通过厘清政策的目标人群、政策目的与宗旨、政策方案的设计以及政策逻辑特征等基本轮廓，初步辨识美国"家长参与"政策的基本价值定位的"失真"。

第三章阐释美国"家长参与"政策的理念基础，揭示美国主流文化群体的家校关系特征、"家长参与"观念的演化，及其对当下的"家长参与"政策进行的"自以为是"的同构。

第四章从种族隔离和歧视对政策目标人群的生活和教育经历、文化传统，以及价值观念等层面的影响来审视其家校关系方面的认知基础，并以此质疑美国"家长参与"政策的针对性、适切性、合法性和有效性，从而揭露美国以主流阶层的家校关系观念为基础建构起来的家校关系政策正在对政策目标群体进行着系统的意识操纵的现实。

第五章诠释美国"家长参与"政策以经验分析为主的科学研究、各种标准化工具以及联邦权力与联邦基金等作为其"合法化"路径，试图让所有家校关系实践的利益相关者接受它并付诸实践。揭示政策在专家统治意识、技术主义以及工具理性的驱动下，以各种工具性途径引导和强化社会主流阶层的家校关系意识，呈现出政策系统对家庭教育的"侵占"。

第六章梳理并展示美国"家长参与"政策实践中的矛盾，进一步指出"家长参与"政策对处境不利儿童家长和教师主体间的文化冲突、处境不利家长与中产阶级白人家长主体间的文化冲突的忽视已经严重地影响了政策对有效性的价值定位。

在结语部分，本研究指出：①美国"家长参与"政策在基本价值定位和价值选择上存在"失真"与"自以为是"的扭曲现象，政策对政策目标人群的家校关系形塑并非基于其共享的意义和生活世界，而是基于各种"工具理性"的合法化路径，这直接导致政策对家校关系行动者的主体间性的忽视，家校关系符号意义再生产的过程变成一个去政治化的、意识操纵的过程；②美国家校关系的政策导向导致美国儿童养育"学校化"；③美国"家长参与"政策代表着一种受现代工具理性侵袭的家校关系，它会导致家庭的独立教育职能、亲子关系以及儿童养育理念等的逐渐异化。

通过对美国"家长参与"政策的考察研究后发现，家校合作热潮所倡导的，并非家校的真正合作伙伴关系的建立，家庭也远非是一个独立的教育职能单位。相反，政策导向的家校关系中，家庭已经成为现代学校制度的附庸工具，强大的工具理性和技术理性因素已经将家庭吸附于学校的经济功能的实现过程中，家长所能掌控和发挥的对学校教育的监督、建议、问责和申诉的功能都是被圈限于家庭对学校的经济功能的依赖的范围内，很难真正独立地、有意识地、自主地关注儿童的自由发展。家庭和儿童都已经成为现代理性的规格产品，非理性的情感沟通以及儿童的基本生活需求等方面都已经逐渐被学业成绩这一中心任务所掩盖，甚至无视；各种严肃的道德也都被适应体制内生存和发展的各种个性品质所代替。这是现代理性对家庭和儿童生活的"侵占"，而非人的理性选择下的认同与共识。

目　录
CONTENTS

引　言 ……………………………………………………………… 1

一、问题的提出 ……………………………………………… 1

二、研究意义 ………………………………………………… 3

三、文献综述与评价 ………………………………………… 4

四、研究设想 ………………………………………………… 27

五、相关概念界定 …………………………………………… 32

第一章　生活世界理论：美国"家长参与"政策研究的价值分析
　　　　基础 ……………………………………………… 39

一、教育政策的内涵、特殊性和价值分析 ………………… 39

二、生活世界理论视角下的教育政策的价值分析 ………… 42

三、生活世界理论视角下的家校关系政策的价值分析 …… 50

第二章　美国"家长参与"政策的历史发展及其基本价值定位的
　　　　"失真" ………………………………………… 55

一、美国"家长参与"政策的历史过程与政策内容 ……… 56

二、政策目标群体、政策目的及政策方案的"去政治化"及其
　　迷惑性 ………………………………………………… 78

三、政策逻辑的扭曲 ………………………………………… 96

第三章　政策理念解析：美国"家长参与"政策价值选择的
　　　　"自以为是" …………………………………… 101

一、"家长参与"观念的起源："家庭中心主义" ………… 101

二、"家长参与"观念的精神内核：社区控制和个人主义 …………… 107

三、"家长参与"观念的博弈走向：对学校的依赖与个性化定制 …… 113

四、"家长参与"政策中的"自以为是"：主流"家长参与"观念与

学校的社会公平和经济效益新功能共育之结果 …………… 117

第四章　美国"家长参与"政策对政策目标群体的"意识

　　　　操控" ………………………………………………… **119**

一、政策目标主体——处境不利人群在美国的生活经历 ………… 119

二、处境不利人群在美国社会中的教育经历 ………………… 128

三、生活和教育经历对处境不利人群的家校关系认知的影响 ……… 141

四、"家长参与"政策蕴含的对处境不利人群的文化同化意涵 …… 154

第五章　美国"家长参与"政策合法化路径的"工具理性"

　　　　本质 ……………………………………………… **158**

一、经验分析主导的科学研究 ……………………………… 159

二、标准化的"理性"工具 ………………………………… 170

三、联邦权力和联邦基金："家长参与"政策合法化的终极控制力 … 180

第六章　美国"家长参与"政策对家校关系的主体间性的

　　　　忽视及其有效性失却 …………………………… **185**

一、教师与学生及其家庭之间潜在的文化冲突 ………………… 186

二、政策实践中家长群体之间的文化差异 …………………… 198

三、政策实施的实际效果审视：成绩差距缩小了吗？ ……………… 203

四、政策有效性的新维度：为儿童的一生做准备 ………………… 206

结　语 ……………………………………………………… **208**

参考文献 …………………………………………………… **211**

后　记 ……………………………………………………… **245**

引　言

一、问题的提出

如今，儿童的发展越来越多地发生在制度背景中。婴儿时期的早教机构，幼儿时期的幼儿园机构，儿童时期的小学，青少年时期的中学……都成为儿童成长中典型而且极为重要的环境。另外，社会对儿童成长与发展提出更深、更广的需求，包括情感、社会性、行为、能力以及认知等在内的多元化结构的儿童发展标准受到世界的普遍推崇。显然，这一现实需求要求家长和教育者不能仅从各自的儿童发展理论去看待儿童，更重要的是从家庭、学校的具体背景中去理解儿童的发展需求。换句话说，现实要求家长要以一个更加公共和制度化的视角去看待和对待自己孩子的教育，而学校教育者要以一个更加具有家庭背景化的视角去认识和开展学生的教育。故而，家校合作势在必行。

20世纪中期以来，世界很多国家纷纷以制定政策、颁布法令、设计项目以及做大量主题研究等方式强化家校合作，引领了世界基础教育领域中的家校合作热潮。其中，美国在家校合作领域的建设最为突出。从20世纪60年代中期开始，美国联邦政府颁布的《初等和中等教育法案》系列的第一款（Title Ⅰ）中持续不断地强化"家长参与"，经过半个多世纪的八次增补与修订，"家长参与"已经形成系统的政策体系。其宗旨是"确保处境不利儿童家长参与到孩子的学校教育之中"，以此"提升孩子学业成绩并缩小他们与白人同伴之间的成绩差距"，政策希冀将家长参与学校教育"涵盖所有家庭"。政策话语已经在研究和实践领域发挥作用。在研究领域，半个多世纪以来，基于多学科、多视角和多层面的"家长参与"研究大量涌现，要么确证"家长参与"的重要性和有效性，要么对"家长参与"的方式进行建模，要么对"家长参与"政策发展施以策略影响；而在实践领域，联邦基金的保障已经使得政策在学校层面予以广泛地实施。可以说，美国"家长参与"政策已经在研究、实践和理论发展方面形塑出美国家校关系的主导模式。

那么，我们将如何判断政策对家校关系进行定位与引导的目的和影响？又如何判断家校关系在政策引导框架内是否有益于儿童的更深、更广的发展需求？因此，本研究试图通过对美国"家长参与"的政策体系进行阐释与解析，寻找如下问题的答案：

①应该如何看待美国"家长参与"政策倡导下的家校关系的本质？或者说，美国对家校关系的政策倡导，代表着家庭的独立教育职能重回儿童发展主流视域，还是代表着家庭已经作为一种现代学校制度的附庸工具而被重新界定？

②美国"家长参与"的政策语言是基于什么经历、价值和信念对家长责任进行定义的？"家长参与"政策依据什么目的和价值基础处理家校之间的关系的？

③美国"家长参与"政策系统能否对家校关系做出合法的、有效的引导？又该以什么作为评判其合法性和有效性的依据？

其中，美国对家校关系的政策倡导，究竟是代表着家庭的独立的教育职能重回教育发展视域，还是代表着家庭已经作为一种现代学校制度的附庸工具而被重新界定，这是一个关键问题。因为两者的区别意义重大。这关乎政策引导范围内的所有人，包括政策制定者、教育工作者、教育评估者、家长、儿童等一切教育利益相关者，以及他们是如何看待家庭的教育职责，如何实践家庭的教育职责，如何评估家长和家庭的教育努力与付出，如何影响家长对儿童的养育和帮助方式的选择等重要问题。如果家庭独立的教育职能能够重回视域，那么，家庭对于现代学校教育中的一些技术理性造成的偏差能够起到一定的纠正作用；如果家庭通过政策导向已经成为学校制度的发展工具，那么，在混淆了"教育"和"学校教育"的概念的事实背后，将是家庭和儿童在现代理性入侵家庭和教育领域之后的惨重牺牲，因为，一切理性化的标准、目的性的取舍都只在乎儿童成功的路径选择，而不再关乎对儿童成功的定义，不再关乎儿童教育发展的真谛——人的自由成长。

二、研究意义

（一）理论意义

家校合作在 20 世纪后半期以来，已经成为世界教育改革的一个主要议题。世界各国在现代学校制度发展过程中，重拾家庭和家长的教育价值认同。中国也于 20 世纪八九十年代在基础教育领域建构家校合作理念和实践。但是，在过去的三四十年中，中国的家校合作，无论是在政策建设和理论建设领域都发展缓慢，家校合作的政策策略主要指向"参与学校管理""家长委员会""家长学校"等方面，家长学校将家长定位在"先进家庭教育知识"的接收者，而家长委员会中家长的实际参与效能则经常遭受质疑，因此，家长的力量并没有受到真正的重视，更没有被真正地激发。这一问题的出现，是由于中国家校合作领域对有关基本理论问题研究的匮乏，对于家校关系的文化传统、家长的参与意识与需求、对家校关系的社会功能与教育价值诉求等方面的研究存在大量空白。通过对美国"家长参与"政策体系的研究，关注美国"家长参与"的政策观念基础、关注美国家校关系传统对当今"家长参与"的影响力、关注美国家校关系在现代学校制度框架下的功能变化、关注美国"家长参与"的有效性判断的逻辑等问题，这些对于我们理解家校关系的发展框架、理解家长的基本责任和功能、理解"家长参与"与特定社会脉络下的价值观和信念之间的强大关系等都有所助益。

（二）实践意义

"家长参与"政策是包含一系列"技术—管理主义"的相关计划和策略的内容，这是美国的政策制定的根本目的。它形成的系统的家长参与吸引政策、并对相关地方教育部门和学校等各级教育部门做出系统的规定，并在法案中提出相关的吸引家长参与的辅助机制和机构建设，提高家长参与能力的培训和资金运作体系，都是对家长参与有实践参考意义的。另外，在对美国"家长参与"政策的批判研究中，笔者认识到，家长参与学校教育已经被美国各界，包括教育研究者、政策制定者、教育工作者以及主流阶层家长视为"好的儿童养育"模式，这极大地强化着一种极端的理性化育儿理念。故而，同样面对现代化发展的中国，在其家校合作实践中应该警惕这种现代理性目的下的育儿理念的发展，应该根据中国的文化传统，在现代化学校制度发展背景中，努力引导家长对孩子在教育上情感与理性均衡投入。

三、文献综述与评价

从 20 世纪 60 年代末开始，由于"家长参与"政策的驱动，美国"家长参与"领域的研究逐渐丰富，以一种多视角、多学科和多层面的研究态势，涵盖家校关系相关的理论建构、实践建模以及政策策略等领域。本研究将搜集到的有限却具有代表性的研究成果以一种研究目的和研究功能的维度加以综述，并在此基础上厘清和理解美国"家长参与"的广泛的意涵，辨识已有研究对"家长参与"框架下的家校关系模式的定位、意义诠释以及评价，同时提出本研究对"家长参与"政策的关注并以政策分析作为基本路径，审视美国家校关系模式的实质和问题。笔者将分别从以下几个维度对目前美国"家长参与"的主要研究成果进行分类阐述：一是关于"家长参与"的内涵与历史研究；二是对"家长参与"的重要性和有效性的分析研究；三是对"家长参与"的合理性前提的研究（家庭背景对学生成绩的影响的研究）；四是关于"家长参与"的策略性研究；五是对"家长参与"的问题与弊病的研究。另外，笔者还对中国目前为数不多的关于美国"家长参与"方面的研究成果进行综述，并试图对概念理解和对等使用方面的混乱现象，以及实践经验和模式介绍过程中出现的文化分析缺失现象等方面提出质疑，并希图在本研究中对此问题予以探索。

（一）"家长参与"的内涵与历史

在美国"家长参与"研究领域，林林总总的研究大多数都是围绕"家长参与"的重要性、有效性、策略性以及问题弊端进行的，但是令人困惑的是，"家长参与"的概念使用情况十分复杂，相关概念的变体众多，并且没有一个统一的概念界定。"家长参与"的内涵多是依循研究者的研究问题和研究目的而颇有侧重。所以，很多学者认为，"家长参与"对于不同的人来说，是不同的事情。在这种情况下，对"家长参与"的历史研究进行梳理十分有益，它可以将"家长参与"的意涵置于具体的社会历史背景中，这十分有利于把握"家长参与"的真谛，而不受概念形式多样的困扰。有关"家长参与"的历史的研究数量有限，这与大量的实证研究形成极其鲜明的对比。尽管如此，这仅有的几篇历史研究文献对于实证研究中概念使用不稳定和混乱的问题解决有很大帮助。

目前关于"家长参与"的历史研究主要体现了两种"家长参与"历史划分的情况，这也代表了家长参与的两种内涵的区别。一种历史观对"家长参与"的理解是广义的，是可以延伸至人类社会之初的，是自然地发展至今的一种家长主动和自发地参与到孩子的教育中的行为方式；而另一种历史观对"家长参与"的理解是狭义的，是基于美国"家长参与"这一概念的出现和使用这个起点，将"家长参与"理解为一种体制化的、政策化的和普及化的吸引家长参与的行为。

1. "家长参与"的广义内涵的历史观

首先，尤金妮亚·H. 伯杰（Berger，E. H.）在她 1991 年的研究《家长参与：昨天与今天》（*Parent Involvement：Yesterday and Today*）中，对"家长参与"进行了历史梳理。伯杰在文章导言部分点题："家长一直被包含（involved）在孩子的教育中，但是，参与（involvement）却已经随着时间延伸发生了变化。"[1] 因此，伯杰对"家长参与"的历史的梳理便是从阐释远古文化中家长作为儿童最重要的教师这一点展开的。她认为，在"正规教育"出现之前，儿童一直接受来自家里的第一教育。在家庭之外的正规教育出现之后，就出现了有关家长职责的规定以及对家长教育（parent education）的强调。如古希腊时代："柏拉图在《理想国》中写到有关儿童培养的问题，并警告儿童听故事会影响他们人格的形成。'我们应该那样粗心地放任孩子去听那些由随便的人编撰的随便的故事，然后将这些故事记入心中，等将来他们长大成人后以此作为指导去做一些与我们的期望相违背的事吗？我们不能。'"[2] 从伯杰的逻辑来看，她认为这一时期的对家长教育的强调已经是一种早期的家长参与的形式了。而后来，漫长的中世纪，家长参与孩子教育的

---

① Berger，E. H. . Parent Involvement：Yesterday and Today［J］. The Elementary School Journal，1991，91（3）：210.

② Berger，E. H. . Parent Involvement：Yesterday and Today［J］. The Elementary School Journal，1991，91（3）：210.

方式则因教会的统治原因，表现为在家里的日常生活和工作中教授孩子一些基本技能。在中世纪末，一些先进的思想家出现了，提出并倡导教育儿童的新理念，其中，对于儿童与其父母之间的互动交往的重要性的强调成为日后逐渐发展的家长尤其是母亲在孩子教育中的重要性的理论的基础。伯杰强调："当今对于家长参与的强调根植于卢梭和裴斯泰洛齐的著作。"① 卢梭在《爱弥儿》一书中说，儿童需要自由地成长，不受社会的玷污。他劝告母亲们在幼小的植株死掉之前为它耕作、浇水。有朝一日，它的果实会让你感到高兴……植物需要培养而人需要教育。裴斯泰洛齐在他最为成功的书籍《葛笃德如何教育她的孩子》中，承认母亲的重要性，并且推荐一些教育方法给母亲们使用。裴斯泰洛齐将母亲视为孩子的第一任教师。这一教育理念在家长中广泛传播。伯杰指出，从19世纪开始，美国的中产阶级家长受到欧洲的三种理论，即加尔文主义的邪恶论、卢梭、裴斯泰洛齐和福禄贝尔的人性本善论，洛克的教育干预理论的影响，积极自主地进行家长参与活动，并成功地影响了19世纪美国的幼儿园运动、家长教育运动以及家长参与学校事务的趋势。伯杰在此论述中大量地使用"家长教育"（parent education）这个词汇，她认为中产阶级家长作为"消息灵通"的角色，在接收欧洲先进教育思想之后，积极地结成各种社会组织和团体，进行着自我启蒙和自我教育，这是"伴随着幼儿园运动，家长教育也急剧发展"的主要原因。

在伯杰的观点中，家长对孩子的重要性是家长参与的逻辑起点。正因为家长对孩子教育的重要性自古就有，所以才认为家长必定一直被包含于孩子的教育之中，而变化的却是参与（involvement）本身。所以，无论是远古时候家长通过塑造、关心和指导而使得孩子掌握技能、道德观念、时间价值、生活经历、生存环境与文化内容，或者古希腊时期为国家利益而非家庭利益而强调的家长教育，抑或是中世纪家长在工作和家庭生活中教给孩子基本技能，再或者是近现代逐步发展的以儿童发展为中心的家长教育的实践等，都是家长被包含在孩子教育中的实践。从本质上讲，它们都是家长的一种参与的状态，但却不是指涉"家长参与"这个术语的意涵，这也正是伯杰所说的

---

① Berger, E. H.. Parent Involvement: Yesterday and Today [J]. The Elementary School Journal, 1991, 91 (3): 211.

"参与发生了变化"。

伯杰认为，20 世纪 60 年代以来的"家长参与"仍然承袭着"家长在孩子的教育中的重要性"这种基本意涵，但伯杰同时也申明，这次的"家长参与"的提倡者是联邦政府，是通过项目计划进行的家校合作倡议。也就是说，伯杰已经认识到了"家长参与"的意涵的变化，它已经从一种中产阶级家长自发的、由社会团体组织倡导的"家长教育"转向一种由联邦政府通过项目计划倡导的"家长参与"。

综上所述，伯杰将家长对儿童教育的重要性作为当今家长参与的逻辑起点，而家长教育则是"参与"的一种自发样态，它从基本内涵上与"家长参与"有着一致之处，即对家长进行引导和指导，使得家长能够发挥他们对孩子教育的重要作用。因此，从发展顺序上来看，家长教育是"家长参与"的基础，"家长参与"是家长教育的高级变形。

通过将伯杰的"家长参与"的历史梳理与其他"家长参与"历史研究成果做对比，可以得出一个结论：作者认为"家长参与"有着一个"非政策化的、制度化的"的前身，它可以表述为"家长教育"（parent education）。或者说，家长参与儿童的养育（包括抚养和教育）有一个悠久的历史，只是后来被政策化和制度化了，而"家长参与"这一表述正是政策化的表述形式。

其次，威廉姆·H. 詹恩斯（Jeynes，W. H.）在他 2010 年的著作《家长参与和学业成功》（*Parental Involvement and Academic Success*）的第一章《家长参与作为一个概念的历史》（"The History of Parents' Involvement as a Concept"）中，对"家长参与"的历史做以另一种方式的考察，并对"家长参与"的内涵以一种"观念"的形式拓展至美国诞生之初。詹恩斯强调，"家长参与"作为一种观念在美国已经有几百年的历史了，他将"家长参与"观念追溯到清教徒文化传统这一源头。在詹恩斯看来，虽然"1963 年前后，社会科学家们对这一问题的审视做出巨大贡献"，但是，"当朝圣者和清教徒来到北美大陆时，家长参与就已经成为北美教育的中心"[1]。他认为，清教徒对"家长参与"的强调影响了几个世纪的美国教育实践。"家长参与"并非

---

[1] Jeynes, W. H.. Parental Involvement and Academic Success [M]. New York: Routledge, 2011: 36.

一个新观念,理解这一点这对于判断一个人是否在一个适当的背景中理解当下美国正在进行的家校合作运动很重要。他指出,一些美国最早的欧洲定居者中,尤其是清教徒,是"家长参与"的重要性的信奉者,"他们对家庭的重视,傍晚的家庭阅读以及对教授每一个家长他们所担任的角色的强调都彰显了一种高水平的家长参与"①。而清教徒信奉家长参与的原因有二:"一是因为他们对教育的重视,另一个是因为他们相信家庭、教会和家人之间的强大联结是孩子学业成功的先决条件。"②

综合詹恩斯的观点来说,虽然"家长参与"是20世纪60年代后期产生的概念,但是其内涵所指涉的实践样态却要追溯到朝圣者和清教徒来到北美大陆时期的教育实践中。清教徒之所以重视甚至是信奉"家长参与",是因为他们的文化价值观中有两个重要的观念,一个是重视教育,一个是相信家庭、教会和家人的紧密联结是孩子学业成功的先决条件。

可以说,詹恩斯从文化观念传统的角度证实了当今的"家长参与"以及学校、家庭和社区合作伙伴运动都秉承着美国清教价值观,揭示了美国"家长参与"的实践由来和政策建构的观念基础,也印证了很多研究者对"家长参与"的中产阶级家长的参与理念为模本的观点。比如,卡瓦略(de Carvalho,M. E. P.)曾表示,"当下对家庭的呼吁可以追溯到它遥远的文化源头'学校作为家庭的延伸'的中产阶级模式上"③。

综上所述,通过伯杰和詹恩斯的历史研究,我们可以在具体的历史社会背景中领略家长参与的丰富内涵,而不仅仅是一个联邦项目计划的概念而已。历史研究展现的"家长参与"的脉络,首先是着眼于家庭和家长对孩子教育(不只是学校教育)的重要性,而非着眼于学校业绩和学生成绩,这一点可以理解为"家长参与"的广义内涵,同时,它们也为我们理解当下的

---

① Jeynes, W. H.. Parental Involvement and Academic Success [M]. New York: Routledge, 2011: 1.

② Jeynes, W. H.. Parental Involvement and Academic Success [M]. New York: Routledge, 2011: 1.

③ de Carvalho, Maria E. P.. Rethinking Family – School Relations: A Critique of Parental Involvement in Schooling [M]. Mahwah, NJ: Lawrence Erlbaum Associates, 2001: 96.

"家长参与"概念提出的背景、目的及其含义界定做一个基本参照，以此理解"家长参与"概念在广义与狭义之间的差异。

2. "家长参与"的狭义内涵的历史观

奥利弗·C. 摩尔（Moles，O. C.，Jr.）和阿诺德·F. 费格（Fege，A. F.）在 2011 年的论文集《家庭和社区参与手册》（*Handbook on Family and Community Engagement*）中一篇文章《第一款家庭参与的新方向：吸取过去的经验》（"New Directions for Title I Family Engagement：Lessons from the Past"）中，对"家长参与"作为一种政策的历史进行研究，即"家长参与"的政策化的历史回顾。本文的作者将"家长参与"（parent involvement）这个词汇置于美国 1965 年《初等和中等教育法案》的第一款（Title I）以来的七次联邦立法过程中加以探讨，并被作者称为"第一款家长参与"（Title I parent involvement）。

作者将"家长参与"的历史划分为三个阶段：第一阶段，1965～1980 年；第二阶段，1980～1988 年；第三阶段，1988～2011 年。在对三段历史的回顾中，作者关注的问题是："从第一款家长参与的 40 年的历史中我们能够得到什么？"[1] 作者的结论是："如果我们能从第一款家长参与摇摆不定的过去学到些什么的话，那就是有效的教育改革政策不能忽视与低收入家庭在孩子学业以及发展的成功方面的必要合作。许多社区和学区已经投入到这场努力中，但是大部分吸引家长参与和赋权给家长——所有家长——参与到孩子的教育中的真实工作仍然摆在面前，仍需面对。"[2] 那么在寻求解决"赋权给家长"这个现实问题的答案的时候，作者提出"建构学区能力，教师和管理者专业发展，社区参与，资金，沟通，动员和家长决策制定——发展一个完整儿童的协同政策的所有部分。为了做到这一点，完整的孩子需要完整的学校、完整的家庭和完整的社区共同合作"，并强调联邦的作用，"多年的经

---

① Moles，O. C.，Jr.，A. F. Fege. New Directions for Title I Family Engagement：Lessons from the Past［A］. Redding，S.，M. Murphy，P. Sheley. Handbook on Family and Community Engagement［C］. Lincoln：Academic Development Institute，2011：5.

② Moles，O. C.，Jr.，A. F. Fege. New Directions for Title I Family Engagement：Lessons from the Past［A］. Redding，S.，M. Murphy，P. Sheley. Handbook on Family and Community Engagement［C］. Lincoln：Academic Development Institute，2011：11.

验已经证实，没有联邦的框架，低收入家庭家长不能频繁地接受这种关注或者学校优先制定的家庭和教师之间天衣无缝的联系，以及家庭和社区之间的联系，这些联系会指向学生更好的学习和成绩"。作者还对立法提出要求和建议："《初等和中等教育法案》的授权需要显现一个更加广义的教育的概念，要超越'学校教育'（schooling）而进入儿童发展和家长赋权的领域"。① 可见，摩尔和费格从对家长参与的政策历史梳理中，已经发现政策框架下的家长参与内涵所固有的弊端，那就是低收入家长参与所面临的被动的、无权的和"不完整儿童发展"的状态，他们将建议指向赋权、联邦基金支持以及重新定义教育的内涵。

综上所述，在面对大量的关于"家长参与"的研究文献的时候，甄别文献中的"家长参与"的具体内涵是指向广义的家长参与教育实践，还是指向狭义的家长参与教育政策的实践，对认识美国家长参与教育这项实践的特征是极有帮助的。可以说，这种厘清恰好能够说明目前美国家长参与教育中"双轨"的成分，广义的家长参与教育是包括中产阶级白人家长的参与的，而狭义的家长参与正是通过政策强调的低收入少数族裔家长的参与。

（二）"家长参与"的重要性和有效性

目前美国"家长参与"研究领域中，大部分的研究都是针对"家长参与"的重要性和有效性进行的经验分析。这些研究的目的主要是为了探寻"家长参与"和学生学业成绩方面的显著相关性，所以，在"家长参与"领域中，学生的学业成绩是一个非常重要的研究焦点。

在众多的研究中，亨德森（Henderson，A. T.）主导的三次研究最具影响力，分别是1987年的《证据持续增长：家长参与提高学生成绩》（"The Evidence Continues to Grow：Parent Involvement Improves Student Achievement"）、1994年的《新生成证据：家庭是学生成绩的关键》（"A New Generation of Evidence：The Family is Critical to Student Achievement"）以及2002年的《新一轮证据：学校、家庭和社区联合对学生成绩的影响》（"A New

---

① Moles，O. C.，Jr.，A. F. Fege. New Directions for Title I Family Engagement：Lessons from the Past［A］. Redding，S.，M. Murphy，P. Sheley. Handbook on Family and Community Engagement［C］. Lincoln：Academic Development Institute，2011：11 – 12.

Wave of Evidence：The Impact of School，Family，and Community Connections on Student Achievement"），亨德森及他的合作者们在这一系列研究成果中屡次证明了"家长参与"的重要性、合理性和有效性。亨德森等学者的研究成果在美国家长参与领域广受关注，并被广泛引用。亨德森在1994年研究的前言中对"家长参与"的重要发展做出判断："到1987年，这一主题已经作为一个特殊的研究议题建立了它独有的领域……现在，1994年，这个领域已经成为一个增长迅速的行业（growth – industry）。"①

在1987年的研究中，亨德森等人对关于"家长参与"对学生成绩和学校业绩影响的49份研究进行梳理评审，研究结果发现：大部分研究都表明家庭提供的积极的学习环境对学生成绩能产生有力的影响；为低收入家长设计的与学生一起学习的项目培训很有成效，如学生的语言技能迅速提高、测试成绩表现转好、在校行为更加规范以及对普遍意义上的教育过程有重要影响。而在1994年的研究报告中，亨德森等人对1969年至1993年中66项关于"家长参与"的研究报告、文章、评论和书籍进行梳理研究，结论是：设计广泛的"家长参与"项目能够推动低收入家庭学生的成绩发展到中产阶级学生的预期水平；从早期教育到高中毕业，家庭对于学生成绩都有着至关重要的作用，当家庭积极地参与教育时，提高学生成绩的努力就会有效得多，"对于那些质疑吸引家长参与是否真的有重要作用的人，我们可以可靠地回答说这个疑问可以结束了"②。在2002年的研究中，亨德森表示，通过以往研究已经得知家庭对学生学校成绩有着持续、积极和令人信服的影响，这份报告关注对1993年至2002年间的51份关于家长和社区参与对学生学习成绩影响的研究进行梳理。研究结果显示：在家庭参与教育与学生受益之间存在着积极的、令人信服的关系，这种关系在所有经济、种族/民族和教育背景下的所有年龄段儿童都是一样的；有稳定增长的证据持续地证明家庭参与能

---

① Henderson，A. T.，N. Berla. A New Generation of Evidence：The Family is Critical to Student Achievement［M］. Washington，DC.：National Committee for Citizens in Education，1994：ix.

② Henderson，A. T.，N. Berla. A New Generation of Evidence：The Family is Critical to Student Achievement［M］. Washington，DC.：National Committee for Citizens in Education，1994：x.

11

够提高孩子的学习成绩，并且对孩子的学校出勤和学校行为有主要影响；家庭对孩子学习和教育过程支持得越多，孩子在学校表现的越好，而且更倾向于选择继续升学；处于成绩危机中的学生或者贫困学生能够在家庭和社区参与的支持中获益；所有学生，尤其是初中和高中的学生，将在家长在家帮助以及做出教育职业引导方面提供帮助时获益。

综上所述，这些经验性研究倾向于创建独特的场景，并在某些特定的情况下检验"家长参与"的重要性和有效性，并且，如果成功的话，希望作为理想模型。但问题是，很难确保在一个特定的背景下，一个特定项目中所孕育的结果能在其他的地方被成功地复制。在这些经验分析研究中存在一定的不确定性与含糊性，以一种经验分析的手段去确定家校关系的功能和作用是不适当的，而且所有的实证研究都是围绕学业成绩这个显性可测的标准来进行的，那么，对于"家长参与"的其他方面影响而言也许就被忽视了，故而，仅仅依靠这些实证性的经验研究来判断"家长参与"的有效性是不全面的。

（三）"家长参与"的合理性的前提

自从詹姆斯·科尔曼（Coleman，J. S.）在1966年的《科尔曼报告》的结论中强调了家庭背景特征对于土著人、西班牙裔、波多黎各裔、非裔、亚裔和白人美国人的不同学校表现的重要性，而对学校的物质和经济资源轻描淡写之后，他成功地将儿童的家庭背景与儿童的学业成绩之间的相关性问题带入了主流社会研究领域。[1] 受此影响，在家长参与的研究领域中，存在一个主流的研究维度，即关注家庭和家长在孩子学业成绩方面的影响。这个维度已经成为一个合理的家长参与实践的前提。这个方面的研究关注于家庭过程（比如，鼓励学校学习的家庭环境）以及家庭与学校的互动（比如，家长积极地参加学校活动）、教养方式（比如，家长对孩子的期望）对学生进步、年级、测试成绩、高中毕业率以及高等教育入学等方面的影响。

---

[1] Coleman, J. S.. Equal Schools for Equal Students？ ［J］. Public Interest, 1966（4）：74. 转引自：de Carvalho, M. E. P.. Rethinking Family – School Relations：A Critique of Parental Involvement in Schooling ［M］. Mahwah, NJ：Lawrence Erlbaum Associates, 2001：11.

　　值得注意的是，这些研究基本上都是基于文化和社会资本理论进行的，家庭和家长显然已经成为孩子学校教育的一种"资源"。例如，朗姆伯格（Rumberger，R. W. ）等人在 1990 年的研究中发现，"辍学现象更多地出现在家长参与孩子教育水平较低的家庭中"，"首先，辍学的孩子更多的来自放任型的养育模式的家庭，他们更愿意自己决定什么是适当的行为和活动；其次，辍学的孩子的家长通常采用一种消极的和惩罚的态度对待孩子的成绩问题；第三，家长的教育参与水平较低也成为影响孩子辍学的一个因素"①。相反，作者们强调，无论是哪个年级和社会群体，高成就者都是具有如下家庭特征的：家长对孩子在学习、睡觉、收拾家务以及看电视的限制等方面都有日常规定；家长在学习、自律和努力工作等价值观方面能够做出榜样；家长能够表达对孩子学业成绩较高而且现实的期望，并鼓励和巩固孩子的进步；家庭成员之间进行阅读、写作和讨论；运用社区资源，如图书馆。

　　然而，有研究指出上述这些教养方式也并非是客观的或者堪称标准的，相反，这些与成功的学校表现相关的教养方式是与家长的高水平收入和教育程度相连，也就是说，"高社会经济地位与高学业成绩相连"②。

　　比彻（Becher，R. M. ）在 1984 年的一份研究综述中强调，与初等学校中学生的学业成绩相关的几个关键的家庭进程变量（family process variables）是：家长对孩子的高期望、频繁地与他们进行互动，在学习和成就方面做出榜样，以孩子的教师的角色去做事（actions as teachers of their children），运用复杂的语言和问题解决策略，以及巩固他们在学校学到的知识。③

　　综上所述，这类研究隐含地假设了与学校成功相关的家庭的模式，即典型的中产阶级的、富裕的、通常是双亲的，并且有一位全职母亲的家庭，因为只有满足这些条件，才能有足够的时间、足够的教育水平和教育思想、足

① Rumberger, R. W. , et al. Family Influences on Dropout Behavior in One California High School ［J］. Sociology of Education, 1990, 63 （4）: 295.

② Eagle, E. . Socioeconomic Status, Family Structure, and Parental Involvement: The Correlates of Achievement ［R］. San Francisco: Paper presented at the Annual Meeting of the American Educational Research Association, 1989: 2.

③ Becher, R. M. . Parent Involvement: A Review of Research and Principles of Successful Practice ［R］. Washington, DC. : National Institute of Education, 1984: 3 - 4.

够的精力去思考如何更好地帮助孩子在校成功。显然,研究理想地强化了一个特定的家庭和教养类型,而忽视了单亲、逐渐增多的走出家庭而工作时间长的母亲、影响许多家庭的经济与健康问题(包括情感健康)以及与物质、文化和个性条件相关的教养方式的多样性。

而且,即使家长—儿童互动的具体形式和家长参与到学校的方式可以被训练和培养,但是这些技术技巧却不可能克服掉这些处境不利儿童与那些高社会经济地位同伴相比较而显现的不利处境。

(四)"家长参与"的策略

在"家长参与"研究历时性分析过程中,可以发现一个规律,即在 20 世纪六七十年代,"家长参与"的研究大多集中于家长参与的重要性和有效性方面的论证,而在 20 世纪 80 年代以后,研究的重点则转向如何促使家长参与发挥充分作用的问题。并且,在"家长参与"研究领域出现几个强大的研究团队,分别对家长参与方式、内涵和政策等方面进行研究,将其研究成果转化为"家长参与"的实践策略。

1. 爱泼斯坦的"家长参与"六模式及其政策影响

约翰·霍普金斯大学教育学院的学校、家庭和社区合作伙伴中心(Center on School, Family and Community Partnerships)的科学家乔伊丝·爱泼斯坦(Epstein, J. L.)带领她的团队一直致力于家庭、学校、社区合作关系,以及"家长参与"方面的研究。爱泼斯坦在其 1995 年发表的《学校、家庭和社区合作伙伴关系:关心我们共同的孩子》("School/Family/Community Partnerships:Caring For The Children We Share")一文中,在她的前期研究的基础上,得出一个非常具有影响力的阶段性成果——"交叠影响域"理论(Overlapping Spheres of Influence)和"家长参与"六模式。[①] 爱泼斯坦认为,学生的学习和成长发生在三个主要环境之中,即家庭、学校和社区,三个环境相互分离,也相互结合,但只有三个环境共同进行高质量的交流互动,才能使学生可以从形形色色的人身上获得有关学校的、努力学习的、创造性思维的、相互帮助以及上学的重要性等观念一致的信息。学生在学校、家庭和

---

① Epstein, J. L . School/Family/Community Partnerships:Caring For The Children We Share [J] . Phi Delta Kappan, 1995, 76 (9):705.

社区合作伙伴关系模式中处于中心地位。基于这种理论假设，爱泼斯坦在着重回答如何在实践中实现三个环境的高质量交流沟通这一问题时，提出了六种家长参与模式：当好家长（parenting）、相互交流（communicating）、志愿服务（volunteering）、在家学习（learning at home）、决策（decision making）以及社区协作（collaborating with community）。随后，在 1996 年，爱泼斯坦在约翰·霍普金斯大学建立了全国合作伙伴学校联盟（National Network of Public Schools，简称：NNPS），为学校、学区和州领导开发和执行合作伙伴计划提供详尽的专业指导。

1997 年，全国家长教师联合会（National Confederation of Parent Teacher Associations，简称：NCPTA）和全国家长参与教育联盟（National Coalition for Parent Involvement in Education，简称：NCPIE）的教育专家和"家长参与"方面的专家以爱泼斯坦提出的家长参与六模式为基础，共同开发了"家长/家庭参与项目的国家标准"（National Standards for Parent/Family Involvement Programs）。

这些标准及其相应的质量指标被用于联合其他的有关支持儿童学习和成功的国家标准和改革动力，并得到近一百个教育、健康和家长参与组织支持，这其中包括《不让一个孩子掉队法案》。该标准的内容如下：

标准一：沟通——家庭和学校之间的沟通是定期的（规则的）、双向的以及有意义的。

标准二：教养——提升和支持家庭教养技巧。

标准三：学生学习——家长在帮助学生学习的过程中起到一个完整的作用。

标准四：志愿活动——家长在学校是受欢迎的，并且他们的支持和帮助是被需求的。

标准五：学校决策制定和拥护——家长是学校关于影响学生和家庭方面的决策的全方位合作者。

标准六：与社区合作——社区资源被用来巩固学校、家庭和学生学习。①

2007年，全国家长教师联合会同家长及社区参与方面的主要专家们对1997年版的"家长/家庭参与项目的国家标准"进行升级更新和更名。升级后的"国家标准"将关注点进行了拓展，即：不仅仅关注学校和学区如何吸引家长参与，而且包括家长、学校和社区在支持学生成功方面能够共同做些什么。为了反映出这一变化，标准被更名为"家庭—学校合作伙伴关系国家标准"（National Standards for Family – School Partnerships），标准内容如下：

标准一：欢迎所有家庭——家庭成员是学校生活积极的参与者，能够感受到被学校职工欢迎、被珍视并且彼此联系，了解学生在班级里做些什么。

标准二：有效地沟通——家庭成员和学校职工都投入到有关学生学习的常规的、双向的和有意义的沟通之中。

标准三：支持学生成功——家庭成员和学校职工需要在家庭和学校之间持续地合作以支持学生的学习和健康发展，并且有规律的机会去巩固他们的知识和技能。

标准四：为每一个孩子说话——家庭成员们被赋权去维护他们自己的孩子以及其他的孩子，以确保学生们能够被公平地对待以及拥有支持他们走向成功的学习机会。

标准五：分享权力——家庭成员和学校职工在影响孩子和家庭方面的决策上是平等的合作者，同时也是告知、影响和创建政策、实践和项目方面决策上的合作者。

标准六：与社区合作——家庭成员和学校职工同社区成员进行合作，以联络学生、家庭和学校职工去扩大学习机会、社区服务以及公民参与。②

---

① National PTA. National Standards for Parent/Family Involvement Programs ［R］. Chicago：1997.

② National PTA. National Standards for Parent/Family Involvement Programs ［EB/OL］. ［2016 – 10 – 23］. http：//www. pta. org/nationalstandards.

　　综上所述，爱泼斯坦研究团队的成果对"家长参与"政策的影响表现在以下几个方面。第一，爱泼斯坦关于家长参与的基本理念，即对学校、家庭和社区的合作关系的强调已经在 2002 年的《不让一个孩子掉队法案》和2015 年的《每一个学生都成功法案》中得到体现，尤其是 2015 年"家长参与"政策的条款中增加了几条对有关社区的重要角色的强调，例如，"与社区为基础的或其他有过成功提升和增加家长和家庭参与的组织或雇主进行合作"①"学校的家长和家庭参与政策应该让地方社区可以获得"②，"可以在家长参与活动中适当地开发社区组织和商家的作用"③ 等。第二，爱泼斯坦提出的"家长参与"模式框架已经作为学校教师家长参与的基本标准，而学校教师又是在此基础之上执行学校的家长参与政策，可以说，在实践层面上，"家长参与"六模式已经广泛地影响了"家长参与"政策的执行。第三，爱泼斯坦的学校、家庭和社区合作伙伴关系强调面向所有儿童，并且要求学校和教师视家长为全方位的合作者，这一点正是 21 世纪初两次"家长参与"政策的主要内容和发展趋向。

　　2. 哈佛家庭研究计划的"家庭参与"研究及其对政策的影响

　　哈佛大学教育研究生院（Harvard Graduate School of Education）的希瑟·韦斯（Weiss, H. B.）带领的哈佛家庭研究计划（Harvard Family Research Project，简称：HFRP）团队成员从 1983 年开始，从事家庭和社区参与（family and community engagement）的研究、实践、政策和策略方面的探索。他们提出"家庭参与"（family engagement）的概念，并以此取代"家长参与"（parental involvement）。哈佛家庭研究计划作为"家庭参与"的研究中心，近二十几年来一直致力于"engagement"这种"参与观"的研究和宣

① United States Congress. Every Student Succeeds Act ［EB/OL］. ［2016 – 12 – 25］. https：//www2. ed. gov/documents/essa – act – of – 1965. pdf. Section 1116 (a) (3) (D) (ⅲ).

② United States Congress. Every Student Succeeds Act ［EB/OL］. ［2016 – 12 – 25］. https：//www2. ed. gov/documents/essa – act – of – 1965. pdf. Section 1116 (b) (1).

③ United States Congress. Every Student Succeeds Act ［EB/OL］. ［2016 – 12 – 25］. https：//www2. ed. gov/documents/essa – act – of – 1965. pdf. Section 1116 (e) (13).

传。他们认为，20 世纪八九十年代的家长参与是十分"个性化、个人化的"①。故而，哈佛家庭研究计划的研究者们为家庭参与提供一个新的框架，他们认为美国教育中现在需要提倡一种"补充学习"（complementary learning），即倡导以一种"儿童可以在任何时间和任何地点学习"（anywhere, anytime children learn），而家庭正是这种"补充学习"的中心要素之一，以它作为理念基础的家庭参与，使家庭参与能够自然地融入家庭、学校和社区三个环境中。② 正如费拉拉（Ferrara，M. M.）分析的那样："'家长参与'是昨天的术语，现在是'家庭参与'。'家长参与'这一措辞蕴含着一种家长被吸引到孩子教育中的设想，这种模式是典型的单向的'学校和家长之间的信息流动'。家庭参与是一个更加具有包含性的概念，包含多样的家长结构类型。"③

哈佛家庭研究计划的家庭参与理念受到学者和政策制定者的广泛关注。在 2010 年，由家庭和社区参与研究者、倡议组织、实践者和政策制定者组成的一个全国范围的组织——全国家庭和社区参与工作组（National Family and Community Engagement Working Group）向国会提出了一个议案（Bill），即《2011 年家庭参与教育法案》（Family Engagement in Education Act of 2011）。在这项议案中，"家长参与"（parental involvement）的概念被替换为"家庭参与"（family engagement），其概念含义被界定为："'家庭参与教育'意味着一种共同的职责：①家庭和学校之间为学生成功而共同承担责任，在这种责任关系中，以学校和社区为基础的组织有责任致力于使家庭（成员）以一种有意义的方式参与教育，而家庭有责任积极地支持孩子的学习和发展；②这种共同的职责应从出生持续到成年，而且，学习应该发生在家庭、学校和社区中。"④

---

① DeDeo, Carrie - Anne. Building the Future of Family Involvement［J］. The Evaluation Exchange, 2008, 14（1 - 2）: 16.

② Harvard Family Research Project. About HFRP［EB/OL］.［2016 - 12 - 25］. http://www. hfrp. org/about - hfrp.

③ Ferrara, M. M.. Phrase versus Phase: Family Engagement［J］. The Clearing House: A Journal of Educational Strategies, Issues and Ideas, 2011, 84（5）: 180.

④ S. 941 - 112th Congress. Family Engagement in Education Act of 2011［EB/OL］.［2016 - 12 - 25］. https://www. govtrack. us/congress/bills/112/s941. 42 - 43.

2011 年议案未获通过，在 2013 年和 2015 年分别又在第 113 次和第 114 次国会中被提交，即《2013 年家庭参与教育法案》（Family Engagement in Education Act of 2013）和《2015 年家庭参与教育法案》（Family Engagement in Education Act of 2015），这两次议案又未获得通过。但是，"《2015 年家庭参与教育法案》的一些条款被纳入进《每一个学生都成功法案》之中"①。

（五）"家长参与"实践的问题与弊病

在关于"家长参与"的研究中，并非都是支持"家长参与"的有效性结论的。一些研究通过不同的方法论去论证"家长参与"的有效性并不确定，或者从其他视角阐释"家长参与"实践中存在的弊病和可批判之处。

1. 无法证实主流的评估研究结论

怀特（White，K. R.）等研究者在 1992 年的一份研究中提供了一个综合的方法论技术，根据严格的信度和效度标准，对 193 份研究进行评审后得出结论："基于研究数据，也许得出早期干预（early intervention）中的家长参与是不受益的结论是不恰当的，但是，同样重要的是这样一个事实：在这个公认的间接证据类型中，没有信息能够证实早期干预中的家长参与会导向任何通常被宣传的收益。"②

另外，马丁利（Mattingly，D. J.）等人在 2002 年的一份评论中对 41 个 K - 12 阶段的家长参与项目的评估研究进行评审。研究关注美国"家长参与"项目的效果评估的相关证据的质量。结论表示，本研究不能支持这个被广泛接受的信条，即"家长参与"项目无论是对学生的学习成绩的提高还是对改变家长、教师和学生行为都是有效的方式。我们并不是说"家长参与"项目是无效的，而是指出这些项目的学术和政策支持得以建基的现存证据方面存在明显缺陷。在这些缺陷中最严重的是评估设计和数据收集技术通常是不够严谨的，不足以提供项目有效性方面的确凿证据。对有效性的威胁因素是报告关键信息方面的失败，缺少一个控制组以说明成熟和历史影响，以及

---

① National PTA. Family Engagement in Education Act［EB/OL］．［2016 - 12 - 25］．http：//www. pta. org/advocacy/content. cfm？ItemNumber = 3921&navItemNumber = 3923.

② White，K. R.，M. J. Taylor，and V. D. Moss. Does Research Support Claims About the Benefits of Involving Parents in Early Intervention Programs？［J］．Review of Educational Research，1992，62（1）：91.

对有效性的指标的个人主观性的高度依赖。我们的分析结果是，家长参与项目的有效性方面缺少决定性的证据。①

2. 对"家长参与"的批判研究

很少有"家长参与"的研究关注阶层和文化问题，很少有研究者深入研究家庭提供的学习价值观和方式与学校提供的价值观与方式之间的差异。但是，这方面的研究是极其重要的，尤其对于美国这样一个多元文化社会下的有关处境不利人群的"家长参与"问题。

安妮特·拉鲁（Lareau，A.）2000年的著作《家庭优势：社会阶层与家长参与》（*Home Advantage：Social Class and Parental Intervention in Elementary Education*），以质性研究方法，基于布迪厄（Bourdieu，P.）的"社会资本"概念对家庭参与的文化问题进行分析。作者认为，中产阶级拥有自由的时间、金钱、文化资源以及社交网络，这些因素使得他们在家庭和学校的配合、家长与教师合作方面富有成效，而工人阶层文化却促使家庭和学校之间相隔离，限制合作的机会，并降低教师对学生的期望。②

卡瓦略（de Carvalho，M. E. P.）在他的著作《家校关系的反思：对家长参与教育的批判》（*Rethinking Family - School Relations：A Critique of Parental Involvement in Schooling*）中，从布迪厄的社会资本理论出发，对美国"家长参与"做出批判性研究和反思。作者将问题聚焦于学校与家庭之间的教育职责分配的关系，他的批判指向学校事务向家庭的拓展和侵入，他认为"家庭不是教育机构"。卡瓦略认为，儿童养育本身已经变成一种资本符号，已经变成与一门规范化的、标准化的和由专家设定内容的科学，他还意识到中产阶级父母的养育方式常常被等同于好的儿童养育模式，因为他们在自己孩子的学校教育中起着非常明显的作用。③

---

① Mattingly，D. J.，R. Prislin，T. L. McKenzie. Evaluating Evaluations：The Case of Parent Involvement Programs［J］. Review of Educational Research，2002，72（4）：549.

② 〔美〕安妮特·拉鲁. 家庭优势：社会阶层与家长参与［M］. 吴重涵，熊苏春，张俊，译. 南昌：江西教育出版社，2014.

③ de Carvalho，M. E. P.. Rethinking Family - School Relations：A Critique of Parental Involvement in Schooling［M］. London：Lawrence Erlbaum Associates，2001：104.

3. 对于"家长参与"造成种族隔离的批判研究

维吉尼亚·戈登（Gordon，V.）和奥诺丽娜·诺肯（Nocon，H.）在2008 年发表的研究成果《重塑隔离：家长参与、多样性和学校治理》（"Reproducing Segregation：Parent Involvement，Diversity，and School Governance"）。这项研究以布迪厄的文化资本理论为解释框架，关注低收入拉丁裔家长、中产阶级白人和亚裔家长在参与学校治理方面的努力及其结果的不同。他们选择了一所小学进行案例研究，搜集了该校 20 世纪 90 年代的包括学校理事会备忘录、学区和学校报告、时事通讯和文章在内的所有公文以及2004～2005 年的档案，在此基础之上，提取相关数据进行分析，展示了学校内两个家长群体——低收入拉丁裔家长和中产阶级白人家长在学校治理方面的参与样态及差异。尽管低收入拉丁裔家长试图通过寻求容纳和与中产阶级网络联结，也投入广泛的努力去争取向上的流动，但是，他们不会像中产阶级家长那样，他们不能对学校施加压力让学校将更多的资源分配给他们的孩子，也不能影响州政府出台对他们的孩子更加有利的政策。相反，联邦政府和州政府分配给他们的一些资源却被中产阶级家长所利用。因此，在家长参与政策的实践中，不同家长群体之间的文化冲突仍然被掩盖和弱化了。虽然学校融合一直在持续，但是正如戈登和诺肯所说，"当隔离不在依据语言和种族的时候，隔离就要依靠学术成绩了"①。

综上所述，目前对"家长参与"领域的批判研究大多是基于社会资本与文化资本理论框架的。这类批判研究的特点就是关注社会资源和社会网络、家庭文化和社会背景、家庭价值观念等方面差异对不同阶层家庭和儿童造成的不平等和不协调影响。然而，这类批判研究却不能从系统的视角上理解家校关系，并对家校关系之间的本质属性做辨析。换句话说，美国学者们对"家长参与"做的批判研究目的是揭示"家长参与"过程中的社会不平等的再造，而本研究更加关心如何从美国的"家长参与"发展中辨识家校关系的发展动力、影响力量、关系本质以及如何予以有效的宏观引导等问题。

---

① 　Gordon，V.，H. Nocon. Reproducing Segregation：Parent Involvement，Diversity，and School Governance ［J］. Journal of Latinos and Education，2008，7（4）：336.

（六）中国研究者对美国"家长参与"和家校关系的研究及其问题

由于中国家校合作研究兴起于 20 世纪 90 年代，故而国内对美国"家长参与"及其政策的研究较少，研究成果绝大多数是以期刊论文和硕士学位论文的形式呈现，问题主要集中于美国"家长参与"的实践经验的引介，并无涉及美国"家长参与"的历史研究、政策分析以及对实践背景和文化的深入剖析。因此，在试图引介美国"家长参与"方面的积极经验的过程中，国内相关研究缺少必要的理论分析视角、文化背景分析思维以及批判性反思意识。在目前中国研究者对美国"家长参与"的研究中存在两个主要问题，一是对其概念理解和对等使用方面的模糊，二是对技术经验的追求忽视了对家校关系本质及其影响因素的关注。

1. "家长参与"概念理解和对等使用方面的模糊性

首先，现有研究中存在对"家长参与"的指称与涵义的混同情况，影响对家校关系的社会文化因素的体认。

费雷格（Frege, G.）1892 年在他发表的《论涵义和指称》一文中，对涵义和指称做出了明确区分，要义是：在指称上共同指向一种实物关系状态，它们之间在表达方式以及与表达式相关联的认知内容却可能是不同的，即涵义不同①。依据这一理论观点，美国"家长参与"和中国的"家校合作"在共同指称一种家庭与学校之间以促进学生学习与发展的互动合作关系状态时，受各自的文化观念和社会制度特征的影响，势必会存在不同的涵义，即中美都有各自的家校互动表达式。但是在中国家校合作研究领域中，这个问题常常被忽视，研究者会忽略美国家长参与自身发展逻辑的研究，而先入为主地以中国家校关系的思维模式去进行解读。马忠虎在 2001 年的著作《家校合作》中介绍美国家校合作的历史与经验时，描绘了美国"家长参与学校教育的曲折历程"，并对家长参与学校教育的"内涵"做出总结。其中第一点是这样表达的："家长参与学校教育是一种双向活动，是家庭教育与学校教育的相互配合。家长要对学校教育给以支持，学校要对家庭教育做出

---

① 曹青春. 涵义与指称：内涵逻辑的兴起［J］. 内蒙古大学学报（哲学社会科学版），2011，43（5）：49.

指导，其中学校应起主导作用。"① 从表述上来看，马忠虎对美国家长参与学校教育的理解是基于中国家校关系思维去界定的，并未体现美国家校关系的特质。因为，在美国主流社会的中产阶级白人看来，学校是服务于家庭和儿童的社会服务部门，家庭对学校的资助、参与治理和质疑是十分普遍的。正如安妮特·拉鲁的质性研究中描述的那样，"中上阶层的家长通过认真过问，建立了家庭生活和学校生活互动的关系。这些家长认为教育是老师和家长的共同责任，他们拥有子女在校表现的广泛信息，对学校（包括对教师的专业表现）具有较强的批判倾向。很多家长，尤其是成绩低下儿童的家长，要求更换老师，要求孩子参加学校的各种活动，向校长抱怨老师，以此达到掌控子女学业的目的"。另外，"中上阶层的家长还企图分享他们子女在学校的经历。这些家长，尤其是孩子学习不好的家长，会努力在子女的学业问题上起领导作用。他们不会按照学校的要求办事，也不会自然而然尊重教师职业的专业性"②。所以说，从拉鲁描述的家长参与的场景来看，美国的社会文化传统中有着特殊的"社区控制"文化因素在长期地影响着美国主流人群对家校关系的体认和形塑。

其次，存在将"家长参与"作为"家校合作"的下位概念使用的模糊性。

黄河清在 2008 年的著作《家校合作导论》中，对家校合作与"家长参与"之间的关系做出这样的界定："家长参与是家校合作的下位概念。"③ 黄河清认为，家校合作是家庭与学校以促进青少年的全面发展为目标，家长参与学校教育，学校指导家庭教育，相互配合、互相支持的双向活动。而家长参与是指家长为了子女身心的健康发展，在家庭里以及到学校和社区所参加与进行的各种教育活动。从上述概念分析中可见，黄河清将"家长参与"与家长教育作为家校合作的两大组成部分，这一点与美国的"家长参与"与家长教育之间关系的界定是不同的，黄河清将美国的家长参与的理解等同于中国家校合作中的家长一方的行动，这在美国的研究用语中应该对应的是

---

① 马忠虎. 家校合作 [M]. 北京：教育科学出版社，2001：159.

② 〔美〕安妮特·拉鲁. 家庭优势：社会阶层与家长参与 [M]. 吴重涵，熊苏春，张俊，译. 南昌：江西教育出版社，2014：10 – 11.

③ 黄河清. 家校合作导论 [M]. 上海：华东师范大学出版社，2008：37.

"parents' involvement"。

再者,将"家长参与"作为美国"学校,家庭与社区合作伙伴关系"的"前身"概念来理解。

吴重涵在 2013 年的著作《家校合作:理论、经验与行动》中写道:"'家校合作'是国内的提法,在国外(以及本书)对应的概念是'学校、家庭和社区伙伴关系'(School,Family,and Community Partnerships)。"① 显然,吴重涵将美国爱泼斯坦提出的"学校、家庭和社区合作伙伴"这一概念作为中国"家校合作"的对等概念来使用。而对于这一概念与"家长参与"之间的关系,吴重涵的理解是,"美国对家校合作的认识,包含分工、参与、伙伴三个层次,经历了从分工到参与,从参与到伙伴这两层递进的阶段。第一阶段是从分工到参与,从 1880 年代到 1950 年代","第二阶段是从参与到伙伴合作"②。因此,吴重涵将"家长参与"视为美国家校合作的第二个层次,从发展时间顺序上处于家校的"分工"与"伙伴"关系之间,是"学校、家庭和社区合作伙伴关系"的前身。然而,从历史上看,"家长参与"这个概念是美国 20 世纪 60 年代末至 21 世纪初对家校关系表述的正式用语,是在美国八次国会通过的教育立法中使用的政策用语,而合作伙伴关系这个概念则是 20 世纪 90 年代以来美国家校关系领域理论建构的成果,并由此带动的研究性实践。无论从实践发展还是政策建构方面,"家长参与"都值得我们认真地研究,并理解其涵义。在吴重涵的著作中,并没有对"家长参与"这个概念进行解释与说明,也未曾对"家长参与"与"学校、家庭和社区合作伙伴关系"这两个概念之间的内容、涵义等方面的"前身"关系进行诠释,更没有对美国的"家长参与"所根植的社会文化土壤进行有效分析。从比较教育学的角度讲,这种未经过分析的"借鉴"对于中国的家校合作实践的影响和作用势必有限。

综上所述,中国家校合作研究领域对美国"家长参与"这个概念的使用情况反映出对美国"家长参与"的涵义理解中存在着模糊性。而对于美国

---

① 吴重涵. 家校合作:理论、经验与行动 [M]. 南昌:江西教育出版社,2013:4.
② 吴重涵. 家校合作:理论、经验与行动 [M]. 南昌:江西教育出版社,2013:53 - 54.

"家长参与"的涵义的理解最好的方式就是基于其文化对家校关系和家校互动模式观念进行梳理。

2. 对技术经验的追求忽视了对家校关系本质及其"生成"因素的关注

国内大多数"家长参与"的研究者都是基于中国的"家校合作"的"发展需求"进行的,通常表现在对美国"家长参与"实践中的经验模式和技巧予以引介,以及对美国"家长参与"实践中的亮点——家长参与管理与决策——予以高度评价。然而,无论是经验模式还是管理与决策,这些都应该根植于美国的社会文化,所以,片面地强调它们的有效性是值得反思的。

首先,关于美国家长参与教育管理方面的研究对美国民主管理的"美化"。

杨天平与孙孝花对美国家长参与决策与管理进行了一系列研究,其成果主要包括:2003 年《鼓励和引导家长参与——美国中小学校教育管理改革的研究与实践》、2007 年《美国家长参与学校教育管理角色的嬗变》、2007 年《近 20 年来美国家长参与学校教育管理的角色》及 2007 年《家长参与决策:美国中小学管理的新态势》。在研究中,他们着重强调美国家长参与决策的保障机制、意义、"家长角色由局外人向局内人转变"。他们的核心观点是:美国家长参与学校教育以 20 世纪 80 年代为界,之前,家长参与教育多局限于协助学校提高学生的学业成绩方面,徘徊于学校教育的边缘地带,是学校管理的局外人;此后,从参与学校教育逐步介入学校管理,从消极被动参与转为积极主动参与,进入决策的核心层,协同管理学校教育,努力提高教育质量,从而实现由局外人向局内人的角色转变,形成了富有特色的民主开放型的教育管理文化,并昭示了教育管理发展与演进的路向。

综合杨天平与孙孝花对美国家长参与管理的研究,笔者提出以下几点质疑:第一,局内人与局外人之间的划分并不是关注的关键,关键应该结合美国家长参与的目标来考察什么人成为局内人、什么人仍然是局外人;第二,对于美国家长参与管理的情况是否只以 20 世纪 80 年代以后体现"富有特色的民主开放型的教育管理文化"?那么美国家长参与教育实践的历史中体现的"社区控制"的思想又该如何评断?第三,美国家长参与管理的组织机构,如家长咨询委员会、校本管理委员会(site - based councils)、家长教师组织(Parent Teacher Organization)以及家长教师联合会(Parent Teacher Association）等的运作及其实效又如何？确保了哪些家长群体的利益？又将如何平衡家长群体之间的利益冲突从而不侵害教育公平？第四，培养家长领导力和决策能力的相关计划和项目的实践与功能是否真实地保存了民主与公正？例如，家长领导学训机构（Parent Leadership Training Institute）。

其次，关于美国"家长参与"的模式、框架和经验的"借鉴"忽视了对家校关系本质和相关因素的思考，将之视为技术技巧问题。

张丙玉在 2004 年的《美国"家长参与"教育的发展》中对美国家长参与教育的具体措施进行梳理，对 13 种具体措施加以介绍和解释，包括：家庭学校手册、学校父母公约、开学前给家长邮寄相关的新学期资料、亲师会谈、家庭访问、父母联络员、通信员、家庭作业与在家学习、父母资料中心、亲师研讨会、非正式的学校家庭聚会等。马忠虎在 1994 年的《如何使家长参与到学校教育中来》中编译了 15 种国外中小学吸引家长参与的方法。

通过对国内这一类研究的梳理可以发现研究者在引介美国家长参与教育的具体措施方面过于简化，将家校合作视为一种技术与技巧的问题。至少，对美国家长参与教育的模式的研究应该还原到美国的政治经济文化背景下进行，最为重要的是要谨慎考察这些模式对应的政策与实践目标，并根据这些模式的政策与实践目标考察其具体的实践措施的有效性和实践环境要求。

3. 方兴未艾的中国家校合作领域需要理论视角建构

近几年，中国学术界对家校合作问题的关注热度逐渐上升，这是中国社会发展进程中家庭和学校结构与功能变化的结果，也是儿童养育理念丰富发展的结果。家校合作研究领域出现几个重要的学术倡导机构，并且出版家校合作专著，对中国家校合作的发展有了很大的促动。这些学术力量包括：马忠虎 2001 年的专著《家校合作》，是中国家校合作的第一本专著，影响广泛；黄河清带领的华东师范大学的研究团队进行的家校合作研究，代表著作为 2008 年的《家校合作导论》；以吴重涵为代表的江西省教育科学研究所在 2012～2014 年间出版《家校合作丛书》，包括 2012 年译著《学校、家庭和社区合作伙伴：行动手册（第三版）》、2012 年的《国际视野与本土行动：家校合作的经验和行动指南》、2013 年的《家校合作：理论、经验与行动》、2013 年的《在路上：江西省家校合作试点学校工作案例选编》以及 2014 年译著《家庭优势：社会阶层与家长参与》；2016 年李家成和王培颖主编的

《家校合作指导手册》等。虽然著作研究数目显著增加，但对于一个专门的研究领域来说这却只是一个开始。家校合作领域的研究者应该着眼于一定的理论视角以分析家校关系的本质和"生成"环境，更应该关注现代学校制度发展背景下的家校之间如何在孩子的全面发展的维度上建构有效的关系。

综上所述，在对美国和中国业已出现的"家长参与"和家校关系方面的研究成果进行分析之后，笔者主要有了以下几点收获。第一，加深和丰富了对"家长参与"的内涵的体认，即从历史维度厘清它的广义和狭义内涵，并促使笔者以"儿童"而非"制度"为中心点来思考家校关系，这是本研究批判视角的基础；第二，大量的实证研究证明家长参与的重要性和有效性，但却普遍基于"学业成绩"维度，这促使笔者反思美国家校合作领域对"家长参与"的"有效性"的内涵理解存在一定的扭曲；第三，以社会和文化资本为理论视角的批判研究，包括对家庭背景特征与孩子成绩之间关联性的研究，促使笔者对家校关系在不同社会群体之间的不平等影响力进行思考；第四，美国"家长参与"领域的策略研究的影响力是很大的，是促进"家长参与"实践的有力源泉，但是它的作用应该从其目的和最终结果的一致性方面加以考察，究竟大力推广与学生学业成绩紧密相连的家长参与是否有利于儿童的全面发展这是一个基本问题；第五，中国家校合作领域的研究缺少一定的理论分析视角，缺少一定的社会文化探究意识，以及被技术经验目的主导，这是家校关系研究中的一种缺憾和势必克服的障碍。因此，本研究试图从美国"家长参与"政策的分析研究入手，考察美国家校关系发展的系统引导模式及其目的，探究美国的文化理念根源和现实社会发展需求对政策建构的家校关系的影响，试图系统地理解美国"家长参与"对儿童和家庭产生的深远影响，以及思考符合现代社会中儿童全面发展的家校关系的特征和影响因素。

四、研究设想

（一）研究问题

随着儿童对现代学校制度的依赖和儿童发展标准多元化之间张力的扩大，家校合作已经势在必行。20 世纪中期以来，美国以政策路径进行持续而坚定的家校合作关系建构，希图将家长参与学校教育涵盖所有家庭。针对美国"家长参与"政策对现代学校制度下的家校关系，尤其是处境不利儿童家庭与学校之间的关系建构的引导和影响，如前文所述，本研究主要探寻以下问题：

①应该如何看待美国"家长参与"政策倡导下的家校关系的本质？或者说，美国对家校关系的政策倡导，代表着家庭的独立教育职能重回儿童发展主流视域，还是代表着家庭已经作为一种现代学校制度的附庸工具而被重新界定？

②美国"家长参与"的政策语言是基于什么经历、价值和信念对家长责任进行定义的？"家长参与"政策是依据什么目的和价值基础处理家校之间的关系的？

③美国"家长参与"政策系统能否对家校关系做出合法的、有效的引导？又该以什么作为评判其合法性和有效性的依据？

（二）研究目的

本研究试图通过对美国"家长参与"政策进行批判研究，理解美国"家长参与"的实质内涵和文化特征，揭示家校关系的文化属性以及在现代学校教育制度下对家校关系产生影响的宏观和微观因素，揭示政策对家校关系进行倡导的合法性和有效性前提，揭示现代学校教育制度下发展平衡的家校关系对儿童、家庭和学校的重要意义。

（三）研究内容

围绕美国"家长参与"政策的目的、前提、内容和影响，以及政策形塑的家校关系的特征与实质等问题，本研究试图通过以下几个部分加以探讨：第一部分，确立家校关系的政策考察路径，即依据哈贝马斯的系统与生活世界学说这一理论基础确立家校关系政策的有效性、合法性标准，对"家长参与"政策研究进行一种政策价值定向；第二部分，进行"家长参与"政策的历史背景和文本解析，以此明确政策的目标人群、政策目的与宗旨、政策方案的设计以及政策逻辑特征等基本轮廓；第三部分，阐释美国"家长参与"政策的理念基础，探寻其"家长参与"政策理念的来源，揭示美国主流群体的家校关系特征、"家长参与"观念的演化，及其与当下的"家长参与"政策之间的关联性；第四部分，阐释"家长参与"政策的目标人群的家校关系方面的认知基础，以此考察"家长参与"政策的针对性、适切性、合法性和有效性；第五部分，诠释"家长参与"政策以何种方式让所有家校关系实践的利益相关者接受它并付诸实践，即对"家长参与"政策的"合法化"路径的考察，以此揭示政策在其目的理性驱动下，以各种工具性途径引导和强化社会主流阶层的家校关系意识，并呈现出政策系统对家庭教育的"侵占"；第六部分，梳理并展示"家长参与"政策实践中的矛盾与困境，进一步指出，"家长参与"政策对处境不利儿童家长和教师主体间的文化冲突、处境不利家长与中产阶级白人家长主体间的文化冲突的忽视已经严重地影响了政策对有效性的价值定位，而且，从成绩差距的表现方面也不能显示"家长参与"政策具有有效性。另外，在结语部分，本研究对美国"家长参与"政策引导的儿童养育"学校化"的倾向予以揭示，并对现代学校制度下的家校关系平衡之于儿童和家庭的重要性进行阐释。

（四）研究方法

1. 文献研究法

从总体上来说，本研究采用文献研究法作为基础的研究方法。本研究的展开主要就是以美国"家长参与"政策及其实践相关的文献的搜集、整理、阅读和综述为基础，通过对文献资料的分析和综合、归纳和演绎，来论证本研究的论点。

2. 历史法和案例分析法

（1）历史法。在分析家长参与政策文本以及家长参与政策的理念基础的过程中，必然要探讨家长参与政策产生和发展的不同历史时期的社会整体发展状况；而对美国家长参与政策的观念基础进行溯源时，更是依循于美国学校发展脉络和社会主流阶级家校观念的发展脉络进行的，因此历史法在对美国家长参与政策的发生和发展的梳理方面尤为重要。

（2）案例分析法。在对美国家长参与政策的实践情况的考察过程中，案例分析是一个必不可少的方法路径。通过案例呈现，家长参与政策在实践中的矛盾，包括家长与教师之间、不同家长群体之间的矛盾和文化冲突都会更加容易被认识和被理解。另外，家长参与政策自身蕴含的逻辑困境也会在案例中得见,原本的社会公正理想和经济成功预想在案例中也显得苍白无力。

（五）研究设想的形成与研究框架的提出

1. "家长参与"政策研究的特殊性

"家长参与"政策,将家长作为教育政策的目标人群,希望将家长参与学校教育涵盖所有家长。"家长参与"政策归根结底是在引导和形塑美国基础教育领域的家校关系发展模式。从这个角度说,"家长参与"政策具有一定的特殊性,关于"家长参与"政策的研究也需要特别地关注其特殊性。

首先,家校关系是围绕儿童这个中心展开的,一切家庭和学校的互动与合作都必须以儿童的广泛的基本利益为出发点和落脚点。家庭和学校之间的关系样态直接影响着儿童的身心变化,而且这种影响常常是潜移默化的,极具隐蔽性却影响巨大。因此,对家校关系模式的宏观层面倡导内容和价值取向需要更加深入地、全面地、广泛地认真梳理和辨析,以确认宏观政策对家校关系的引导是否符合所有儿童的基本利益,以及对儿童造成不良影响的可能性。

其次,现代学校制度的发展已经强化了学校在国家政治、经济和社会发展方面的重要功能,现代学校经过大规模扩展、专业化建设以及现代制度建构,已经成为现代世界中教育的绝对主力,而家庭的教育职能却随着社会的迅速发展而有所弱化。然而,从教育职能和教育权利上看,家庭和学校都是平等而又相互补充的教育单元,相互之间不具有可替代性。学校在家校关系中的地位可以被描述为"平等者中的首席",却不能成为主导家庭教育的角色。明确这一点很重要,教育政策应该坚守这一重要价值取向。所以,家长参与政策的研究应该关注一个中心问题,即家庭不应该成为学校教育的"附庸"。

2. 生活世界理论:"家长参与"政策研究的理论基础

对于教育政策的价值分析,不同的理论框架内有不同的关注点和判断依据。正如上述的家校关系方面的政策所具有的天然特殊性,本研究从哈贝马斯（Harbermas, J.）的生活世界理论的角度对其进行政策价值定向、合法性和有效性方面的解析,探究在特定社会脉络下,支配着美国公共基础教育领域的家校关系的政策的形成，继而揭示及批判这些政策议论所可能合理化以至制度化的意识形态及结构性偏向与扭曲。

哈贝马斯认为，社会既可以被视作一个"系统"，也可以被视作一个"生活世界"。系统主要包括经济子系统和行政子系统，生活世界则主要包括文化、社会与个性因素。如果社会按照不同的功能系统整合在一起，那么这就可以被理解为系统整合，如果通过人们之间的相互理解而结合在一起，这种整合就可称为社会整合。系统对哈贝马斯而言是作为社会的制度或组织，为人们的生活带来影响。现代社会结构的复杂性，致使人们不可能清楚地知道自己每一个行为的原因及其可能出现的结果，而系统正好具有调节人们行为相互影响的功能。生活世界是指人类在文化传递上、社会秩序的构成上，以及人类相互沟通过程中，所需要的"资源"可以从生活世界的再生产中获得。哈贝马斯将生活世界理解为一种由文化传统和语言组织起来的解释性范式的知识库，提供价值观、约定俗成的符号及其他人际互动所需要的要素；认为生活世界就是文化资料的储存库，是生活在一起的社群所共享和共有的，其主要作用是人类相互间的沟通。生活世界是通过语言交往进行再生产的。这种再生产表现为，文化知识的传播和更新、社会整合和社会一体化以及个人的社会化。生活世界和系统这两个范式都很重要。从生活世界和系统之间的关系看，系统是在生活世界不断复杂化所致的理性分化过程中产生的，它的发展需要依靠生活世界赋予其符号意义。哈贝马斯始终强调生活世界层面在演化上的优先性，因为生活世界的理性化会导致定义系统维持的结构模式的方向性，也就是对于系统复杂性的发展进行前导性的促动。当目的合理行动子系统的独立化要求侵入生活世界并破坏其结构时，现代性的计划就出问题了。"系统复杂性的上升是这样的迅猛，以致于自由的体系命令阻碍了被它们工具化了的生活世界的控制力。"① 这就是哈贝马斯所说的"生活世界的殖民化"。

教育政策是政府教育决策的结果，是政府施政的产物。依据哈贝马斯的生活世界理论，教育政策可以被理解为一种系统行为。从家长参与政策来

---

① 〔德〕尤尔根·哈贝马斯. 交往行为理论·第二卷——论功能主义理论批判〔M〕. 洪佩郁，蔺青，译. 重庆：重庆出版社，1994：208.

看，政策发挥着一种系统整合作用，但是，考察家长参与政策是如何发挥它的系统整合作用是一个关键问题，换句话说，家长参与政策对家校关系的引导和界定——整合作用的发挥是由什么路径进行合法化的。它是否是依据政策目标主体的家校关系认知和家校关系需求——家校关系的知识库即生活世界——而进行的合法化，这是判定"家长参与"政策的有效性和合法性的根本依据。

故而，本研究将对"家长参与"政策的政策目标与宗旨、政策前提逻辑、政策理念来源、政策利益主体的家校关系知识库、政策合法化的路径（包括科学研究、标准化工具以及联邦权力与基金）以及政策实践中的矛盾与冲突等主题进行梳理探究。

五、相关概念界定

"家长参与"（parental/parent involvement），作为为实现美国基础教育的民主公平发展、为实现美国基础教育中学生成绩差距的缩小、为实现美国基础教育追求卓越的目标的一项基本教育策略，已经在美国基础教育改革中历经将近半个世纪的实践。然而，其法定定义却是在2002年颁布的《不让一个孩子掉队法案》中首次被确立。具体表述为："'家长参与'是指家长参加到与学生学习相关的定期的、双向的和有意义的沟通交流和其他学校活动中，以确保家长在协助孩子学习方面扮演一个完整的角色，确保家长被鼓励积极地参与孩子的学校教育中，确保家长成为孩子教育的完美合作者以及酌情将家长包括在决策程序和咨询委员会之中以协助对孩子进行教育。"① 该法同时对"家长"的内涵进行界定，即："家长是指生身父母、法定监护人或者代替父母地位者（如与儿童共同生活的祖父母或继父母，再或者在法律意义上对儿童的福利负有责任的人）。"②

---

① United States Congress. No Child Left Behind Act of 2001 ［EB/OL］. ［2015 - 08 - 25］. http：//www. gpo. gov/fdsys/pkg/PLAW - 107publ110/content - detail. html. Section 9101 （32）.

② United States Congress. No Child Left Behind Act of 2001 ［EB/OL］. ［2015 - 08 - 25］. http：//www. gpo. gov/fdsys/pkg/PLAW - 107publ110/content - detail. html. Section 9101 （31）.

定义的法定表述固然精简而扼要，但要明确认识美国"家长参与"这项改革策略的深刻内涵及其政策倾向和实践意义，则需要进一步厘清"家长参与"与几个表述极为相近而且经常同时出现的概念的关系，具体包括"parental participation""parent education""family involvement""family engagement"。这些术语表述十分相近，但却有着微妙的差别，它们之间存在的演变关系可以作为判断美国家校关系发展不同阶段的意涵取向的一个重要指标。

（一）两种"家长参与"概念（parental involvement 与 parental participation）的厘清

"parental involvement"与"parental participation"在中文表述上都翻译为"家长参与"，几乎在所有有关"parental involvement"的法令或者研究中都可以看见"parental participation"的出现。然而，在英语的语言环境中，二者并非可以互换使用的同义词，它们代表的内涵和运用的语境有着明显的区别，主要体现在概念潜藏的主体与受体上的差异。具体地讲，"involvement"的词根是"involve"，其词义为"使参与、使参加、使卷入"，词语本身带有一种内在的被动倾向性；而"participation"的词根是"participate"，其词义是"参与、参加、分担"，其使用语境表示一种主动行为。

从这个角度讲，"parental involvement"意指"吸引家长参与，使家长参与"，依据法定定义所述，其目的是"确保家长在协助孩子学习方面扮演一个完整的角色，确保家长被鼓励积极地参与到孩子的学校教育中，确保家长成为孩子教育的完美合作者以及酌情将家长包括在决策程序和咨询委员会之中以协助对孩子进行教育"。因此，家长在这一概念中扮演一种被号召、被吸引、被启发、被协助的角色，处于受体地位；而"parental involvement"所潜藏的政策视角，证明其代表的主体是制定和负责实施这一政策的各级政府、教育部门、行政官员及学校管理者（他们通过各种计划和项目将家长吸引到与孩子有关的学校和家庭教育活动中来）。

"parental participation"则意指家长参加到学生的学校活动和学习中的行为，代表着家长的参与行为和主体意愿。从广泛的意义上讲，这种"家长参与"包括那些在政策出现以前的历史上所有自发的、自觉的、零星的、主动的家长参与学校和学生学习中的个别行为，也指向"家长参与"政策吸引来的家长的教育参与行为。

因此，从"parental involvement"与"parental participation"的关系方面看，第一，后者是前者的前身；第二，后者可以理解为前者的实践结果，即家长对"家长参与"政策的响应，并以主动"参加"的形式付诸实践。

（二）"家长参与"与"家长教育"（parental involvement 与 parent education）的关系

1965 年，美国国会颁布的《初等与中等教育法案》的第一条款（Title I）一直被美国公认为"家长参与"政策的缘起。因此，"家长参与"经常被称为"第一条款家长参与"（Title I parental involvement）。可见，作为一个概念，"家长参与"的历史只不过半个世纪。但是，作为一种教育实践，"家长参与"却有着久远的历史渊源。尤金妮亚·赫普沃斯·伯杰在其 1991 年发表的《家长参与：昨天与今天》（"Parent Involvement：Yesterday and Today"）一文中，对"家长参与"的历史进行了系统的追溯和研究。但从她在文中的定义表述方面观察，"家长参与"出现的频次较低，并且大多出现在 20 世纪 60 年代以后的历史演绎中，而"家长教育"却是从古希腊时期至 20 世纪 90 年代的整个历史追溯过程中的主要用语。从伯杰的文章逻辑中可以分析出，她认为家长教育是"家长参与"的史前概念，家长教育是"家长参与"的实践及理论基础；她认为 20 世纪 60 年代以来出现的"家长参与"是家长教育的新发展，"最近对家长教育的关注出现在 20 世纪 60 年代，主要以联邦的各项计划为标志"①。因此，可以将伯杰所指的家长教育新发展的"新"理解为政府计划或者联邦政府干预对家长教育的拓展。这也与笔者前面分析的"家长参与"这一定义的被动性质相呼应。

从广义的概念意涵上理解，"家长教育"是指涉任何形式的帮助家长执行家长角色的援助。由此可以判断，"家长参与"也是一种广义的家长教育，它是以各种"参与"的方式、通过"参与"的过程来实现对家长执行家长角色的援助。因此，"家长参与"是 20 世纪 60 年代美国社会的民权运动、"向贫穷宣战"、家庭结构变化、儿童发展理论等社会政治经济条件黏合下产生

---

① Berger, E. H.. Parent Involvement：Yesterday and Today ［J］. The Elementary School Journal, 1991, 91（3）：209.

的一种扩大化发展的家长教育。它将家长教育的内容扩大到除了健康、营养、管教之外的与儿童学习相关的学校和家庭活动中；将家长教育的对象扩大到中产阶级以及上层社会家长之外的低收入、多元文化、多元种族、移民的家长层面；还将家长教育的方式扩展到课程、会议等教育形式以外的各种参与的方式。

综上所述，"家长教育"在概念的历史发展次序上要远远先于"家长参与"。"家长参与"在概念的内涵上是对"家长教育"的继承和拓展，二者在目的上存在着实质的一致性。在"家长参与"成为国家教育改革政策之后，家长教育也成为"家长参与"的一个部分。其实，在以爱泼斯坦的家长参与六模式为依据的家长参与框架内，家长教育实际已经成为家长参与的一个重要层面。

（三）"家长参与"与"家庭参与"（parental involvement 与 family involvement、family engagement）的演变关系

"家庭参与"（family involvement）这一概念出现在 20 世纪 70 年代末期，一些研究强调"家庭参与"与学前教育计划和特殊教育计划的关系，提出将整个家庭作为一个整体为学前儿童和特殊教育儿童提供更好的帮助。20 世纪 90 年代，"家庭参与"的概念也随着家长参与的发展而得到拓展，并且由于家校关系研究的扩大以及类似哈佛家庭研究计划等家庭与教育关系方面的研究中心的建立而得到普遍运用。但在联邦的有关法令中，仍然运用"家长参与"这种表述。

正如费拉拉（Ferrara，M. M.）分析的那样："'家长参与'是昨天的术语，现在用'家庭参与'。'家长参与'这一措辞蕴含着一种家长被引入到孩子教育中的设想，这种模式是典型的单向的'学校和家长之间的信息流动'。家庭参与是一个更加具有包含性的概念，包含多样的家长结构类型。这种概念转变代表着一种关系的广泛增进或联合，家庭参与被概念化为'家庭（家长或监护人）和学校工作人员之间为了孩子的教育而结成的联合关系'。"① 戴维斯（Davies，D.）对这种概念转变发表看法："我们将家长参与变为家

---

① Ferrara, M. M.. Phrase versus Phase: Family Engagement ［J］. The Clearing House: A Journal of Educational Strategies, Issues and Ideas, 2011, 84 (5): 180.

庭参与的原因是，对于一些孩子来说，对他们的校外教育支持做出最重要贡献的不是他们的父母，而是他们的祖父母、姑姑叔叔、兄弟姐妹甚至邻里。"① 因此，家庭参与首先出现在更加需要家庭环境整体性功能来帮助儿童教育的早期教育和特殊教育领域，然后逐渐扩大到初等、中等乃至高等教育领域的研究。相对于家长参与而言，家庭参与更加强调这种家庭环境和家庭成员之间的协调性以及家庭和学校教育之间的一致性。

20 世纪 90 年代末期以来，很多学者提倡"family engagement"这一概念及其所代表的深刻意涵。哈佛家长研究计划（HFRP）作为"family engagement"的研究中心，近十几年来一直致力于"engagement"这种"参与观"的研究和宣传。

在英语词义上，"involve"和"engage"都有"参与、参加"的意思。但从其语义环境上讲，二者又有微妙的区分。"involve"是指"被引入"，而"engage"则有"一起和联结"的意义倾向。因此，"involvement"意味着"去做"（doing to），而"engagement"却意味着"和谁一起做"（doing with）。② 可见，在概念表述上由"parental involvement"转向"family engagement"代表着一种家庭视角的出现，强调家长在孩子教育中的主动投入和参与，更加重视家庭的功能角色。根据 HFRP 研究者们的逻辑，美国教育中现在需要提倡一种"补充学习"（complementary learning），而家庭正是这种"补充学习"的中心要素之一。他们认为 20 世纪八九十年代的家庭参与是十分"个性化、个人化的"。因此，HFRP 研究者提倡一种补充学习框架下的家庭参与，即"family engagement"。两种不同的家庭参与表述体现了两种不同的"参与理念"，其区别可以从 HFRP 研究者的研究和努力成果中清晰地识别出来。在 2010 年，由家庭和社区参与研究者、倡议组织、实践者和政策制定者组成的一个全国范围的组织——全国家庭和社区参与工作组向国会提出了一个议案（Bill），即《2011 年家庭参与教育法案》（Family Engagement in Education Act of 2011）。在这项议案中，"家长参与"（parental involvement）

① Davies, D.. Schools Reaching Out: Family, School, and Community Partnerships for Students' Success [J]. Phi Delta Kappan, 1991, 72 (5): 377.

② Ferlazzo, L.. Involvement or Engagement? [J]. Educational Leadership, 2011, 68 (8): 12.

的概念被替换为"家庭参与"（family engagement），其概念含义被界定为："'家庭参与教育'意味着一种共同的职责：①家庭和学校之间为学生成功而共同承担责任，在这种责任关系中，以学校和社区为基础的组织有责任致力于使家庭（成员）以一种有意义的方式参与教育，而家庭有责任积极地支持孩子的学习和发展；②这种共同的职责应从出生持续到成年，而且学习应该发生在家庭、学校和社区中。"①

因此，如果一所学校若是为"parental involvement"奋斗，它表现出的特征是用嘴执行政策，即确认计划、需求和目标，然后告诉家长们如何做出贡献。如果一个学校若是为"family engagement"奋斗，它的特征就是用耳朵执行政策，即倾听家长的所思、所想和所担忧的一切，它的目标不是为顾客服务，而是要获得伙伴，而其的最终目的就是通过这种"真正的"伙伴关系来实现家庭和学校的连贯性，为孩子提供随处接受教育的大环境，这也是"补充学习"的宗旨。

（四）2015 年法案中以"家长和家庭参与"取代"家长参与"（parent and family engagement 和 parental involvement）

在 2015 年国会颁布的《每一个学生都成功法案》（Every Student Succeeds Act）的"家长参与"政策部分，明确将"家长参与"替换为"家长和家庭参与"（parent and family engagement），对家长参与的强调的范围扩大到所有家庭成员。这一改变倾向于对"家长和家庭成员"的强调，应该是基于 2011 年、2013 年和 2015 年的三次《家庭参与教育法案》（Family Engagement in Education Act）的议案，这三次议案虽未被通过，但是已经将其部分内容统整到 2015 年的法案中。

综上所述，美国研究者对"家长参与"这一概念内涵的理解以及与其相关和相近概念的使用方面呈现出一种复杂的状态，但对这些概念进行比较分析后可知其含义。首先，"家长参与"这一概念代表着一种政策的和策略性的视角，并与"家长教育"的意涵存在实质的一致性。也就是说，对于家长而言，它带有一种"被动"含义，即"吸引家长参与""使家长参与"的含

---

① S. 941 – 112th Congress. Family Engagement in Education Act of 2011 ［EB/OL］. ［2016 – 12 – 25］. https：//www. govtrack. us/congress/bills/112/s941. 42 – 43.

义。其次，"家长参与"这一概念及其内涵随着美国家校关系的变化而发生演变，在美国学校教育中，家长和家庭的责任逐渐增强和明确化的过程中，家长参与逐渐向家庭参与过度，而且，一些研究者还试图将家长参与的学校和教师视角向家长视角拓展。尽管家长参与的法定概念发生了变化，但是在其发展历史上看，"家长参与"已经作为一个基本概念被普遍使用。另外，"家长和家庭参与"这个概念是在"家长参与"这个概念基础上做出的一种范围扩展，而在其根本意涵上及其所反映的家校关系本质方面并未有实质性改变。故而，本研究仍然采用"家长参与"作为基本概念使用。

第一章　生活世界理论：美国"家长参与" 政策研究的价值分析基础

与一般的公共政策相比，教育政策具有一定的特殊性。这种特殊性决定了教育政策研究中价值分析的核心地位。教育政策的价值分析必须建立在一定的理论依据之上。本研究试图从哈贝马斯的生活世界理论角度将教育政策理解为一种系统行为，并将对教育政策的价值选择、合法性和有效性的分析置于生活世界和系统的关系维度上加以考察，以此探究在特定社会脉络下，美国"家长参与"政策的形成过程，继而揭示以及批判美国"家长参与"政策所可能合理化以至制度化的意识形态及结构性偏向与扭曲。

一、教育政策的内涵、特殊性和价值分析

（一）教育政策的定义与内涵

对于教育政策的界定并没有一个一致的表述，但都大体相近。比如，成有信认为，教育政策是"负有教育的法律或行政责任的组织及团体为了实现一定时期的教育目标和任务而规定的行动准则"①。袁振国认为，"教育政策是一个政党或国家为实现一定时期的教育任务而制定的行为准则"②。孙绵涛则认为，"教育政策是一种有目的、有组织的动态发展过程，是政党政府等政治实体在一定历史时期，为实现一定的教育目标和任务而协调教育的内

---

① 成有信．教育政治学［M］．南京：江苏教育出版社，1993：201.
② 袁振国．教育政策学［M］．南京：江苏教育出版社，1996：115.

外关系所规定的行动依据和准则"①。这些定义在一定程度上反映了教育政策的本质内涵。教育政策在形态上表现为静态的文本，即政府关于教育领域政治措施的政策文本，如法律、规定、规划、准则、纲要、条例等。但在本质内涵上，教育政策主要指向教育利益分配。

教育政策是教育领域乃至社会领域中社会政治和教育政治活动的形式和结果，教育政策活动是社会政治行为在教育领域中的集中体现。"一切政治组织及其制度都是围绕着特定的利益而建立起来的，同时也是为其所由以建立的社会成员的利益服务的。在这其中，国家是以特定的阶级利益为基础和归宿，采取了公共权力形式的政治组织和制度。"② 由此可以认为，教育利益和教育利益关系是教育领域政治活动和教育政策的基础与核心。国家制定和实施教育政策的根本目的是对不同主体的教育利益进行调整和分配。实际上，任何教育政策都是体现了作为政策主体的国家或政府的权力意志，按照国家意志来分配教育利益。

（二）教育政策的特殊性

教育政策的本质内涵虽然指向一种教育利益分配，但是，教育政策与一般公共政策进行的利益分配并不相同。我们必须通过这种教育政策的特殊性方面对教育政策的本质加以认知。教育政策的特殊性包括两个方面，即教育政策活动的特殊性和教育政策利益分配的特殊性。

首先，美国的佛兰德·S. 柯伯思（Coombs, F. S. ）曾提出关于教育政策的特殊性的看法：第一，教育政策的制定是一项成千上万人参加的极其复杂的工作，具有专门术语，政策内容广阔和多变，真正理解教育政策的本质是困难的；第二，相对而言，公众对教育系统比其他社会系统更熟悉，对教育政策更为关心，大多数公民对教育系统都有一定的接触和了解，并且都积极参与教育活动和学校的管理；第三，教育领域的权力比其他任何领域的权力都分散，教育政策不仅在不同的权力级别上形成和执行，而且在同一权力级别上也存在复杂的权力分配，从而加大了教育政策活动的难度和复杂性；第四，教育过程本身具有多种目标，在不同的教育机构中目标又具有含混

---

① 孙绵涛. 教育政策学［M］. 武汉：武汉工业大学出版社，1997：10.
② 王浦劬. 政治学基础［M］. 北京：北京大学出版社，1995：72.

性，评估教育成果具有先天的困难性；等等。这就使教育政策活动及其研究与其他公共政策相比具有明显的区别。① 除此之外，更为重要的是，教育政策活动总是围绕教育活动及其问题来进行的，而从本质上讲，教育是一种培养人的社会活动，这一本质决定了教育政策与一般公共政策相比具有独特的性征，教育政策应该无条件地认可"人"的主体地位和能动性，尊重人的独特性和人的价值选择。教育政策必须尊重人的主体性、人的选择和教育者、受教育者之间主体间性，这些特征都使得教育政策具有更为独特的意义。

其次，教育利益分配的特殊性主要是指，在教育政策分配教育利益的时候与其他社会领域公共政策的区别。第一，公共教育资源的分配是无偿性的和非营利的。即使政府允许利用市场机制配置一部分教育资源，实现教育的公益性也是这部分教育资源进行市场化运作的前提。第二，对于作为教育利益主体的受教育者个人来说，教育政策分配具有独特的内容和阶段性。教育政策对受教育者进行的分配并不体现为金钱、物质、权力、地位等利益，而是表现为个人身心发展的机会、条件和资格认证，教育政策分配教育利益的结果就是个人身心的和谐发展以及对个人身心发展水平的权威性认定。第三，在现代社会中，相对于其他物质和精神利益的分配而言，教育利益分配对于每一个人更具有不可替代的意义。在现代社会中，如果一个人不能获得有效的、公平的教育利益分配，不能获得一定的教育权利、教育机会、发展水平和资格认证，他就可能丧失未来的发展机会。

（三）教育政策研究的特殊性：价值分析

由于教育政策具有教育活动固有的特殊性和教育利益分配方面的特殊性，教育政策价值分析应该成为教育政策研究的关注重点。刘复兴在《教育政策的价值分析》一书中，非常强调教育政策的价值分析。他认为，教育政策价值分析是对教育政策活动的价值系统和价值问题进行确认与分析的一种教育政策研究方法和方法论，其研究的中心内容是教育政策活动中的"价值选择"及其"合法性""有效性"问题。价值分析在教育政策研究中具有核心地位。②

---

① 刘复兴. 教育政策的价值分析 [M]. 北京：教育科学出版社，2003：42 – 43.
② 刘复兴. 教育政策的价值分析 [M]. 北京：教育科学出版社，2003：80.

教育政策的价值选择是指教育政策主体和利益主体在自身价值判断的基础上，所做出的集体选择。价值选择不仅仅是价值目标的选择，而是既包括观念中的选择，又包括实践活动中的选择，包括教育政策问题的认定、政策目标的确立、政策方案和手段的选定、政策评价标准的确立等。价值选择是对教育政策追求的目的与价值的表达，通过对价值选择的分析，可以回答特定的教育政策做出了什么价值选择、为了什么目的、为了谁等方面的问题。

教育政策的合法性是指教育政策的价值选择符合某些普遍性规则，如法律、社会价值观、意识形态、传统典范等，并由此被社会承认、认可和接受。社会承认的主体，既包括政策主体，又包括利益主体，政策主体的承认使教育政策获得权威性和强制性，利益主体的承认使其自觉参与和遵守教育政策规范与活动。作为利益主体的公众的承认是教育政策具有合法性的根本标志。教育政策的合法性包括实质合法性与形式合法性两个方面，一是政策的实质内容符合社会所承认的普遍性规则，即实质合法性；二是政策活动过程（决策和实施）的程序符合普遍性规则，即形式合法性。合法性是教育政策被社会所承认的基础，是教育政策存在的依据，也是教育政策合法化的前提。它表明教育政策价值选择和执行程序的正确性、有益性和公正性。

教育政策的有效性则指向教育政策的价值选择以及教育政策的实施能够有效地解决相关政策问题，完整实现既定的政策目标。教育政策的有效性包括三个方面的内容：一是政策方案具有可行性，二是政策目标所确认的价值与政策结果所蕴涵的价值具有高度的一致性，三是政策行为付出的代价最小。有效性表明教育政策目标完整转化为教育政策结果所需要的条件和价值规范。

二、生活世界理论视角下的教育政策的价值分析

教育政策的价值分析必须建立在一定的理论依据之上。对于教育政策的价值选择、合法性和有效性等方面的分析，在不同的理论基础上，有不同的关注点和判断依据。本研究试图从哈贝马斯的生活世界理论角度，将教育政策作为一种系统行为，并将对教育政策的价值选择、合法性和有效性的分析置于生活世界和系统的关系维度上加以考察，探究在特定社会脉络下，美国"家长参与"政策的形成过程，继而揭示以及批判美国"家长参与"政策所

可能合理化以至制度化的意识形态及结构性偏向与扭曲。

（一）生活世界理论简述

在《交往行为理论》一书中，哈贝马斯认为现代社会是由"系统"和"生活世界"二元结构组成的，"生活世界""系统""交往行为"是哈贝马斯交往行为理论的核心概念，是哈贝马斯对现代性进行反思和批判的关键基础。

1. 生活世界的含义

哈贝马斯对生活世界并没有下过正式的定义，而是将他的理解连贯地显现在《交往行为理论》一书之中。哈贝马斯认为，生活世界的结构包括：文化、社会和个性。生活世界是日常交往实践的核心，它是扎根在日常交往实践中的文化再生产、社会整合以及社会化相互作用的产物。"我把文化称之为知识储备，当交往参与者相互关于一个世界上的某种事物获得理解时，他们就按照知识储存来加以解释。我把社会称之为合法的秩序，交往参与者通过这些合法的秩序，把他们的成员调节为社会集团，并从而巩固联合。我把个性理解为使一个主体在语言能力和行动能力方面具有的权限，就是说，使一个主体能够参与理解过程，并从而能论断自己的同一性。"① 因此，哈贝马斯将生活世界理解为一种由文化传统和语言组织起来的背景性的知识库。生活世界在哈贝马斯看来，就是文化资料的储存库，是生活在一起的社群所共享和共有的，其主要作用是保证人类相互间的沟通。"交往行动者总是在他们的生活世界的视野内运动；他们不能脱离这种视野"，"生活世界类似发言者和听众所遇到的先验的地方，在这种地方，他们可以相互提出要求，就是说，他们的表达与世界（客观世界、社会世界或主观世界）相适应；并且在这里，他们可以判断和证实这些运用要求，排除意见不一致，取得意见一致"。② 行动者是在生活世界的基础上，做出他们对行为环境的阐释并继而建构其行为的知识。"生活世界乃是为行为的角色创造性活动提供相互理解

---

① 〔德〕尤尔根·哈贝马斯. 交往行为理论·第二卷——论功能主义理论批判［M］. 洪佩郁，蔺青，译. 重庆：重庆出版社，1994：189.
② 〔德〕尤尔根·哈贝马斯. 交往行为理论·第二卷——论功能主义理论批判［M］. 洪佩郁，蔺青，译. 重庆：重庆出版社，1994：174.

的可能的建构性范围的因素的总和，它作为交往行为过程本身的产生来源，一直居于背后，作为背景性的因素，并只是作为文化传统力量在解释过程中体现出来。"①

2. 生活世界的再生产与理性化

生活世界是在语言交往中进行再生产的。这种再生产表现为，文化知识的传播和更新、社会整合和社会—体化以及个人的社会化。人们在生活世界中通过语言进行相互交往，通过这种交往来传播和更新文化知识，进行社会整合和个人社会化。交往行为在履行这些功能的时候，实际上也在进行着生活世界的再生产。哈贝马斯认为，生活世界的再生产是通过行动者本身的解释成就更新的。②

生活世界的理性化过程意味着它所蕴涵着的世界观越来越清晰，人类也开始懂得用不同的架构和演绎角度去交往，人与人的交往通过理性讨论多于受权威的制约。具体说来，合理化的过程涉及生活世界区分结构的过程，这种区分趋向于一种假设的目标状态，在这种状态中，文化传统不断地被批判和更新，道德和法律的规定越来越依赖于裁决的形式化的过程，人的个性也越来越自由，社会化程度也越来越高。这里，人们对传统、对制度和对社会化过程的关系变得越来越具有反思性和批判性。

3. 系统的含义及其理性化过程

（1）系统的含义

哈贝马斯认为，社会既可以被看作是一个系统，又可以被看作是一个生活世界，社会系统主要包括经济子系统和管理子系统，生活世界包括文化、社会与个性因素。如果社会按照不同的功能系统整合在一起，那么这就被理解为系统整合；如果通过人们之间的相互理解而结合在一起，那么这种整合被称为社会整合。系统是人们之间通过金钱和权力而相互合作的机制，生活世界是人们之间相互理解而进行合作的机制。在社会系统中，各个不同的子系统由于不同的主导媒介的作用，而形成一个理性化的系统，在经济交往

---

① 艾四林. 哈贝马斯论"生活世界"［J］. 求是学刊，1995（5）：7.
② 〔德〕尤尔根·哈贝马斯. 交往行为理论·第二卷——论功能主义理论批判［M］. 洪佩郁，蔺青，译. 重庆：重庆出版社，1994：197.

中，货币是"主导的"交往媒介；在管理行为中，权力是"主导的"交往媒介。在经济交往中，人们通过货币来建立人们之间的关系；在管理行为中，人们通过权力来建立关系。在这里人们之间不是通过讨论、相互理解从而形成一致意见而建立社会联系，而是通过契约以及与职位联系在一起的责任来建立关系。显然，系统中的行为是目的合理的行为，它们所追求的是成功，而与人们之间通过交往而相互理解的理性行为是不同的。哈贝马斯把这种现象称为系统和生活世界的分离。

系统这一概念对哈贝马斯而言，是作为社会的制度或组织，影响着人们的生活。现代社会结构的复杂性，使得人们不可能清楚地知道自己每一个行为产生的原因及其可能导致的结果，而系统正好具有调节人们行为相互影响的功能。在这个意义上，系统跟生活世界同时具有调节人们行为的作用。其不同在于生活世界是在价值层面上规范人际活动，而系统是从功能层面上调节人类不同目标的生活方式和取向。

（2）系统的理性化过程

哈贝马斯认为，现代西方社会的一个基本特征就是系统和生活世界在不断地分化。要审视这种分化现象，首先必须理解系统的合理化过程。哈贝马斯认为系统的合理化过程分为四个阶段。在古代社会里，亲族结构是理解古代社会生活结构的关键，无论是符号意义层面或者是系统层面的创造，都是在亲族体制内部进行的。因此，符号意义上的创造和系统创造两者同时在亲族体制内进行。社会整合和系统整合同时发生，这个阶段被哈贝马斯称为"平等部落社会"。随着劳动分工的发展和交换的频繁，社会中相继出现一些不同功能的社会组织，并且也懂得利用资源有效地达到其他目的。与此同时，由于世代的沿袭，出现了一些代表权力的组织和家族。尽管这样，这一时期的社会在本质上仍和平等部落社会没有多大的分别，系统整合和社会整合仍然是源出一致。哈贝马斯将此阶段称为"等级部落社会"。

很明显，在以上两种社会情形下，生活世界和系统并没有分开来，系统的发展是以生活世界的符号意义做基础，这一情形一直维持到政治权威出现。政治权威作为主干的社会和前两种社会的区分，表现为政治权威作为主干的社会的权力建基于司法制裁之上，而并非来自世袭集团或家族。当权力机制跟亲族结构分离开来之时，国家这种新的社会制度逐渐形成了。在这个阶段,神话色彩的世界观被语言结构代替了,这时人们在日常和政治事务中的共识是通过语言对话而实现的,哈贝马斯称这种社会是"政治上有阶级分层的社会"。在这种社会结构中,货物在市场上的交易由金钱做中介。逐渐地金钱变成了主宰社会的机制,最终导致经济从政治中分离出来,这就是"按照经济结构分层的阶级社会"。

4. 系统与生活世界的关系——两种整合的关系

随着社会的发展变得日益复杂,人类似乎很难只依靠自己的判断了,理性化的过程首先起源于生活世界的理性化,由此导致或催生系统层面的理性化。哈贝马斯始终强调生活世界层面在演化上的优先性,因为生活世界的理性化会导致定义系统维持的结构模式的方向性,也就是对于系统复杂性的发展进行前导性的促动。

对于系统和生活世界的整合机制,哈贝马斯说:"'社会整合'和'系统整合'这两个概念,分别来自不同的理论传统。我们所谓的社会整合,涉及的是具有言语和行为能力的主体社会化过程中所处的制度系统;社会系统在这里表现为一个具有符号结构的生活世界。我们所说的系统整合,涉及的是一个自我调节的系统所具有的特殊的控制能力。这里的社会系统表现为它们克服复杂环境而维持住其界限和实存的能力。生活世界和系统这两个范式都很重要,问题在于如何把它们联系起来。就生活世界而言,我们所探讨的主题是社会的规范结构(价值和制度)。我们依靠社会整合的功能来分析事件和现状,此时,系统的非规范因素是制约条件。从系统的角度来看,我们所要讨论的主题是控制机制和偶然性范围的扩张。"①

社会进化过程既是一个系统中主导媒介的调节能力的不断提高的过程,又是生活世界不断地分化为文化、社会和个性的过程。在哈贝马斯看来,生活世界与系统本应该是相互协调的,生活世界按照文化再生产、社会整合和个人社会化的发展逻辑使生活世界自身不断获得更新或再生产,而系统则按照金钱和权力的运行规则来发展自身。系统与生活世界的分离本来不应当受到批判。系统和生活世界的分离恰恰是从政治上组织起来的欧洲封建阶级社

---

① 〔德〕尤尔根·哈贝马斯. 合法化危机〔M〕. 刘北成,曹卫东,译. 上海:上海人民出版社,2000:6-7.

会过渡到现代经济的阶级社会的必要条件，或者说是西方现代化的必要条件。通过这种分离，一方面是生活世界的交往合理化，另一方面是社会更多物质的再生产。只是当目的合理行动子系统的独立化要求侵入生活世界并破坏其结构时，现代性的计划就出问题了。"系统复杂性的上升是这样的迅猛，以致于自由的体系命令阻碍了被它们工具化了的生活世界的控制力"①。

伴随着市场和政府力量对生活世界的渗透，私人经济生活的自主性相对地被市场消费欲求所左右，公民政治生活的自主性被转化为对政府权力的消极盲从。系统复杂化借助更多的技术应用，甚至"非语言化"的操纵机制，因而也就不再依赖交往行动的有效性声称。系统的膨胀相对减少了生活世界以交往行动为中介的再生产，生活世界的文化再生产、社会整合和个人的社会化产生困难。人们之间的相互联系不是依靠交往和相互理解，而是靠金钱和权力来调节。这就是说社会整合让位于系统整合。哈贝马斯把这种现象称为"生活世界的殖民化"。

（二）生活世界理论对教育政策的含义及其价值选择的再限定

教育政策是政府教育决策的结果，是政府的产物。依据哈贝马斯的生活世界理论，我们可以将教育政策理解为一种系统行为，其价值选择、合法性和有效性都是可以从这一理论视角出发加以考察的。

从教育政策的价值选择上看，其首先应该由生活世界赋予其符号意义。也就是说，教育政策的问题确认、解决方案和实施路径等方面应该首先以政策主体和利益主体的"知识储存"和"理性共识"为依据。也就是说，教育政策在最初确认处理什么问题、想要达到什么目标、处理什么关系和如何处理这些关系等方面，面对两种选择，一种倾向于系统整合行为，一种倾向于社会整合行为。那么，这两种价值取向在教育政策制定和执行过程中，也就是在调整教育领域的关系和解决教育问题的程序中表现为：一种是以权力和金钱为支配力量或媒介的政策活动，另一种是以平等的交流、有效的交往和基于理解的共识为媒介的政策活动。这两种价值选择构成教育政策的价值形式。依据哈贝马斯的系统和生活世界理论，这两种政策价值取向明显地导向

---

① 〔德〕尤尔根·哈贝马斯. 交往行为理论·第二卷——论功能主义理论批判［M］. 洪佩郁，蔺青，译. 重庆：重庆出版社，1994：208.

不同的结果。通过权力和金钱支配力量而取代语言媒介的政策活动，必然会将教育政策的价值导向一种目的理性的发展范式，其行为取向是算计各种手段，然后从中选择最合适的以达到明确的目标，这种工具性的行为对理性的看法过于狭隘，政策的制定主体和政策的利益主体并不发生必然的关系，利益主体往往不能从权力和金钱的媒介中确认自己的文化传统、价值信仰以及语言结构是否得到关注和考虑，不能确认政策价值所包含的实质意义、关系和范式的适当性，也不能在这种政策价值引导中清楚地确认什么是合乎规范的，以及应该如何行动。所以，这种系统整合倾向的政策价值取向就代表了一种系统对生活世界再生产的侵袭乃至统治，它会导致一系列不良的后具，如哈贝马斯所说的"表达危机"和"委托危机"。而另一种教育政策价值选择是通过公众秉持交往理性而进行的交往行为达成的一种共识为基本路径的。这种教育政策的价值取向是代表着教育的本质属性的价值抉择。因为，教育政策不仅仅是政府的产物，它还是在教育领域实施的公共政策，它必须兼顾教育与政府两个不同社会领域的关系问题。教育政策的最为根本的价值目标之一就是如何通过有效地解决教育问题从而促进每个受教育者全面适当的发展。教育政策不应该仅仅满足政治的或经济的需要，或者只重视制度建设和制度的效率，而应该"以人为本"，把人的需求的满足和人的完善发展作为价值政策的首要价值目标。在这种价值目标下，必然要以政策利益主体的需求和对政策问题、目标、方案等方面的基本共识为基础。所以，来自利益主体对教育政策价值选择的认可和共识对于政策的合法性和有效性有着根本性和关键性的意义。

（三）生活世界理论对教育政策的合法性的判断

教育政策是政府政策的一部分，是政府管理教育领域和调节教育领域社会关系的政治措施和工具。① 教育政策的价值选择不能脱离政府的政治理想和运作机制，否则，它就不能成为教育政策，教育政策也会从根本上失云其合法性。因此说，教育政策必须从政府和政治领域那获得合法性，首先获得政府的认可。但是，由于教育政策的特殊性，教育政策的合法性的更为主要

---

① 刘复兴.教育政策的价值分析［M］.北京：教育科学出版社，2003：69.

的一个来源并不仅仅是政府的认可，而是来自政策受众、广大政策利益相关者的认可。正如哈贝马斯所说的，"合法性意味着，对于某种要求作为正确的和公正的存在物而被认可的政治秩序来说，有着一些好的根据。一个合法的秩序应该得到承认。合法性意味着某种政治秩序被认可的价值"①。在系统与生活世界理论观点中，系统的合法性意义是由生活世界赋予的。因此，达成共识或者说价值一致是教育政策活动的重要内容。也就是说，政府的政治理想与公众的教育需求保持基本一致的情况下，教育政策就很容易顺利获得其政治的和社会的合法性。相反，如果政府的政治理想与公众的教育需求相悖时，教育政策的合法性就会遭受质疑和遇到危机。教育政策在实施的过程中遭受公众抵制或反抗，就会导致政策无能、政策落空、政策失真甚至是政策失败，更重要的是它还可能形成一种扭曲了的意识形态和结构导向。教育利益主体必须具有自由表达愿望、需要或意向的权利和途径。在政策实践中，依靠专制的制度和手段使人们"承认""服从"和"遵守"某种规则和规范而获得的"合法性"，并不是真正意义上的合法性。同时，在实践中我们对于出现这种对合法性的扭曲与威胁的现象，更应加以警惕和扭转。

（四）生活世界理论对教育政策有效性的界定

教育政策的有效性分析或评估中，最为显性的一面是指向教育政策的"绩效性"，即教育政策如何能以最低的成本获得最大的收益。它关注的是教育政策活动的投入和产出的比例，关注的是教育政策活动过程中的运作情况。大多数针对教育政策的研究都指向这个层面。但是，从系统与生活世界的关系理论出发，教育政策的有效性可以被重新解读。教育政策的有效性应该聚焦于两个方面，除了关注教育政策的执行过程之外，还关注教育政策的决策过程。因为，政策作为一种系统行为，它有两条路径去影响生活世界，或者说政策有两种价值取向去影响利益主体：一种是通过利益主体的共同认可和交往互动作为政策的意义驱动，另一种是系统可以通过权力和金钱的媒介，不通过公众的议论和共识而直接形成干预，也就是哈贝马斯所说的"系统侵袭"。所以，以系统与生活世界的关系理论为基础，对政策的价值和意

---

① 〔德〕尤尔根·哈贝马斯. 交往与社会进化［M］. 张博树，译. 重庆：重庆出版社，1989：184.

义取向进行区分是必要的,对于教育政策的有效性的认定也随之而有所变化。针对系统侵袭的政策活动情况,虽然人们往往能够看到政策运行过程中的产出和效率,但是,它的产出和效率却并非建立于政策利益主体的利益之上,甚至从长远的角度讲是侵害他们的利益的。而有效性的评价,应该更加关注教育政策决策过程中,政策的决策主体和执行主体对教育政策价值选择的认可并遵从,以及教育政策利益主体对教育政策价值选择的认可和遵从。

三、生活世界理论视角下的家校关系政策的价值分析

美国的"家长参与"政策是联邦政府通过法律形式对家校关系进行形塑的系统整合行为。家校关系政策比一般的教育政策还要具有特殊性,它的价值选择、合法性和有效性可以在生活世界理论框架下得到具体而深刻的限定,以明晰家校关系政策的利害影响和评价标准。

（一）家校关系政策的特殊性及价值关注的必要性

1. 家校关系:从自发、自觉到系统整合的变化

家校互动与合作在儿童教育中早已成为基本事实。亲师交往行为是以家长和教师各自的社会职责的形成和发展为基础的。家长作为儿童的第一任教师的身份有史以来便自然产生,家长负责教孩子生存技能以及适当的道德规范,以保证社会的存在和延续。所以,家长教育孩子的合法权利远远早于学校。但是,随着社会发展的复杂化,家庭教育功能逐渐弱化,可儿童发展和教育观念却在不断被强化,所以,以政府承担儿童正式教育责任的时代到来。公立学校和教师承担了越来越多的教育孩子的责任,也被赋予了培养社会有用公民的权利。当然,家长仍然拥有影响和引导孩子成长的权利和义务。因此,家校关系也很自然地普遍化了。接着,随着现代社会的急剧发展,学校承担越来越多的社会功能（经济功能、社会公平正义功能尤为突出）,学校教育在个人发展和成功中的功能也越来越凸显,故而,家校之间的关系围绕着孩子的发展和成功也越发地紧密了。但这些紧密的联系或者疏浅的联系,都是基于家长和教育者各自对儿童教育目标、成功标准、教育方式等方面的认知和体验,就是哈贝马斯所说的"生活世界",并且,家长和教育者之间的互动方式、频度以及质量等方面也都是基于他们的交往过程所

达成的一种一致性和共识。可以说，现代社会带来的家校之间的互动频繁的趋势是交往理性发展的结果。具体地说，那些互动频繁而且交往紧密的家长与教师，他们的交往行为是基于他们之间作为儿童教育的两个独立主体对儿童养育的共同关注，更是基于家长和教师主体间对育儿的各种理念、价值观和标准达成的共识，儿童在这种基于共识的交往互动中成为关注焦点。而那些交往疏浅甚至对立的家长与教师之间，首要原因是他们在关于儿童养育、成功标准、责任分配以及价值观取向方面未曾达到一种基本共识，这正是因为交往行动者都是基于各自的生活世界的视野进行活动的。哈贝马斯认为，生活世界的再生产是通过行动者本身的解释成就更新的。所以，家校之间的关系是紧密还是疏浅，都是交往主体间——家长和教师——在行动过程中基于自己的观念认知进行的自发自觉的交往结果。

20 世纪 60 年代中晚期，美国的家校关系领域出现了系统整合的趋势，即在《初等和中等教育法案》的第一款中，持续地对家长参与进行了政策规定。作为一种系统整合行为，它试图整合家校关系的认知，使不同的家长群体尤其是处境不利家庭在家校关系的认知方面共享某种特定的观念模式，从而使学生在受家庭影响方面尽量保持同一水平，并以此为基础提高教育的公平性。因此，家校关系已经从一种自觉自发的状态走向一种系统整合。

2. 关注家校关系的系统整合的特殊性和价值取向

美国的"家长参与"政策，作为一种系统整合行为，具有一定的特殊性。

首先，"家长参与"政策是对家校关系进行的一种系统整合，因此，从家校关系角度讲，它具有超出一般教育政策活动范围的特殊性。从教育职能和教育权利上看，家庭和学校是平等而又相互补充的教育单元，两者之间不具有相互替代性。对于儿童教育和成长而言，两者都是极其重要的环境空间和意义空间，缺少哪一个，儿童的发展都会遭受不可挽回的损失。退一步讲，即使两者都不缺失，两者之间的关系如何也对儿童的教育和成长具有潜在的强大影响。因此，家校关系方面的系统整合肩负着影响孩子最为重要的两个生活空间沟通合作的重任，所以，儿童应该必然地作为系统整合的唯一中心，这已经关乎儿童生活、学习、成长和发展的方方面面，而且其影响通常是以一种潜移默化的方式产生的。比如，通过系统整合，家长的教育责任会被以某种形式主流化或者固化，这关乎家长将精力和时间投入在儿童养育的哪个方面；教师的教育责任也会被重新定义，会对家长的教育角色有新的认知和新的期待，而这所有的变化都将折射到儿童的教育当中。

其次，"家长参与"政策的另一个特殊性表现在，它是以处境不利儿童及其家庭作为政策目标主体的。政策关于家校关系认知的系统整合是以解决处境不利儿童的教育困境之名持续进行的。根据2016年美国国家贫困儿童中心（National Center for Children in Poverty）对美国6～11岁贫困儿童和低收入家庭儿童的比例做出统计的数据显示，有近半数的儿童处于低收入和贫困之中，其中处于贫困之中的儿童占22%，处于低收入、接近贫困的儿童占23%①；在12～17岁阶段，贫困和低收入家庭儿童的比例总体为40%②。从这些数据可以确认，"家长参与"政策绝非针对少数儿童进行的，它在美国的实施具有相当的影响力，因此，关于家校关系的系统整合势必全面地影响美国基础教育领域。另外，众所周知，美国是一个种族多元、文化多元、语言多元的国家，也是一个具有种族歧视和种族隔离历史和现实的国家，处境不利儿童以少数族裔为主体的事实已经十分明确，那么，系统整合在将家校关系进行普及化的过程中是如何权衡主流文化与少数族裔文化关系的，这个问题值得持续关注。

综上所述，美国的"家长参与"政策作为一种系统整合行为，具有两个重要的特殊性：一是它影响着儿童的两个最为重要的生活空间，所以必须以儿童的全面利益为唯一中心；二是它将以少数族裔群体为代表的处境不利儿童及其家庭作为政策目标，所以必须兼顾种族和文化平等。以上两点应该是政策价值的根本考察点，这对于判断美国联邦政府进行的半个多世纪的家校关系系统整合的合法性和有效性有根本的标尺作用，对于辨识系统整合的实

---

① Jiang, Y., M. Ekono, C. Skinner. Basic Facts about Low – Income Children: Children 6 through 11 Years, 2014. [EB/OL]. New York: National Center for Children in Poverty, Mailman School of Public Health, Columbia University. 2016. [2016 – 12 – 25]. http://www.nccp.org/publications/pdf/text_ 1146. pdf.

② Jiang, Y., M. Ekono, C. Skinner. Basic Facts about Low – Income Children: Children 12 through 17 Years, 2014. [EB/OL]. New York: National Center for Children in Poverty, Mailman School of Public Health, Columbia University. 2016. [2016 – 12 – 25]. http://www.nccp.org/publications/pdf/text_ 1147. pdf.

质性目的、前提逻辑以及真实影响也具有根本的参照价值。

（二）美国"家长参与"政策的合法性考察

美国的"家长参与"政策如何获得政策利益相关者认可并付诸实践，是考察政策合法性的一个关键性问题。基于生活世界理论的观点，主要考察两个层面：一是政策是如何满足政策利益主体的真实需求、解决他们的现实问题的，二是政策是如何获得他们的认可和共识的。

对于第一个问题，应该考察"家长参与"政策的问题主旨，即为什么提出"家长参与"政策？家长参与要解决什么问题？政策依据什么经历、价值标准和信念基础提出家长参与的解决路径？政策利益主体的真实需求是什么，能否通过家长参与得到满足？

对于第二个问题，应该着重考察政策的合法化路径，即政策是以什么方式扩大家长参与的重要性和有效性认知的？政策是以什么方式确保其执行的？是否存在一定的合理路径可以让处境不利儿童的家长表达真实的家长参与功能和意义的认知？对于政策问题、政策方案，处境不利家长是否认可？

（三）美国"家长参与"政策的有效性考察

依据生活世界理论和家校关系政策的两点特殊性，对美国"家长参与"政策的有效性考察主要体现在两个维度上：一方面考察政策决策过程中的价值定位的有效性，另一方面考察政策实践过程中的有效性。

从政策决策过程角度看，政策是否是针对处境不利儿童的真实需求，并以儿童全面发展为中心？

从政策实践过程看，政策实践是否达到了它预设的目标，即提高处境不利儿童学业成绩、缩小他们与白人同伴之间的成绩差距？政策实践是否得到了教师和家长的普遍认可，并形成了和谐的家校合作关系？政策实践主体，包括家长和教师，以及不同种族和阶层的家长群体之间是否对家长参与达成共识，从而形成真实的交往互动？

四、基于生活世界理论的美国"家长参与"政策价值分析的结构图

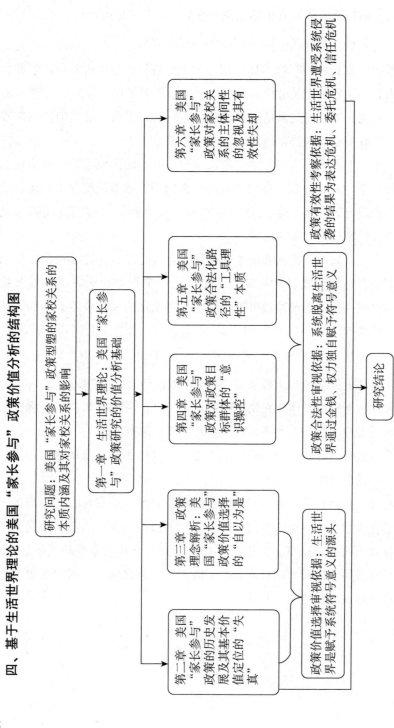

图1-1　基于生活世界理论进行美国"家长参与"政策价值分析的结构图

第二章　美国"家长参与"政策的历史发展及其基本价值定位的"失真"

在美国，"家长参与"（parental involvement）是"家长参与教育"（parental involvement in education）或"家长参与学校教育"（parental involvement in schooling）的简称。1965 年，联邦政府颁布《初等和中等教育法案》（Elementary and Secondary Education Act，简称：ESEA），希望"增强和改善国家初等和中等学校的教育质量和教育机会"，法案的第一款（Title I）提出联邦"为低收入家庭儿童所在地方教育部门提供资助"①。随即，"家长参与"成为该项法案第一款的内容，而且，在 ESEA 第一款经历的七次修正与重新核准②的半个

① United States Statutes Large. Elementary & Secondary Education Act（ESEA）（P. L. 89 – 10）[EB/OL].［2015 – 08 – 25］. http：//www. nctic1p. org/files/40646763. pdf.

② "家长参与"政策发展过程中经历的《初等和中等教育法案》的七次修正或核准分别是：①《1974 年教育修正案》（Education Amendments of 1974），即 1974 年 8 月 21 日由美国国会通过的"拓展和修正 1965 年初等和中等教育法案"的一项法案（An Act "To extend and amend the Elementary and Secondary Education Act of 1965"），亦即公法 93 – 380（Public Law 93 – 380）；②《1978 年教育修正案》（Education Amendments of 1978），即 1978 年 11 月 1 日美国国会通过的名为"拓展和修正初等和中等教育即将到期项目"法案（An Act "To extend and amend expiring elementary and secondary education programs"），亦即公法 95 – 561（Public Law 95 – 561）；③《1981 年教育整合和改进法案》（Education Consolidation and Improvement Act of 1981），即 1981 年 8 月 13 日美国国会颁布的公法 97 – 35（Public Law 97 – 35），其第一章内容为"继续依照 1965 年初等和中等教育法案第一款原则为州和地方教育部门提供资金以援助缺乏足够教育儿童"；④《1988 年霍金斯 – 斯坦福修正案》（Augustus F. Hawkins – Robert T Stafford Elementary and Secondary School Improvement Amendments of 1988），即 1988 年 4 月 28 日美国国会颁布的公法 100 – 297（Public Law 100 – 297），是一项"针对 1965 年初等和中等教育法案的修正案"（Amendments to the Elementary and Secondary Education Act of 1965）；⑤1994 年 8 月 2 日美国国会颁布的《改善美国学校法案》（Improving America's Schools Act of 1994），是一项"针对 1965 年初等和中等教育法案项目拨款的五年扩展授权"（An Act "To extend for five years the authorizations of appropriations for the programs under the Elementary and Secondary Education Act of 1965"），亦即公法 103 – 382（Public Law 103 – 382）；⑥2002 年 1 月 8 日美国国会颁布《不让一个孩子掉队法案》（No Child Left Behind Act of 2001），即公法 107 – 110（Public Law 107 – 110），它对 1965 年初等和中等教育法案的第一款进行修正（"Title I of the Elementary and Secondary Education Act of 1965 is amended"）；⑦2015 年 12 月 10 日美国国会通过《每一个学生都成功法案》（Every Student Succeeds Act），即公法 114 – 95（Public Law 114 – 95），它是对 1965 年初等和中等教育法案的最新一次核准（"Elementary and Secondary Education Act of 1965［As Amended Through P. L. 114 – 95，Enacted December 10, 2015］"）。

多世纪里,"家长参与"的政策话语不断被强化和细化。它已经成为美国家校关系政策和理论研究领域的核心用语,它所指涉的实践样态也成为"美国家校关系的主导模式"①。本章将把"家长参与"政策还原到美国社会发展环境中进行历时性考察,并针对有关政策文本进行分析,以阐释政策的目标人群、政策目的、政策方案以及政策逻辑,以此初步明确"家长参与"政策的价值选择。

一、美国"家长参与"政策的历史过程与政策内容

尽管在美国联邦政府 1965 年颁布的《初等和中等教育法案》的最初条款中并未涉及"家长参与"的内容,但是,在法案的执行过程中,不断出现关于"家长参与"的提议和规定。故而,《初等和中等教育法案》被认为是"家长参与"政策的源头。在《初等和中等教育法案》颁布半个多世纪以来,它经历了七次修订或重新核准,在这一系列政策变化中,"家长参与"的政策条款越来越明确,越来越具体,在《不让一个孩子掉队法案》的政府政策指南中已经将其认定为第一款的中心内容②。在政策发展过程中,"家长参与"的相关条款也随着社会和教育的发展发生了变化。"家长参与"政策的发展变化大致可以分为三个阶段:第一阶段是 20 世纪 60~70 年代的政策缘起阶段,第二阶段是 20 世纪 80 年代的政策转折阶段,第三阶段是 20 世纪 90年代至今的政策加强阶段。每个阶段,"家长参与"政策强调的内容都与当时的社会政治经济和教育发展背景紧密相关,并带有自己独特的性征。

(一) 美国"家长参与"政策的缘起 (20 世纪 60~70 年代)

1. 政策缘起的社会条件——民权运动和"向贫困宣战"

"家长参与"政策缘起于 1965 年的《初等和中等教育法案》,它深受 20世纪 60 年代两大社会思潮——民权运动和"向贫困宣战"运动的影响。两

---

① de Carvalho, Maria E. P.. Rethinking Family – School Relations: A Critique of Parental Involvement in Schooling [M]. Mahwah, NJ: Lawrence Erlbaum Associates, 2001: 16.

② U. S. Department of Education. Parental Involvement: Title I, Part A. Non – Regulatory Guidance [EB/OL]. [2015 – 08 – 27]. http: //files. eric. ed. gov/fulltext/ED484491. pdf.

大社会思潮成功地将处境不利儿童（主要指低收入少数族裔儿童）的教育问题引向公众视野，也将学业成绩与广泛的社会政治民主和经济改善问题连结在一起。综合这些复杂的情势，如何提升处境不利儿童学业成绩的问题跃然纸上。"家长参与"政策便作为一种解决问题的方案而出现了。

（1）民权运动

二战以后，美国国内发生了一种巨大的变化，并且影响深远。原本居住在南方的非裔美国人在南方农业机械化发展的情况下失去工作，而北方战争工厂需要廉价劳动力，因此，在20世纪40年代末、50年代至60年代，大量的非裔美国人迁移到美国北部和中西部。在1945年以后的20年间，有400万黑人从南方移民到东北、中西和西部城市中。① 在这些地方，种族隔离的程度比南方还严重，不仅居住隔离，而且学校也是隔离的。可以说，二战后，种族问题成为城市学校和学区的最大问题。黑人社区的学校资源紧张，质量低劣。另外，随着城市房源的紧张，很多白人移居郊区，出现"白人迁徙"（White flight）现象。郊区移民基本上都是白人，在1960年，郊区人口超出了中心城市的人口，郊区人口中，只有5%是非裔美国人。② 因此，城市学校和郊区学校的差别逐渐明朗化，城市学校遭受着种族隔离和经济危机的困扰，它们常常被用"质量差""犯罪"与"暴力"等词汇来形容。而郊区学校却是教学资源丰富，学业成绩优异。城市学区的财政由于白人迁居郊区而大大下降。教育中的反种族隔离的情绪最终在少数族裔群体向联邦最高法院提起的维权诉讼中爆发。

1954年，"布朗诉托皮卡教育委员会案"（Brown v. Board of Education of Topeka）判决帮助美国黑人发起了一系列为自己争取民权的运动，即1955年亚拉巴马州蒙哥马利的抵制巴士种族隔离运动；1960年，北卡罗来纳州格林斯博罗黑人大学生的一系列静坐示威；1963年，由马丁·路德·金（King，

---

① Rury, J. L. Education and Social Change: Themes in the History of American Schooling [M]. Mahwah, NJ: Lawrence Erlbaum Associates, Inc., 2002: 184.

② Rury, J. L. Education and Social Change: Themes in the History of American Schooling [M]. Mahwah, NJ: Lawrence Erlbaum Associates, Inc., 2002: 186.

M. L. , Jr. ）领导的华盛顿特区大游行。此外，还有一系列选民注册运动①。这些活动是最初发生在南方继而席卷全国的政治激进主义的明显例证。民权运动在教育事务上的影响主要体现在一系列迫于黑人和其他少数群体或某些法庭判决的压力而制定并通过的法律上。那些法庭判决则是各种少数群体提起诉讼的结果。因此，在教育领域，"隔离但平等"原则被废除，少数族裔儿童的受教育状况备受关注。

（2）"向贫困宣战"

在意识到至少有相当一部分人口的生活依然赤贫的时候，林登·B. 约翰逊（Johnson，L. B. ）总统决定实施"大社会"（Great Society）计划，全面开展"向贫困宣战"运动，而教育被视为消除贫困的关键。1965 年的《初等和中等教育法案》是"向贫困宣战"中最重要的一项教育立法。这是迄今为止影响最深远的一项联邦教育立法。《初等和中等教育法案》规定，每年从联邦基金中抽出十多亿美元资助教育。《初等和中等教育法案》中包括五个主要条款。其中第一款规定，为地方学区的低收入家庭的儿童提供教育援助，联邦资助基金的 80% 将用于该项目②。这是所有五个条款中获得资助最大的项目。通过第一款提供补偿性教育计划资金，可以保持先行计划所取得的教育成就。因此，第一款成为教育"向贫困宣战"的最主要组成部分。

2. 政策内容

（1）1965 年《初等和中等教育法案》的颁布与施行

在《初等和中等教育法案》最初的条款中，并未涉及"家长参与"的内容，但是，在该法案的执行过程中，不断出现关于"家长参与"的提议和规定。1966 年，负责执行第一款的联邦官员敦促地方学校官员吸引家长参与其中；1967 年，美国教育办公室要求地方学校行政人员创建"适当活动或服务将家长吸引进来"；1968 年，美国教育办公室的第一款项目指南建议地方学区建立家长咨询委员会（Parent Advisory Councils）；1971 年，美国教育办公室刊发指南，要求地方学区建立家长咨询委员会，并确保其参与到第一款项

---

① 〔美〕韦恩·厄本，杰宁斯·瓦格纳. 美国教育：一部历史档案［M］. 3 版. 周晟，谢爱磊，译. 北京：中国人民大学出版社，2008：430.

② 〔美〕L. 迪安·韦布. 美国教育史：一场伟大的美国实验［M］. 陈露茜，李朝阳，译. 合肥：安徽教育出版社，2010：341.

目的规划、开发、执行和评估过程中。①

（2）《1974年教育修正案》

1974年8月21日美国国会颁布的《1974年教育修正案》（Education A-mendments of 1974）的第一款中的第141节（Section 141（a）（14））中，正式增加了建立家长咨询委员会的规定，其主要内容有：①凡接受第一款项目基金的地方教育部门都应该为整个学区以及每一所项目内的学校建立一个咨询委员会；②咨询委员会的主体成员必须是该项目服务的儿童的家长，而且必须是由每一个入学区域内的家长选举出来的；③咨询委员会肩负着相关项目在规划、执行和评估方面提供建议的责任；④每一个咨询委员会都依据专员制定的规章被提供与项目和计划有关的信息。②

（3）《1978年教育修正案》

1978年11月1日，美国国会颁布的《1978年教育修正案》（Education Amendments of 1978）对"家长参与"以一个独立章节的内容进行了明确而详细的说明，这代表着"家长参与"在ESEA系列法案中地位的明显增强，意味着"家长参与"作为一个政策条款的重要性的增强。"家长参与"在该法案第一款的第125节（Section 125），用7个小节针对"咨询委员会的建立""咨询委员会的责任""信息获得""培训项目""家长参与的进修会""家长参与的评估和培训"以及"拨款授权"方面做出了完整而详细的规定。

第一，对咨询委员会的建立方面的规定。地方教育部门只有为整个学区建立一个咨询委员会才可以接受基金，其要求有三：其一，咨询委员会的大多数成员必须是第一款服务目标儿童的家长；其二，咨询委员会成员必须由每一个学区内的家长选举产生；其三，咨询委员会包括符合项目基金服务资格但目前没有参加的儿童和学校的代表。

每一个地方教育部门只有在它的每个项目区域内或者每个项目学校内建

---

① Mizell, M. H.. Implementation of Title I Parent Advisory Councils in the Rural South [R]. Boston：Annual Meeting of the American Educational Research Association, 1980：4 – 5.

② United States Congress. Education Amendments of 1974 [EB/OL]. [2015 – 08 – 25]. http：//www. gpo. gov/fdsys/pkg/STATUTE – 88/pdf/STATUTE – 88 – Pg484. pdf. Section 141（a）（14）.

立一个咨询委员会，才可以接受项目基金，其要求有：一是咨询委员会的大多数成员必须是第一款服务目标儿童的家长，咨询委员会成员必须由每一个项目区域和项目学校内的家长选举产生；二是在一个只有由项目基金支付工资的全职员工以及不足 40 名学生的项目区域和项目学校，这一项目应该被免去；三是在任何一个项目区域或项目学校，有 75 名以上的学生，每一个项目区域或项目学校咨询委员会必须由不少于 8 名成员组成，他们必须任职两年，两年后，成员被重新选举，选举出来的咨询委员会人员应该被全面地任命，每一年都要有足够的会面，这要依据每一个咨询委员会的时间安排和地点情况；四是任何一个在项目区域内学校工作的教师，或者任何一个学区范围内或在读学校区域内具有资格的学校的儿童家长，都应该有资格被选举为咨询委员会的成员，但是，并不排除区域内其他居住者个体的参选资格。任何一个项目学校或项目区域内的学校的教师个人都不具有作为一个学区内项目区域或学校委员会的成员的资格。

第二，对咨询委员会的职责方面的规定。每一个地方教育部门都应该给予咨询委员会在这一条款援助的各个项目和计划的设计、执行和评估方面具有提出建议的责任。

第三，对信息获得方面的规定。首先从地方教育部门层面规定，每一个教育大厅都应该免费向咨询委员会成员提供这一条款测试的副本、联邦条规和指南副本以及州的规则和指南副本；其次从州教育部门层面规定，每一州的教育部门都应该向家长咨询委员会提供关于州或联邦有关审计、检查或评估活动的报告副本。

第四，对培训项目方面的规定。每一个地方教育部门申请第一款基金之后，都应该设计一个关于咨询委员会成员的培训方面的计划，以此促使家长们履行其责任，这样的训练项目应该在咨询委员会成员的充分协商的情况下被规划出来，应该为每一个成员提供适当的训练材料，可以运用这款基金来支持这些训练，包括成员出席训练课程时产生的费用。

第五，对家长参与进修会的规定。每一个州教育部门的会计年度中，专员都应该在美国的多个地区开办进修会，以帮助地方教育部门能够与家长咨询委员会一道工作，并为家长咨询委员会提供培训。进修会的规划和执行都应该建立在与咨询委员会成员协商的基础上。

　　第六，对"家长参与"的评估和培训的规定。全国教育研究所（National Institute of Education）应该评估以下方面的有效性："家长参与"的各种形式的有效性，包括家长咨询委员会、参与学校治理、学生成绩以及其他目标的有效性；每一种培训家长咨询委员会成员的方法的有效性，并且为国会和公众提供这些评估结果的报告。

　　第七，关于拨款授权。对 1979 年至 1983 年 10 月 1 日期间每个财政年度进行专款专用授权，资金用作本节中规定的家长参与进修会和"家长参与"评估和培训方面的经费。①

　　（二）美国"家长参与"政策的转折（20 世纪 80 年代）

　　1. 政策转折的社会状况——保守主义的复兴

　　在美国，开始于 20 世纪 60 年代的自由主义教育改革从 20 世纪 70 年代开始逐渐退潮。随着 1980 年里根总统上台而出现的保守主义的复兴，使得自由主义教育改革成为众矢之的。里根的新联邦主义（New Federalism）提倡削减税收，减少联邦为包括教育在内的公共项目的投入，将政府责任和对国内事务的管理分别划归到州政府和各级地方政府，而且它还号召商业团体更多地参与学校管理和教育目的与标准的制定。里根政府关注教育中联邦参与不断扩大化的问题。他们认为，美国教育中的"平庸主义的蔓延"归因于 20 世纪 60 年代"社会实验的失败"和联邦的过分干预。尽管保守主义内部的"新右翼"势力希望撤销联邦政府对教育的所有干预，废除教育部，降低民权条例的等级，但是保守主义中间派则认为，联邦参与虽然应建立在一个有限的基础之上，但某些方面的联邦参与是必要的，它有助于明确教育中的国家利益，提升教育成果，延续大众文化，以及促进教育公平。

　　在这些保守主义教育主张之下，里根教育议程中最重要的部分之一就是削减名目繁多、复杂、混乱的联邦教育项目。1980 年，联邦教育项目的总数超过 500 个，其中大部分的教育项目都是针对教育体制中的非主流儿童的。为了与里根总统的议程以及 1980 年共和党"取缔疯狂的、繁复的、无效的项目，建立综合补助款制度，将事务的决定权留给地方官员"的政纲保持一

---

① United States Congress. Education Amendments of 1978 ［EB/OL］. ［2015 – 08 – 25］. http：//files. eric. ed. gov/fulltext/ED168250. pdf.

致，里根总统的第一个最主要的提案就是将《初等和中等教育法案》中的第一款、《残障儿童教育法案》及《应急学校援助法案》合并为一个综合补助款项目，并将其他的初等和中等教育项目合并为另一个综合补助款项目。事实上，里根总统任职期间的每一个预算报告都试图削减联邦对教育的资助。从 1980 年财政年到 1989 年财政年，联邦政府对初等和中等教育的资助削减了 17%。①

此外，20 世纪 80 年代，美国教育发展和改革出现了另一个重要转折。随着美日之间经济战的展开和美国国内经济状况的日益恶化，使得教育制度站到了公共论战的最前沿，它使得人们回归到对教育与国家的经济福利有着直接联系的信仰之中。学校教育作为解决国家经济问题的手段这个事实，为学校教育提出了一个压倒其他一切为人们所悉知的和在历史上有影响力的教育目的。在长达两个世纪的历史长河中，公立学校是为提高公民责任感、培育德行和促进学生的社会化发展，以及联合各类族群使之成为同一个民族而存在的。到了 20 世纪 80 年代，公立学校成了为保障国家在世界经济中的领先地位而进行人力资本生产的工厂，其他所有的教育目的都灰飞烟灭。这种对商业目的的关注凸显了商业团体和商业原则在学校改革设计中的地位。公立学校以及学院和大学，都开始寻求将一些商业原则，如全面质量管理等，运用到学校实践中去的方法。另外，企业的领导也开始成为教育改革委员会的首脑。

里根总统还任命了全国优质教育委员会。在 1983 年发表的《国家处于危机之中：教育改革势在必行》的报告中，特别批判了学校教育中的四大领域：①课程，当前的学校课程是"同一的、低质的和分散的"；②对于各个年级、考试、毕业和大学入学要求的低标准；③在学术性课程中花费的时间在不断减少；④师资力量及其培训。② 这份报告影响了美国 20 世纪 80 年代的教育发展和改革方向，也造成了《初等和中等教育法案》的转向。

---

① 〔美〕L. 迪安·韦布. 美国教育史：一场伟大的美国实验〔M〕. 陈露茜，李朝阳，译. 合肥：安徽教育出版社，2010：381.
② 〔美〕L. 迪安·韦布. 美国教育史：一场伟大的美国实验〔M〕. 陈露茜，李朝阳，译. 合肥：安徽教育出版社，2010：382.

2. 政策内容及其转向

（1）《1981 年教育整合和改进法案》

1981 年 8 月 13 日，里根政府颁布了《1981 年综合预算调解法案》（Omnibus Budget Reconciliation Act of 1981），其中第五款（Title V）为关于教育方面的内容，第五款之下的第四项子条款（Subtitle D）就是著名的《1981 年教育整合和改进法案》（Education Consolidation and Improvement Act of 1981，简称：ECIA）。ECIA 对 ESEA 的重新核准幅度很大，改变中明确显现：第一款更名为第一章（Chapter I），虽然第一章仍然秉持"依据 1965 年初等和中等教育法案规定为处境不利儿童的特殊教育需求提供财政资助"的宗旨，但是"却要以一种消除冗繁的、不必要的和无收益的文书工作，并将学校从不必要的联邦监管、指导和控制中解放出来的方式来进行"①。几乎所有第一款中关于"家长参与"的条文都被清除，"家长参与"的内容被减少至几项零星的规定，包括"在设计、规划和执行第一章项目及其基金分配时要向服务儿童的家长提供系统的咨询"②，"在区域范围内或者学区范围内为学生和家长开展一些诸如学习中心一类的活动，为家长做出示范或者培训家长，以及一些更能提高有效教学的基本技能的各种活动"③。在大多情况下，1981 年的政策变化导致学区废止了学区和学校层级的家长咨询委员会，并由州和地方学区依照它们的意愿来决定如何吸引家长。在 1980～1988 年间，"一些组织，例如，全国第一款/章家长联盟（National Title I/Chapter 1 Parents Coalition）、儿童保护基金会（Children's Defense Fund）、国家家长教师联合会（National PTA）以及法律与教育中心（Center for Law and Education）致力于

---

① United States Congress. Omnibus Budget Reconciliation Act of 1981 ［EB/OL］. ［2015 - 08 - 25］. https：//www. govtrack. us/congress/bills/97/hr3982/text. SEC. 552.

② United States Congress. Omnibus Budget Reconciliation Act of 1981 ［EB/OL］. ［2015 - 08 - 25］. https：//www. govtrack. us/congress/bills/97/hr3982/text. SEC. 566. （a）（4）.

③ United States Congress. Omnibus Budget Reconciliation Act of 1981 ［EB/OL］. ［2015 - 08 - 25］. https：//www. govtrack. us/congress/bills/97/hr3982/text. SEC. 573. （b）.

重新建立在 1981 年授权中丢失的家长参与的话语"①。

（2）《1988 年霍金斯－斯坦福修正案》

1988 年 4 月 28 日联邦法律对 ESEA 进行重新核准，颁布了《1988 年霍金斯－斯坦福修正案》（Augustus F. Hawkins－Robert T. Stafford Elementary and Secondary School Improvement Amendments of 1988）。这一次核准的法案在第一章中恢复了"家长参与"的政策话语，并且在"家长参与"的相关规定和导向方面做出重大调整，这项法案中家长咨询委员会的语言被极大地压缩，而大部分语言转向强调家长在家与孩子共同学习的责任、家长与教师合作以及如何帮助家长提高辅助孩子学习的能力等内容。《1988 年霍金斯－斯坦福修正案》明显扩大了家长的参与角色。

《1988 年霍金斯－斯坦福修正案》在第一章第 1016 节（Section 1016）对"家长参与"进行了集中规定。规定包括五个部分："发现与总体要求""家长参与的目标""家长参与的机制""与《成人教育法案》的项目相协调""无障碍要求"，具体内容如下。

第一，发现与总体要求。国会发现，由学校吸引家长参与的活动是这一章内诸多项目的一个至关重要的部分。为此，任何一个地方教育部门，只有履行吸引家长参与的相关项目、活动和程序，才能接受这一章的援助基金。这些活动和程序应该在与家长进行有效沟通的情况下被制定和执行，并且必须达到足够的规模、范围和质量来为实现目标的实质性进展提供合理保证。"家长参与"包括但不限于：家长参与到项目的规划和执行过程中，家长志愿或被聘用参与到学校活动中，以及通过一些项目、培训和材料供应等方式提高家长在改善孩子在家和在校学习表现方面的能力。

第二，"家长参与"的目标。为了执行这一节的总体要求，地方教育部门应该在同家长协同的基础上开发项目、活动和程序，并遵循以下六个方面的目标：①告知家长这一章所包含的项目，他们孩子参加这些项目的原因，以及这些项目的特殊的教育目标和方法；②支持家长的努力，包括训练家长

---

① Moles, O. C., Jr., A. F. Fege. New Directions for Title I Family Engagement: Lessons from the Past [A]. Redding, S., M. Murphy, P. Sheley. Handbook on Family and Community Engagement [C]. Lincoln: Academic Development Institute, 2011: 6.

与孩子在家一同学习以达到这一章下项目设定的教育目标，并让家长理解这章的项目要求，以及培训家长和教师建立家庭和学校之间的合作伙伴关系；③培训参与该章计划的教师和其他员工同家长进行有效的合作；④坚持咨询家长关注学校和家长更好合作的方式，以达到项目的目标并给予家长一种在教育孩子方面的合作的感觉；⑤在赋予家长知情权方面，应提供较为综合的机会，以一种及时的方式，告知家长关于项目是如何被设计、操作和评估的，允许家长参与其中，使得家长和教育者能够共同工作去实现项目的目标；⑥最大程度上在实践中，确保那些缺乏读写能力或者那些非英语为母语的家长得到全面参与的机会。

第三，"家长参与"的机制。法案对家长参与的机制做出规定，以保障"家长参与"的实践方向和内容。法案共提出六个方面的机制。①每一个地方教育部门都应该在咨询家长和接受家长审查之后制定一份书面政策，以确保家长被吸引参加到项目的计划、设计和执行中，并且应该为家长所需求的家长参与活动提供合理的支持，这些政策应该被家长获得。②每一个地方教育部门都应该召开一次年会，所有的家长都应该被邀请，年会应该向家长解释项目和基金支持的活动。这样的会议应该是学区范围的，只要这些家长能够被给予参加的机会即可。③每一个地方教育部门都应该为家长提供孩子的发展报告，并且依照实践程度，与每一个孩子的家长进行一次家长与教师的会面，以讨论孩子的进步、安排以及家长可以辅助孩子教学的方法。教育工作人员对于家长来说应该是容易接近的，并且应该允许家长去观察活动过程。④每一个地方教育部门都应该：为家长的定期会议提供机会并制定如果家长热切希望参与其中，家长如何参与到项目中的计划；为家长及时地提供关于项目的信息；使家长了解"家长参与"的要求和其他相关条款。⑤家长项目、活动和程序可以包括：常规的家长会；家长资源中心（parent resource centers）；家长培训计划以及与家长在培训会议期间产生的合理的和必要的支出；雇佣、培训和使用家长做联络员；为家长提供孩子进步方面的报告；培训和支持员工与家长一同工作，协同家长活动以及与家庭保持联系；家长做教室的志愿者、助教和助手；学校向家庭提供补充课程和资料，并在执行以家庭为基础的教育活动方面提供帮助以巩固教室内的教学和学生动机；提供及时的项目信息（如项目计划和评估方面）；在项目的计划、发展和运作方

65

面征求家长的建议；对家长的建议提供及时的回馈；家长咨询委员会；任何能够获得家长支持与参与他们孩子教导的其他活动。⑥家长被期望以以下两种方式来与地方教育部门合作：一是通过熟识项目的目标和活动，二是通过巩固他们孩子的在家学习。

第四，与《成人教育法案》的协调。将家长参与项目与《成人教育法案》中的项目相协调。

第五，无障碍要求。为家长提供的信息、计划和活动，都应该以一种家长能够理解的语言和方式进行。①

（三）美国"家长参与"政策的强化（20 世纪 90 年代至今）

1. 政策强化的社会驱动力——经济竞争

在 20 世纪 90 年代以来，苏联解体和冷战结束对国际局势产生很大影响。而社会经济发展方面，人类社会也步入了信息和知识经济时代，信息和经济的全球化发展日趋明显，国际社会关系体系中的文化冲突也越来越频繁。在 20 世纪 90 年代的国际大背景下，美国逐步地推行和实施了一系列教育改革。与 20 世纪 80 年代相比，顺应国际和国内经济与社会发展需求成为美国教育改革的中心指导思想，在总体上保持与上个阶段的连续性的同时，在具体理念上也发生了一系列微妙而深刻的变化。20 世纪 90 年代以来的美国教育改革主要指向以下几个方面：确立新世纪教育发展目标、进一步推进教育市场化进程、提高教育质量、增进教育公平、密切学校与社区关系、加强联邦政府的干预能力等。其中突出地以在公立学校系统内引入市场机制的一系列引人注目的举措，如允许跨区择校、试行教育券等。21 世纪之初，美国的公共事业以及教育制度中所面临的问题主要有：联邦和州的教育标准问题、问责制问题、择校问题等。

2. 政策内容及其特征

美国联邦政府在 1994 年颁布的《改善美国学校法案》（Improving America's Schools Act of 1994）、2002 年颁布的《不让一个孩子掉队法案》

---

① United States Congress. Augustus F. Hawkins – Robert T. Stafford Elementary and Secondary School Improvement Amendments of 1988 ［EB/OL］. ［2015 – 08 – 25］. http：//files. eric. ed. gov/fulltext/ED307960. pdf.

（No Child Left Behind Act of 2001）、2015 年 12 月颁布的《每一个学生都成功法案》（Every Student Succeeds Act）是对 ESEA 的非常重要的三次核准。它们加速了 ESEA 及其第一款从一个维护公民权利和反贫困的法案转向聚焦于解决那些不能满足州标准和评估结果的学生学习成绩问题的法案。三部法案强调的核心是高利害关系考试和问责制，因此，法案中的"家长参与"条款也明显围绕着这两个中心进行，形成了 20 世纪 90 年代以来家长责任、家校关系以及家长参与在目标、机制等方面的重大变化。

（1）1994 年的《改善美国学校法案》

1994 年 8 月 2 日，美国第 103 次国会通过《改善美国学校法案》（Improving America's Schools Act of 1994，简称：IASA）。该法案第 1116 节（Section 1116）对"家长参与"进行了七个方面的规定，包括："地方教育部门政策""学校家长参与政策""政策参与""为学生的高水平表现分担责任""提高参与能力""家长信息和资源中心""无障碍要求"。所规定的具体内容如下。

第一，地方教育部门政策。每一个接受项目基金的地方，教育部门都应该与家长共同地、达成一致地开发并分发给家长一份书面的"家长参与"的政策，它被纳入地方教育部门的计划中，建立对"家长参与"的期望，并阐释地方教育部门将：①吸引家长参与共同开发和支持计划，以及学校评审过程；②提供协调、技术支持，以及其他能够帮助学校计划和执行有效的"家长参与"的必要支持；③提高学校和家长在"家长参与"方面的能力；④协调和整合"家长参与"策略与这部分其他项目；⑤确保学校在一个持续地评审它们的"家长参与"活动的有效性，确认和清除阻止更好的"家长参与"的障碍，包括由经济处境不利、残疾、读写能力限制或者来自任何种族少数群体背景的家长参与活动不充分的障碍，运用这些评审中的结论去设计学校改善的策略，如有必要，修正"家长参与"的策略。

第二，学校家长参与政策。每一所接受项目基金的学校都应该与家长共同地、达成一致地开发并分发给家长一份书面的"家长参与"的政策，这种政策应该被及时地升级以满足家长和学校不断变化的要求。

第三，政策参与（policy involvement）。每所学校都应该：①在一个方便的时间召集一次年会，使所有家长能够被邀请和被鼓励参加，告知家长他们的学校参与的信息以及解释他们参与的权利；②提供次数灵活的会议，这样的会议可安排在早上或者晚上，可以为与"家长参与"相关的一些交通、儿童照管或者家访方面事项提供资金支持；③以一种组织化的、持续的和及时的方式吸引家长参与到项目的计划、评审和改善中，包括学校家长参与政策和学校范围内的计划的联合开发和支持，除非学校已经处于吸引家长联合计划、设计和支持它的项目的过程中，否则学校应该运用这个过程，提供这样的过程一定要涵盖足够的目标家长代表；④为家长提供关于计划的及时的信息、学校的绩效概况，描述和解释学校运用的课程、用于评价学生进步的评估方式以及学生预期的熟练程度水平；⑤提供形成建议的正规会议的机会、与其他家长分享经验的机会，如果这些家长特别渴望的话，可以提供适当参与他们孩子教育相关的决策的机会；⑥及时对建议做出反馈。

第四，为学生的高水平表现分担责任。作为学校层面的"家长参与"政策的一部分，每所学校都应联合家长开发一个"学校—家长契约"（school-parent compact），介绍家长、全校职工和学生将在提高学生成绩方面如何分担责任，以及学校和家长在帮助孩子达到州的高标准方面是如何建构和发展合作伙伴关系的。这些契约应该：①描述学校在一个支持性的和有效的学习环境中，提供高质量课程和教学的责任，以使参与计划的学生能够满足州的学生表现标准，并且描述家长履行支持孩子学习的责任的方式，如监督出席学校活动、督促家庭作业完成，控制孩子看电视，在孩子的教室中做志愿者，参加与孩子教育相关的决策，以及积极运用课外时间；②在一个持续的基础上，提出教师和家长之间沟通的重要性——初等学校的教师家长会每年至少一次，会议上要讨论与孩子个体成绩相关的契约，时常地对家长评估孩子学业水平，为家长提供合理的接近工作人员的机会、做志愿者和参加孩子课堂的机会，以及观察教室活动的机会。

第五，提高参与能力。为了确保有效的"家长参与"和支持学校、家长与社区之间的合作伙伴关系发展能够改善学生成绩，每个学校和地方教育部门都应该：①为家长提供支持，诸如理解全国教育目标、州课程标准以及州学生成绩标准，州和地方评估此项目的要求，如何监督孩子的进步、如何与教育者合作去提高他们孩子的成绩，以及关于家长如何参加与孩子教育相关的决策方面的信息；②提供材料和训练，如必要的读写能力训练，帮助家长与孩子一同学习以提高孩子成绩；③在家长的帮助下，教育教师、学生服务人员、校长和其他工作人员意识到家长参与的价值和功能，以及如何与家长接触、如何沟通、如何与家长作为平等合作者一道工作、如何实施和协调家长项目、如何建立家校联系；④协调和整合家长参与计划和活动；⑤适当的和灵活的其他活动，如家长资源中心可以为家长提供学习儿童发展和儿童养育知识的机会，可以被设计用于帮助家长变成孩子教育的全面合作者；⑥提供其他合理的"家长参与"的活动。

第六，家长信息和资源中心。在已经依据《目标2000：美国教育法案》中的第401节要求建立家长信息和资源中心的州（为家长和那些与家长一起工作的个体提供培训、信息和支持），接受援助的地方教育部门和学校应该通过告知家长和组织这些中心的存在及其目的来援助家长和家长组织，向这些家长和家长组织描述这些中心提供的服务和项目情况，为家长在如何运用这些中心方面提供建议，并帮助家长联络这些中心。

第七，无障碍要求。在执行"家长参与"的相关条款时，地方教育部门和学校应该为英语能力有限或残疾的家长提供充分参与的机会，包括以一种家长能够理解的语言和方式提供学校概况和各种信息。①

（2）2002年的《不让一个孩子掉队法案》

在2002年1月8日，美国国会颁布了《不让一个孩子掉队法案》（No Child Left Behind Act of 2001，简称：NCLB），该法案中很多章节中都涉及"家长参与"，但是最多最显著的是在第1118节（Section 1118），它对"家长参与"进行了八个方面的规定，包括："地方教育部门政策""学校家长参与政策""政策参与""为学生高水平学业成绩共担责任""提高参与能力""来自家长信息和资源中心的信息""无障碍要求""审查"。另外，在第1116节（Section 1116）中提到家长参与的另一个新的方面——家长选择/择校。所规定的具体内容如下。

第一，地方教育部门政策。①任何一个地方教育部门，只有履行吸引家

---

① United States Congress. Improving America's Schools Act of 1994［EB/OL］．［2015 - 08 - 25］. http：//www.gpo.gov/fdsys/pkg/BILLS - 103hr6eas/pdf/BILLS - 103hr6eas. pdf.

长参与的相关项目、活动和程序，才能接受这一章（第1118节）的援助基金。这些项目、活动和程序应该是在与家长进行有意义的磋商的基础上被规划和执行的。②书面政策。每一个接受项目基金的地方教育部门都应该与家长共同地、达成一致地开发并分发给家长一份书面的"家长参与"的政策，它被纳入地方教育部门的计划中，建立对家长参与的期望，并阐释地方教育部门将吸引家长参与共同开发和支持第1112节下的计划，以及第1116节下的学校评审过程；提供协调、技术支持，以及其他能够帮助学校计划和执行有效的家长参与活动以达到提高学生学业成绩和学校绩效的目的；提高下述第五部分提到的学校和家长在强大的"家长参与"方面的能力；协调和整合"家长参与"策略与这部分其他项目，如开端计划项目、阅读优先项目、早期阅读优先项目、平等开端计划、家长作为教师项目、学前幼儿家庭教学项目以及公立学前教育项目；在"家长参与"的情况下，进行每年一度的针对"家长参与"政策在提高学校教学质量方面有效性的评估，包括确认致使家长不能更好地参与的障碍因素（尤其关注那些经济处境不利、残疾、读写能力有限或者来自任何种族少数群体背景的家长），并且运用这些评审中的结论去设计更有效的家长参与的策略，如有必要，修正"家长参与"的策略；吸引家长参加学校的活动。③预留。每一个地方教育部门都应该预留不少于1%的基金分配到第二部分之下，包括提高家庭读写能力，提升养育技巧。家长投入：接受服务的孩子的家长应该参与到关于预留金如何被分配到家长参与活动的相关决策中。资金分配：不少于95%的预留金应该被分配到学校。

第二，学校家长参与政策。每一所接受项目基金的学校都应该与家长共同地、达成一致地开发并分发给家长一份书面的"家长参与"的政策，它应该描述学校执行下述第三部分到第五部分相关要求的方式。对家长进行政策的告知应该采用一种可理解的和统一的形式，在实践程度上说，应该是以一种家长可以理解的语言进行。这种政策应该被及时地升级以满足家长和学校不断变化的要求。关于家长评论：如果第1112节下的计划没有令家长满意，当这个地方教育部门向州提交计划时，地方教育部门应该提交关于计划的家长评论。

第三，政策参与。每一所学校都应该：①在一个方便的时间召集一次年会，使所有家长都能够被邀请和被鼓励参加，告知家长他们的学校参与的信息以及解释他们参与的权利；②提供次数灵活的会议，这样的会议可安排在早上或者晚上，可以为与"家长参与"相关的一些交通、儿童照管或者家访方面提供资金支持；③以一种组织化的、持续的和及时的方式吸引家长参与到项目的计划、评审和改善中，包括学校"家长参与"政策和学校范围内的计划的联合开发和支持，除非学校已经处于吸引家长联合计划、设计和支持它的项目的过程中，否则学校应该运用这个过程，提供这样的过程一定要涵盖足够的目标家长代表；④为家长提供关于计划的及时的信息，描述和解释学校运用的课程、用于评价学生进步的评估方式以及学生预期的熟练程度水平，如果家长要求，应该提供正规会议去形成意见和在适当的情况下去参加与他们孩子教育相关的决策，并且尽可能依据实践对这些建议做出反馈；⑤如果第 1114 节下第二点（section 1114（b）（2））下的学校项目没有令家长满意，当学校向地方教育部门提交计划时，学校应该提交与计划有关所有的家长评论。

第四，为学生高水平学业成绩共担责任。作为学校层面的家长参与政策的一部分，每一所学校都应联合家长开发一个"学校—家长契约"，介绍家长、全校职工和学生将在提高学生成绩方面如何共担责任，以及学校和家长在帮助孩子达到州的高标准方面是如何建构和发展合作伙伴关系的。这些契约应该：①描述学校在一个支持性的和有效的学习环境中提供高质量课程和教学的责任，以使参与计划的学生能够满足州的学生表现标准，并且描述家长履行支持孩子学习的责任的方式，如监督出席学校活动、督促家庭作业完成、控制孩子看电视、在孩子的教室中做志愿者、参加与孩子教育相关的决策及积极运用课外时间；②在一个持续的基础上，强调教师和家长之间沟通的重要性——初等学校的教师家长会至少每年一次，会议上要讨论与孩子个体成绩相关的契约，对家长评估孩子的学业水平；③合理地接近工作人员的机会，做志愿者和参加孩子课堂的机会，以及观察教室活动的机会。

第五，提高参与能力。为了确保有效的家长参与和支持学校、家长与社区之间的合作伙伴关系发展能够改善学生成绩，每个学校和地方教育部门都应该：①为家长提供支持，诸如理解州课程标准以及州学生成绩标准，州和地方学业评估此项目的要求，如何监督孩子的进步、如何与教育者合作去提高他们孩子的成绩;②提供材料和训练去帮助家长同孩子一起学习,以提高孩子的学业成绩,如必要的读写能力训练,以及运用科技去促进"家长参与";③在家长的帮助下,教育教师、学生服务人员、校长和其他工作人员正确意识到家长参与的价值和功能,以及如何与家长接触、如何沟通、如何与家长作为平等合作者一道工作、如何实施和协调家长项目、如何建立家校联系;④协调和整合家长参与计划和活动,如开端计划项目、阅读优先项目、早期阅读优先项目、平等开端项目、家长作为教师项目、学前幼儿家庭教学项目、公立幼儿园及其他项目,进行其他活动,如家长资源中心会鼓励和支持家长以一种更加全面的形式参与孩子的教育;⑤应该确保与学校和家长项目有关的信息、会议和其他活动以一种家长可以理解的形式传达给家长;⑥可以吸引家长参与到教师、校长和其他教育工作者的培训中,以提高这些培训的效果;⑦如果地方教育部门已经没有其他可以得到的合理的资助资源进行这种培训的话,可以提供资金支持必要的读写训练;⑧可以支付合理的和必要的与地方家长参与活动相关的费用,包括交通费和儿童照看的费用,以确保家长能够参加与学校相关的会议和培训课程;⑨可以训练家长去增强其他家长的参与;⑩可以在各种时间安排学校会议,或者在教师、其他直接与项目儿童接触的教师和不能参加学校会议的家长之间举行在家会议,目的是最大化促进家长参加或参与;⑪可以采纳和实施模型方式去提高家长参与;⑫可以建立一个学区范围的家长咨询委员会,为所有与家长参与相关的事务提供建议;⑬可以让社区——基础的组织和商家发挥适当的角色;⑭应该提供其他有关家长参与活动合理地支持。

第六,无障碍要求。执行"家长参与"的相关条款时,地方教育部门和学校应该为英语能力有限、残疾或移民儿童的家长提供充分的参与机会,如以一种家长能够理解的语言和方式提供学校概况和各种信息。

第七,来自家长信息和资源中心的信息。在一个已经建立家长信息和资源中心为家长和与家长、地方教育部门、学校一起工作的个体提供训练、信息和支持的州,接受援助的地方教育部门和学校应告知家长,且组织这些中心的存在的目的是援助家长和家长组织。

第八,审查。州教育部门应该审查地方教育部门的家长参与政策和实践，以决定政策和实践是否满足这一节的相关要求。①

另外，该法案提出，任何一所"第一款"学校如果连续两年没有达到年度进步目标（adequate yearly progress），它将被认定为"需要改进的学校"（a school identified for school improvement）。一旦学校被确定为需要改进的学校，学区就必须通知家长，他们可以拥有两个选择：其一，家长可以无须付转学费用，选择把孩子转到另一所公立学校；其二，家长还可以选择继续留在这所学校，帮助学校执行改进计划。法案规定需要改进的学校要制定一个为期两年的学校改进计划，学校必须向家长做出解释，同时向家长做出申明，阐述学校将如何解决问题、如何制定计划以及家长如何帮助解决主要学科的教学问题。② 如果学校在第三年仍然没有实现年度进步目标，该校学生有资格申请"辅助教育服务"（supplemental educational services），家长可以在"第一款"基金偿付的、由州核准的辅助教育服务供应商中选择适合自己孩子的服务来帮助孩子解决学业成绩问题③。

（3）2015 年的《每一个学生都成功法案》

2015 年 12 月 10 日，奥巴马政府再次对《初等和中等教育法案》进行重新核准，并颁布了《每一个学生都成功法案》（Every Student Succeeds Act，简称：ESSA）。在《不让一个孩子掉队法案》的基础上，这个法案进一步强调针对所有学生的提高成绩的政策取向。新法案虽然存在重大变动，但是它不是目标的改变，而只是策略的改变。新法案肯定并且延续了旧法确立的目标——解决美国中小学教育质量低下的问题。同时，新法案仍然以学业成绩作为质量监测的主要标准，以考试作为质量监测的主要方式，继续实行问责制。因此，这个法案在总体方向上对家长的功能定位和发展趋向上是顺承2002 年法案的，只是在一些具体细节方面更加强化了"家长参与"的重要作

---

① United States Congress. No Child Left Behind Act of 2001［EB/OL］.［2015 – 08 – 25］. http：//www. gpo. gov/fdsys/pkg/PLAW – 107publ110/content – detail. html.

② United States Congress. No Child Left Behind Act of 2001［EB/OL］.［2015 – 08 – 25］. http：//www. gpo. gov/fdsys/pkg/PLAW – 107publ110/content – detail. html. Section1116（b）.

③ United States Congress. No Child Left Behind Act of 2001［EB/OL］.［2015 – 08 – 25］. http：//www. gpo. gov/fdsys/pkg/PLAW – 107publ110/content – detail. html. Section1116（e）.

用。该法的第一款第1116小节（Section 1116）集中地对"家长参与"做出规定，并且对"家长参与"的概念表述做出调整，将"家长参与"（parental involvement）更改为"家长和家庭参与"（parent and family engagement），对"家长参与"所强调的范围在表面意义上扩大到所有家庭成员，而在"家长和家庭参与"的相关规定中也表露出更加全面和紧密的参与的要求，社区和地方参与的成分也明显增加。第1116小节用八个部分对"家长和家庭参与"进行了详细的规定，包括："地方教育部门政策""学校家长和家庭参与政策""政策参与""为学生高水平学业成绩共担责任""提高参与能力""无障碍要求""家庭参与教育项目""审查"。具体规定如下。

第一，地方教育部门政策。①总则。地方教育部门只有履行接触所有家长和家庭成员以及执行这部分这一节内关于吸引家长和家庭成员的项目、活动和程序，才可以接受基金。这些项目、活动和程序应该是在与目标儿童的家长进行有意义的咨询之后被计划和执行的。②书面政策。每一个接受基金的地方教育部门都应该与家长和家庭成员共同开发，并征得家长同意以及向家长分发关于"家长和家庭参与"的书面政策。这一政策应该被整合进地方教育部门的规划之中，建立地方教育部门对有意义的"家长和家庭参与"的期望和目标，并且描述部门如何吸引家长和家庭成员共同开发地方教育部门的规划，以及支持和推动其开展；提供协调、技术援助以及其他必要的支持以帮助和建构所有地方教育部门的学校在计划和执行有效的以提高学生学业成绩和学校表现为目标的家长和家庭参与活动的能力，可以包括提供有意义的咨询雇主、商业领袖以及公益组织参加活动，或者邀请专家吸引家长和家庭成员参与；在可行性和拨款方面，协调和整合家长和家庭参与策略与联邦、州和地方的其他相关法律和项目；伴随着有意义的家长和家庭成员的参与，实行针对"家长和家庭参与"政策在提高所有学校的教学质量方面的内容和有效性的年度评估，包括确认在本节授权的活动范围内家长更好地参与时存在的障碍（尤其关注经济处境不利的、残疾的、英语熟练程度有限的、识字能力有限的以及其他有其他种族和少数民族背景的家长），确认家长和家庭成员在帮助孩子学习时的需要，包括与学校人员和教师接触；支持成功的学校和家庭互动的策略、运用下述第四部分（subparagraph（D））中提及的评估结果为有效的家长参与设计的策略，如果有必要，可以修订"家长和家庭参与"政策；吸引家长参与学校的活动，可以包括建立一个家长咨询董事会，由足够数量并具代表性的家长和家庭成员组成，这些成员应该是为地方教育部门服务的，能够充分代表目标人群需求的家长和家庭成员。③概要。每一个地方教育部门都应该预留至少1%的基金以援助学校去执行这一节中描述的各项活动。家长和家庭成员投入（input），接受服务的儿童的家长和家庭成员应该被吸引参与有关基金如何被预留用于家长参与活动方面的决策。关于基金的分配，不少于90%的预留基金应该被分配到学校，要给予高需求学校一定的优先权。关于基金的使用，由地方教育部门在下述（subparagraph（A））中预留的基金应该被用于执行与地方教育部门的"家长和家庭参与"政策的相关性活动和策略，包括不少于下面当中的一个：支持学校和非营利部门为地方教育部门和与"家长和家庭参与"策略有关的学校人员提供专业发展，如包括教师、校长、其他学校领导、专业教学支持人员、专业人员的助手、早期儿童教育者以及家长和家庭成员；支持那些在家、在社区和在学校接触家长和家庭成员的项目；最好在的实践基础上，宣传关于"家长和家庭参与"的信息，尤其是可以提高经济处境不利家长和家庭成员参与的实践；与社区为基础的或其他有过成功提升和增加"家长和家庭参与"的组织或雇主进行合作，或者为学校提供二次拨款以促使学校去与他们进行合作；投入到地方教育部门决定的与这个部门的家长和家庭参与政策相一致和适合的任何其他活动和策略。

第二，学校家长和家庭参与政策。①总则。每一所学校都应该在征得家长和家庭成员同意之后，与之共同开发一份"家长和家庭成员参与"的书面政策，并分发给家长和家庭成员，书面政策应该描述学校执行下述第三部分至第五部分［subsections（c）through（f）］提出要求的方式。应该以一种家长能够理解的统一的方式，并以一种家长能够理解的语言告知家长政策的相关内容。这些政策应该让地方社区获得，并且要随着家长和学校的需求的变化而实时更新。②特殊规则。如果学校已经有一份家长和家庭参与政策，是应用于所有家长和家庭成员的，这些学校可以修订政策，以满足这一节的要求。③修正。如果地方教育部门已经有一个学区层面的"家长和家庭参与"政策，是应用于这一地方教育部门下属所有学校、所有家长和家庭成员的，这一部门应该修正政策，以满足这一节的要求。④家长评论。如果第1112节的计划不能让家长满意,地方教育部门应该提交所有家长评论,这是在当这一地方教育部门向州提交计划之时。

第三,政策参与。①每一所学校应该都在一个方便的时间召集一次年会,让所有家长都能被邀请和鼓励参加,要向家长告知他们学校参加了这个项目,并解释这部分的要求以及家长参与的权利。②提供数量灵活的见面会,这样的会议可以安排在早上或者晚上进行,可以使用这部分基金来提供与家长参与有关的交通、儿童照看或家访一类的服务。③以一种组织的、持续的和及时的方式,吸引家长参与到这部分项目的计划、评审和改善过程中,包括学校的家长和家庭参与政策的计划、评审和改善,以及学校范围内项目计划的开发。④为家长提供关于这部分项目及时的信息;描述和解释学校使用的课程、用于衡量学生进步的学术评估的方式以及具有挑战性的州学术标准的学业水平(the achievement levels of the challenging State academic standards);如果有家长要求,应该提供常规会议以便家长形成建议和有参加决策的机会,并且尽快地回复这些建议。⑤如果学校范围内的项目计划没有让家长满意,学校应该在向地方教育部门提交计划时提交所有家长意见。

第四,为学生高水平学业成绩共担责任。作为学校层面的家长参与政策的一部分,每一所学校都应联合家长开发一个"学校—家长契约",介绍家长、全校职工和学生将在提高学生成绩方面如何共担责任,以及学校和家长在帮助孩子达到州的高标准方面是如何建构和发展合作伙伴关系的。这些契约应该:①描述学校在一个支持性的和有效的学习环境中提供高质量课程和教学的责任,以使参与计划的学生能够满足州的学生表现标准,并且描述家长在支持孩子学习的责任的方式,如在孩子教室中做志愿者、适当地参加与孩子教育相关的决策,以及积极运用课外时间等方面的规定;②坚持强调教师和家长之间沟通的重要性,至少每年一次初等学校的教师家长会,会议上要讨论与孩子个体成绩相关的内容,对家长评估孩子的学业水平,合理地接近工作人员的机会,做志愿者和参加孩子课堂的机会以及观察教室活动的机会,确保以一种家庭成员可以理解的语言在家庭成员和学校职工之间进行常规的、双向的和有意义的沟通。

第五,建构参与能力。为了确保有效的家长参与和支持学校、家长与社区之间的合作伙伴关系发展能够改善学生成绩,每个学校和地方教育部门都应该：①为家长提供支持，诸如理解州课程标准以及州学生成绩标准、州和地方学业评估、此项目的要求、如何监督孩子的进步、如何与教育者合作去提高他们孩子的成绩；②提供材料和训练去帮助家长同孩子一起学习，以提高孩子的学业成绩，比如，必要的读写能力训练，以及技术运用技巧（包括侵犯版权的危害性的教育）去促进家长参与；③在家长的帮助下，教育教师、学生服务人员、校长和其他工作人员意识到家长参与的价值和功能，以及如何与家长接触、如何沟通、如何与家长作为平等合作者一道工作、如何实施和协调家长项目、如何建立家校联系；④协调和整合家长参与计划和其他联邦、州和地方项目活动，包括公立幼儿园及其他项目，进行其他活动，如家长资源中心，鼓励和支持家长以一种更加全面的形式参与孩子的教育；⑤确保与学校和家长项目有关的信息、会议和其他活动以一种家长可以理解的形式传达给家长；⑥可以吸引家长参与到教师、校长和其他教育工作者的培训中，以提高这些培训的效果；⑦如果地方教育部门已经没有其他可以得到的合理的资助资源进行这种培训的话，可以提供资金支持提供必要的读写训练；⑧可以支付合理的和必要的与地方家长参与活动相关的费用，包括交通和儿童照看的费用，以确保家长能够参加与学校相关的会议和培训课程；⑨可以训练家长去增强其他家长的参与；⑩可以在各种时间安排学校会议，或者在教师或其他直接与项目儿童接触的教师和不能参加学校会议的家长之间进行在家会议，目的是最大化促进家长参与和参加；⑪可以采纳和实施模型方式去提高家长参与；⑫可以建立一个学区范围的家长咨询委员会，以为所有与家长参与相关的事务提供建议；⑬可以让家长参与活动中所出现的社区——基础的组织和商家发挥适当的角色；⑭提供其他有关家长参与活动的合理地支持。

第六，无障碍要求。为了执行"家长和家庭参与"的相关规定，地方教育部门和学校，应该为家长和家庭成员提供积极的消息并保证充分的参与机会，如以一种家长能够理解的语言提供信息和学校报告。

第七，家庭参与教育项目①。在任何一个执行第四款第五部分内的项目

---

① "家庭参与教育项目"是关于州家庭参与中心（statewide family engagement center）的规定（SEC. 4502）。

的州，每一个地方教育部门或学校都应该告知家长和家长组织现存项目的情况。

第八，审查。州教育部门应该审查地方教育部门的家长参与政策和实践，以决定政策和实践是否满足这一节的相关要求①。

二、政策目标群体、政策目的及政策方案的"去政治化"及其迷惑性

（一）政策目标群体：处境不利儿童家长

"家长参与"政策是《初等和中等教育法案》中第一款下的条款，美国研究者将"家长参与"称为"第一款家长参与"（Title I parental involvement）。因此，"家长参与"政策的目标群体首先受第一款服务目标群体的限定。在 ESEA 的八次立法过程中，第一款的服务目标群体的政策表述存在一些变化，但其实质并没有很大差别。具体地讲，1965 年 ESEA 的第一款是"为地方教育部门提供基金援助支持低收入家庭儿童的教育"，目的是"满足丧失教育机会的儿童（educationally deprived children）的特殊教育需求"；在1978 年的修正案中，除了低收入家庭儿童以外，还将服务人群扩展到"流动工人家庭的儿童、印第安儿童、残疾儿童以及被忽视的或失足儿童"②；从1981 年的 ECIA 开始，法案中明确用"处境不利儿童"（disadvantaged children）来指代政策目标人群，仍然以低收入家庭儿童为主体；1994 年的 IASA 将"处境不利儿童"具体表述为"在高贫困学校中的低成绩儿童、英语熟练程度有限的儿童、流动工人家庭儿童、残疾儿童、印第安儿童、被忽视的或失足儿童"③。而后的 2002 年和 2015 年的两次核准亦是如此。由此可见，"家长参与"政策在受到第一款的政策目标人群的限定的前提下，它主要是以低收入家庭儿童的家长，亦即处境不利儿童的家长为政策目标人群的。

---

① United States Congress. Every Student Succeeds Act［EB/OL］.［2016 – 12 – 25］. https：//www2. ed. gov/documents/essa – act – of – 1965. pdf.

② United States Congress. Education Amendments of 1978［EB/OL］.［2015 – 08 – 25］. http：//files. eric. ed. gov/fulltext/ED168250. pdf.

③ United States Congress. Improving America's Schools Act of 1994［EB/OL］.［2015 – 08 – 25］. http：//www. gpo. gov/fdsys/pkg/BILLS – 103hr6eas/pdf/BILLS – 103hr6eas. pdf.

1. 处境不利儿童家长群体的特征

处境不利人群对于美国来说绝对不仅仅是一个经济层面的概念（虽然政策术语解释是以低收入人群为核心含义的），它还是一个文化概念，因为在美国历史发展过程中，从种族和民族文化角度，就长久地存在着这种处境不利人群，包括非裔美国人、西班牙裔美国人、印第安人等。"在教育背景中，'处境不利的'（disadvantaged）一词指的是来自文化贫困的儿童。这不是意味着其他族群没有类似的贫困；它仅仅是指限制增长和发展的社会弊病倾向于集中在穷人的文化中。"① 美国的现代化发展并没有改变这个事实，处境不利人群仍然是以非裔美国人、西班牙裔美国人和印第安人等为主，只不过在现代社会发展过程中，经济成功成为一个横向指标来对这些人进行二次划分而已。所以，对于"处境不利的"这一术语在 ESEA 法案中经常出现变体，比如，"经济不利的"（economically disadvantaged）、"文化不利的"（culturally deprived）、"教育缺乏的"（educationally deprived）。因此，"家长参与"政策的目标群体主要是指向美国少数族裔儿童的家长。

根据 2016 年美国国家贫困儿童中心（National Center for Children in Poverty，简称：NCCP）对美国 6~11 岁贫困儿童和低收入家庭儿童的比例做出统计的数据显示（如图 2-1 所示），美国有近半数的儿童处于低收入和贫困之中，其中处于贫困之中的儿童占 22%，处于低收入、接近贫困的儿童占 23%；另外，美国贫困儿童的数量呈上升趋势，数据显示，美国 6~11 岁低收入（贫困和接近贫困）家庭儿童的百分比从 2008 年的 40% 上升到 2014 年的 45%。② 在 12~17 岁阶段，贫困和低收入家庭儿童的比例总体为 40%（如图 2-2 所示），其中处于贫困之中的儿童占 19%，处于低收入、接近贫困的儿童占 21%。

---

① 〔美〕S. 亚历山大·里帕. 自由社会中的教育：美国历程 ［M］. 8 版. 於荣，译. 合肥：安徽教育版社，2010：385.

② Jiang, Y. , M. Ekono, C. Skinner. Basic Facts about Low - Income Children：Children 6 through 11 Years, 2014. ［EB/OL］. New York：National Center for Children in Poverty, Mailman School of Public Health, Columbia University. 2016. ［2016 - 12 - 25］. http：//www. nccp. org/publications/pdf/text_ 1146. pdf.

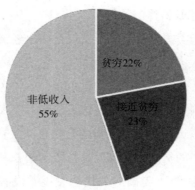

■ 贫穷 ■ 接近贫穷 ■ 低收入以外

图 2 - 1 美国 2014 年 6 ~ 11 岁贫困儿童和低收入家庭儿童的比例

资料来源：Jiang, Y. , M. Ekono, C. Skinner. Basic Facts about Low – Income Children：Children 6 through 11 Years, 2014. ［EB/OL］. New York：National Center for Children in Poverty, Mailman School of Public Health, Columbia University. 2016. ［2016 – 12 – 25］. http：// www. nccp. org/publications/pdf/text_ 1146. pdf.

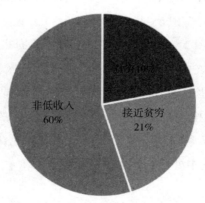

■ 贫穷 ■ 接近贫穷 ■ 低收入以外

图 2 - 2 美国 2014 年 12 ~ 17 岁贫困儿童和低收入家庭儿童的比例

资料来源：Jiang, Y. , M. Ekono, C. Skinner. Basic Facts about Low – Income Children：Children 12 through 17 Years, 2014. ［EB/OL］. New York：National Center for Children in Poverty, Mailman School of Public Health, Columbia University. 2016. ［2016 – 12 – 25］. http：//www. nccp. org/publications/pdf/text_ 1147. pdf.

另外，从种族和民族成分的层面，贫困和低收入儿童绝大比分指向非裔美国儿童和西班牙裔美国儿童，如图 2 - 3 所示，在 6 ~ 11 岁儿童总人口中，白人儿童占 51% ，少数族裔儿童占 49% ；在所有低收入儿童中，白人儿童占 36% ，黑人和西班牙裔儿童占 55% ，其他种族和民族儿童占 8% ；在所有贫困儿童中，白人儿童占 30% ，黑人和西班牙裔儿童占 61% ，其他族裔儿童占 8% 。如图 2 - 4 所示，在美国 12 ~ 17 岁青少年中，白人青少年占 54% ，少数族裔儿童占 46% ；在所有青少年中，低收入白人家庭的青少年占 37% ，黑人和西班牙裔则占 54% ，其他种族和民族青少年占 8% ；在所有贫困青少年中，白人占 32% ，黑人和西班牙裔儿童占 58% ，其他族裔儿童占 7% 。

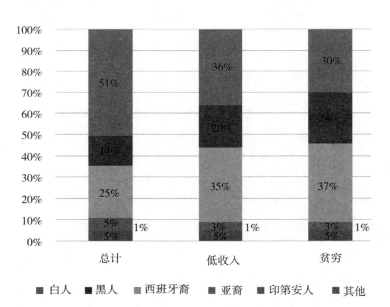

图 2 - 3　2014 年美国 6 ~ 11 岁儿童家庭收入比例

资料来源：Jiang, Y. , M. Ekono, C. Skinner. Basic Facts about Low - Income Children: Children 6 through 11 Years, 2014. ［EB/OL］. New York: National Center for Children in Poverty, Mailman School of Public Health, Columbia University. 2016. ［2016 - 12 - 25］. http: //www. nccp. org/publications/pdf/text_ 1146. pdf.

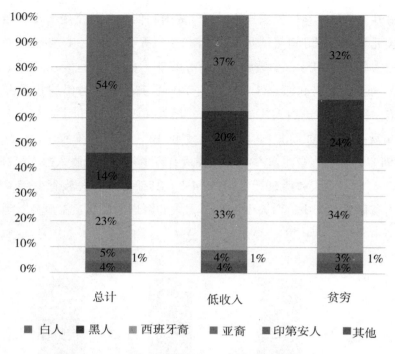

图 2 - 4 2014 年美国 12~17 岁青少年家庭收入比例

资料来源：Jiang，Y.，M. Ekono，C. Skinner. Basic Facts about Low - Income Children：Children 12 through 17 Years，2014.［EB/OL］. New York：National Center for Children in Poverty，Mailman School of Public Health，Columbia University. 2016.［2016 - 12 - 25］. http：// www. nccp. org/publications/pdf/text_ 1147. pdf.

综上所述，在美国，处于 6~17 岁的中小学学龄儿童中，处于低收入和贫困中的儿童和青少年以非裔和西班牙裔少数族裔儿童为主。从人口整体比例的角度更能体现少数族裔儿童在低收入和贫困人口中的比重，如图 2 - 5 所示。在所有 6~11 岁黑人儿童中，有 66% 是处于低收入家庭中的，而西班牙裔儿童也达到 63% 。

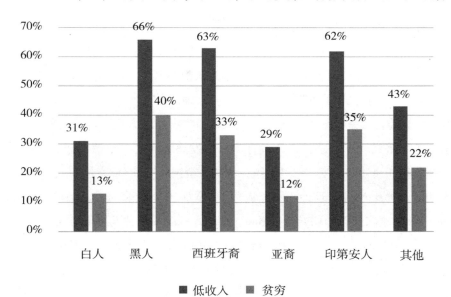

图 2 - 5 美国 2014 年 6～11 岁低收入和贫困儿童的种族/民族比例分配

资料来源：Jiang，Y.，M. Ekono，C. Skinner. Basic Facts about Low - Income Children：Children 6 through 11 Years，2014. ［EB/OL］. New York：National Center for Children in Poverty，Mailman School of Public Health，Columbia University. 2016. ［2016 - 12 - 25］. http：//www. nccp. org/publications/pdf/text_ 1146. pdf.

依据上述这些数据，在"家长参与"政策话语中，处境不利儿童常常指向一种文化不利，而政策的目标人群主要指向非裔和西班牙裔等少数族裔儿童家长也是很明确的。

2. 处境不利儿童家长的教育责任角色的嬗变

从"家长参与"政策话语的演变过程中可以看到家长的教育责任不断被强化和细化，并且赋予家长各种不同的角色，包括集体顾问、学习辅助者、与学校签订契约的共同责任者、学校选择和问责者。联邦政策借此方式持续地向公众解答着家长在提高学生成绩和学校业绩方面应该起何种作用以及如何起作用这些问题。

依照 ESEA 的逻辑，在 20 世纪六七十年代，"家长参与"政策的初期，家长以家长咨询委员会为组织载体，作为一种政治力量，去监督、参与、问责学校在运用项目基金和执行项目计划方面的情况，以确保学校的社会公平正义功能的发挥。20 世纪 80 年代，家长在教育政策话语中的角色和功能发生了急剧转变，从作为集体顾问转向作为孩子在家学习的辅导者。《1981 年教育整合和改进法案》传递出一种信息，即地方学校管理者和学校委员会对家长咨询委员会是抵触和反对的，可见联邦政府和地方教育部门之间并未对家长尤其是处境不利家长作为教育项目的发展顾问这个角色做好协调准备。尽管在 1980 ~ 1988 年，"一些组织，例如，全国第一款/章家长联盟（National Title I/Chapter 1 Parents Coalition）、儿童保护基金会（Children's Defense Fund）、国家家长教师联合会（National PTA）以及法律与教育中心（Center for Law and Education）致力于重新建立在 1981 年授权中丢失的家长参与的话语"①，并且，也着实促进了联邦法律对 ESEA 在 1988 年进行重新赋权，颁布了《1988 年霍金斯－斯坦福修正案》，但是，这项法案中家长咨询委员会的语言被极大地压缩，而大部分语言转向强调家长在家与孩子共同学习的责任、家长与教师合作以及如何帮助家长构建辅助孩子学习的能力等内容。无论从家长参与的范围、目标还是机制的规定中都可以看出，家长咨询委员会的相关规定被一带而过，而且从程度上讲，强调得更多的是家长的知情权和征求意见。

　　法案更多的规定和机制措施指向新的家长角色，即充当孩子的学习辅导者及与教师协同工作的合作者。1994 年颁布的《改善美国学校法案》、2002 年颁布的《不让一个孩子掉队法案》以及 2015 年的《每一个学生成功法案》是对 ESEA 的非常重要的三次赋权，它们加速了 ESEA 及其第一款从一个维护公民权利和反贫困的法案转向聚焦于解决那些不能满足州标准和评估结果的学生学习成绩问题的法案。这三部法案强调的核心是高利害关系考试和问责制，它们的出现深刻地影响着 20 世纪 90 年代以来家长责任角色的变化。首先，这三部法案围绕它们强调的重点问题——学习成绩，着意为家长参与的部分增添了许多新的内容。在 1994 年法案中，家长被界定为"学生高水

---

① Moles, O. C., Jr., A. F. Fege. New Directions for Title I Family Engagement: Lessons from the Past [A]. Redding, S., M. Murphy, P. Sheley. Handbook on Family and Community Engagement [C]. Lincoln: Academic Development Institute, 2011: 6.

平表现的责任共担者"（shared responsibilities for high student performance）；其次，这三部法案基于问责以改善学校绩效的思路赋予了家长参与学校教育的新的责任角色——学校选择者。

综上所述，政策制定者们相信家长对孩子教育的重要作用，相信"家长参与"能够提高学生的学业成绩，相信"家长参与"政策和项目支持能够增加家长的能力、自尊和效能感，从而促进学校变革。

（二）政策目的："赋权"与"赋能"

从"家长参与"政策半个多世纪的发展历程来看，政策的目的是持续地、积极地、系统地吸引处境不利儿童家长参与到学校教育中来，促使家长肩负起改善学生成绩和学校业绩的教育责任。其政策文本的演变是围绕两个方面展开的：一方面是通过赋权来实现吸引家长参与，另一方面是通过赋能来吸引家长参与。

首先，赋权和赋能在政策演变过程中在不同时期曾作为不同的主导力量而交替；其次，对于赋权和赋能本身，政策文本的意涵也并非一成不变，其内涵和主导方向是不断变化的。也就是说，在不同的政策话语中，赋权可以指向集体组织的政治赋权（家长咨询委员会），也可以指向个人参与权利的赋权（契约合同者或消费者）；赋能可以指向培养政治组织形式的学校治理方面的赋能，也可以指向家长个体参与学校和与教师合作方面的赋能。显然，对于各种类型的赋权和赋能应该予以厘清，它代表着处境不利家长参与学校教育的内容与方向，也代表着政策话语中对处境不利家长的责任定位和作用引导。这将直接影响"家长参与"的活动形式和实践内容的变化，也将直接影响我们对"家长参与"政策的目标的实质做出判断。下面，本研究将梳理"家长参与"政策演变过程中政策目的及其内涵的演变。

1. "赋权"及其政策话语的变化

综观美国"家长参与"政策的发展历程可见，赋权作为"家长参与"政策的目标经历了一个复杂的政策话语演变过程，处境不利家长分别被政策话语以公民权利、契约合同权利以及消费者权利赋予不同的参与学校教育的权利。这个赋权的过程也是家长承担相应责任的过程。所以，"家长参与"政策希冀的处境不利家长承担起促进学生成绩和学校业绩提高的责任，效果可以通过政策赋权的实质内涵和赋权的实际情况窥见。

（1）基于公民权利的政治组织形式的"赋权"

《初等和中等教育法案》希望学校发挥社会公平、正义的功能，以教育补偿的逻辑在其第一款中设计了很多由联邦基金支持的、针对处境不利儿童的教育援助项目。联邦援助项目是否有效运行以及联邦基金是否能够到达课堂并对政策目标儿童发挥效用，是法案执行之初遇到的关键问题。在解决方式上，"家长参与"开始受到关注。虽然在法案最初的条款中并未涉及"家长参与"的内容，但是在法案的执行过程中，不断出现关于"家长参与"的提议和规定。例如，1965 年参议院教育委员会的成员罗伯特·肯尼迪（Kennedy，R. F.）参议员，曾经提出关于教学质量、评估数据和低收入家长运用这些信息要求改善公立学校之间的关系。肯尼迪坚持认为，这些贫困家长拥有对这些机构进行决策的权利，学校本来就是设计用来服务于他们和他们孩子的机构。他同时坚持认为，联邦政府要在确保地方学区提供这些机会方面起到应有的作用。他相信，没有足够的家长作为至关重要的政治力量承担学校的责任，第一款基金就不会到达课堂①。在 1967 年的一份《东南公立教育计划》（"Southeastern Public Education program"）的报告中，就提到了家长咨询委员会产生的必要契机："在 ESEA 第一款项目中缺少社区参与的创建，这往往导致黑人社区和学校行政人员之间出现误解，甚至敌意。不幸的是，学校官员几乎不会花费时间去完整地向社区解释 ESEA 资助的项目是如何工作以及它们的局限。很明显，需要一定的机制，希望由地方学校官员自主地创建，但如果需要，可以由美国教育办公室要求或立法，这种机制将允许家长和社区领导表达他们的想法和观点，了解他们在 ESEA 资助计划中的权利和责任。"② 显然，20 世纪 60 年代的民权运动和《民权法案》的通过直接影响了"家长参与"最初的赋权内涵，这里的"权"是公民权，是任何一个作为

---

① Moles, O. C., Jr., A. F. Fege. New Directions for Title I Family Engagement: Lessons from the Past [A]. Redding, S., M. Murphy, P. Sheley. Handbook on Family and Community Engagement [C]. Lincoln: Academic Development Institute, 2011: 5.

② Mizell, M. H.. Implementation of Title I Parent Advisory Councils in the Rural South [R]. Boston: Annual Meeting of the American Educational Research Association, 1980: 4.

美国公民的家长都可以参与到学校治理中的一种基本权利的强调。这种赋权是基于美国的法律，也是基于美国长久以来对家长的教育权的认同的传统。家长引导孩子成长和教育的权利是一项受保护的基本的公民权利。因此，在家长参与政策缘起之时，赋权代表着处境不利儿童的家长拥有对孩子的教育境况进行关注和质疑的权利，拥有对孩子教育境况申请帮助和监督落实的权利。因此，"家长参与"政策条款逐步地规定了在州、地方和学校层面建立家长咨询委员会，以"在第一条款援助的各个项目和计划的设计、执行和评估方面具有提出建议的责任"。

（2）基于合同权利形式的"赋权"

在 20 世纪六七十年代的民权运动逐渐式微之后，"家长参与"政策随着教育政策改革浪潮而更换政策话语。家长咨询委员会的政策规定逐渐被边缘化，虽然 1988 年法案以来的每次规定都会申明家长对项目的计划、执行和评估拥有参与的权利，但是，政策语言已经明确表述为"在家长热切地要求下"，"适当地参与有关孩子学习方面的决策"。在家长咨询委员会这种以公民权利的政治组织形式的赋权语言被压缩的同时，家长参与的赋权转向了经济形式。而这种经济转向首先表现在 1994 年法案中提出的家长—学校契约的规定之上，这一规定直接将政治组织形式的赋权转向一种合同制的相互制约关系的赋权，也就是说，家长在履行契约责任的同时，拥有对学校进行监督的权利。正如法案中规定的那样，在契约中，学校应该描述学校在提供高效率、高水平教学和指导方面的责任，也应该描述家长在支持孩子学习和成绩提高方面的责任。但是，从政策文本上看，这次对家长的赋权是牵强的，应该说是强调责任多于赋予权利。

（3）基于市场消费者权利的"赋权"

在 20 世纪 90 年代以来的"家长参与"政策中，家长被赋予一种消费者的身份，从而被政策语言赋予一种学校业绩问责、学校选择方面的权利。这种基于市场消费者的赋权转向在 2002 年的《不让一个孩子掉队法案》中表现得最为明确。作为业绩不好的学校的主要生源——低收入家庭儿童正是这一政策的主要目标群体。低收入儿童的家长便是学校问责和学校选择的主要赋权对象。"家长参与"政策也正试图通过让这些家长的择校行为来问责学校，以达到改善学校的目的。

综上所述，在"家长参与"政策发展过程中，联邦政府希图通过赋予家长权利以承担起提高学生成绩和改善学校业绩的责任，而赋权的形式则从民权运动时期的公民权利转向市场经济话语中的契约合同人权利和学校教育消费者权利。在这个赋权过程中，政策语言呈现出两个明显特点：一是赋权的语言出现明显的转折——从一种政治框架转向一种经济框架，并具有明显的不稳定性和不确定性，在整个政策演变过程中，对权利的强调明显从对集体政治权利转向个体的消费权利；二是政策语言表现出一种反差，即对赋权的功能性的强调（让处境不利家长通过一定赋权而承担起改善学生成绩和学校业绩的责任）和对操作性保障机制的忽视（并未出现确保处境不利家长发挥其实质性权力的机制）之间的反差。

2. "赋能"的目的及其以成绩为中心的"窄化"

在"家长参与"政策的语言中，赋能是比赋权更为明显的政策语言。在"家长参与"政策的演变过程中，历次政策都会用大量语言对如何提升处境不利家长的参与能力做出一些规定。比如，1978年法案中提到向家长们提供项目方面的信息，对家长咨询委员会成员进行培训，提供家长参与的进修会。1988年法案中还提出雇佣、培训和使用家长参与联络员，培训和支持员工与家长一同工作，协同家长活动以及与家庭保持联系，培训家长做教室的志愿者、助教和助手以及学校向家庭提供补充课程和资料。1994年法案更加提出为家长提供支持，使其理解全国教育目标、州课程标准以及州学生成绩标准、州和地方评估、此项目的要求、如何监督孩子的进步、如何与教育者合作去提高他们孩子的成绩，以及关于家长如何参加与孩子教育相关的决策方面的信息；提供材料和训练，如必要的读写能力训练，帮助家长与孩子一同学习以提高孩子成绩；为家长提供学习儿童发展和儿童养育知识的机会以帮助家长成为学校更为全面的合作者。而2002年和2015年法案则更为丰富和细致地规定了如何为家长赋能，增加了一些新的内容，让家长参与到教师、校长和其他教育工作者的培训开展中，以提高这些培训的效果；为家长提供必要的读写训练用资金支持；可以在各种时间安排学校会议，或者在教师或其他直接与项目儿童接触的教师和不能参加学校会议的家长之间进行在家会议，目的是最大化促进家长参加或参与；可以建立一个学区范围的家长咨询委员会，为所有与"家长参与"相关的事务提供建议等。

通过政策文本可以清晰地看到,"家长参与"政策的发展过程中,对家长进行赋能的政策语言也经历了重要的转折和"窄化":从集体参与计划和决策能力的建构转向个体家长对孩子学习和学校活动的参与能力的建构。在这一点上可以说,赋能是与赋权同步的,政策赋予家长什么样的权利,就会相应地强调家长哪个方面的能力建构。所以,"家长参与"政策中对家长的赋能也主要指向了针对个体参与孩子学习方面的能力建构,尤其是 20 世纪 80 年代以来,对处境不利家长的能力建构在政策语言中并没有涉及如何培养家长群体进行集体参与学校治理方面的规定,而主要是围绕家长辅导孩子学习、提升学生成绩以及改善学校业绩方面的能力进行培训和引导。所以说,无论从赋权的角度还是从赋能的角度看,"家长参与"政策都只是强调处境不利家长个体的参与,而非集体的参与。

3. "赋权"和"赋能"话语变化蕴含的实质性矛盾

"家长参与"政策被视为社会正义、公平和优质教育的重要组成部分,主要是因为它的政策语言中所体现的对处境不利儿童的关注以及对处境不利家长的"赋权"和"赋能"。但是,通过对政策语言的分析不难发现,赋权和赋能的语言经历了重要的转变,并且在近三十几年的政策语言中,这种针对个体家长参与学校教育以提升学生学业成绩和改善学校业绩的语言不断被强化,已经成为"家长参与"政策语言的绝对主导。在这种话语转变过程中,"家长参与"的社会正义和公平的强调已经被优质教育的目标所掩盖,而赋权和赋能也随之被"窄化"。因此,政策语言中针对"赋权"和"赋能"出现了三点重要的缺陷,即:对处境不利家长的社会阶层的忽略,对家校关系中家长—教师的主体间性的忽视,对赋权和赋能的审查和评估的忽视。这些政策纰漏必然致使"家长参与"政策在赋权和赋能方面流于表象,实则服务于政策的成绩中心主义和工具技术理性价值取向。

(1) 政策语言中对处境不利家长"赋权"和"赋能"的社会阶层特征的忽视

审视整个"家长参与"政策演进历史,赋权和赋能成为"家长参与"政策的核心内容,其基本逻辑是"家长参与"可以提升学生的学业成绩和学校业绩。然而,无论是赋权还是赋能,都发生了不可避免的转折,即从集体政治组织参与方面转向个体参与方面。这种政策话语的转变实质上蕴含着和体现着一种深层次的矛盾，即政策目标对象作为处境不利群体的社会经济地位和阶层性质与权力和能力建构之间的矛盾。显然，政策话语对处境不利家长的赋权的转变受到了社会阶层结构的限制，对处境不利家长的赋能也只能带有一种"补偿"逻辑。

处境不利家长和学校工作人员都被要求投入双方都没有任何准备的方面。20 世纪 60 年代的反贫困计划曾为贫困社区和少数族裔社区提供了技术帮助和能力建构，培养出一批有准备而又能够参与到学区和学校委员会中的家长骨干。在 20 世纪 70 年代，一些全国性活动组织也积极地为培训家长参与学校教育的能力而付出巨大努力，事实显示，这些组织的努力卓见成效。例如，1976 年，纽约卡内基公司（Carnegie Corporation of New York）资助全国第一款家长联盟（National Coalition of Title I parents）20 万美元，在华盛顿建立全国家长中心（National Parent Center）。全国家长中心成为家长、学校和学区最主要的培训、信息和资源中心。罗伯特·威瑟斯普（Witherspoon，R.）曾担任全国家长中心最初的训练员，后来成为全国家长中心的主管，他和其他联盟成员在全国各地进行了数百次家长培训，主要是关于家长权利和第一款条文下家长职责方面的内容。这些培训主要关注家长对法令、法规的细节详情的了解，及其对家长领导力培训，而不关注"教养"课程和讲习班。

然而，在 20 世纪 80 年代以来的几十年间，从总体上讲，联邦政策对家长能力建构的强调已经基本消散，尤其在家长作为集体参与学校决策和治理方面的能力建构方面的关注有着实质性的下降。政策语言在 80 年代的转折已经将早期的家长参与的能力建构悄然转向另一个领域，这实质是对能力建构的内涵的一种转向性质的政策引导。例如，2002 年法案的"家长参与"的条款中，对于家长在参与学区和学校层面的"家长参与"政策以及"学校—家长契约"的开发方面的角色有着突出的强调，但却对家长履行他们的作用时所必需的各种类型能力建构方面缺少等量的关注和强调。

（2）政策语言中对"赋权"和"赋能"的主体间性的忽视

"家长参与"的政策条款中，主要是对家长的能力建构提出明确的建议和要求，但是，对学区和学校层面的教职工的培训只是略有提及，一带而过。例如，1988 年法案只是提及"培训参与该章计划的教师和其他员工同家长进行有效的合作"，1994 年、2002 年和 2015 年法案也只是提及"在家长的帮助下，教育教师、学生服务人员、校长和其他工作人员意识到家长参与的价值和功能，以及如何与家长接触、如何沟通、如何与家长作为平等合作者一道工作、如何实施和协调家长项目、如何建立家校联系"。学区和学校层面的教职工几乎没有接受与家庭这一合作者沟通所需的技巧和能力方面的培训。在政策文本中，没有任何要求教育工作者领导力培训或者提供就职前和在职教师培训的规定，也未曾出现任何对于相关教育工作进行培训所需的资金支持方面的规定。这是对家校合作实践中主体间性的重大疏忽。基于这样的政策引导，在实践层面，多项调查数据揭示，教师感觉同家长一起工作是他们最大的挑战，这是他们最少接受培训和支持的领域。教师们在支持家长的新角色方面也没有做好合作的准备。另外，20 世纪 90 年代以来的"家长参与"政策中，没有要求学校将它们的"学校—家长契约"与学校改善计划的目标联系在一起，契约只是将学校和家长在一个给定的学年中达成学生的进步这一基础上达成，并没有将契约在更为宏观的层面上视为一个激发教师和家长在一个强有力的关乎学校情况改善方面的共同旨趣基础上的合作，所以，与其说家长是被吸引来改变学校境况，不如说是来改变他们自己以适应学校的要求。在一份 2008 年的学校契约的审查过程中，康涅狄格州教育部发现许多契约都已经落满灰尘，并且已经有几年没有修订过了。很少有契约描述家庭—学校关于能够直接影响学习的方案。大多数契约只是机械地模仿法案中关于家长支持学生学习的职责这种笼统的语言，如监督出席家长会、督促家庭作业的完成和监督看电视时间。

综上所述，"家长参与"政策中，出现了对家校合作活动的单方面"赋权"与"赋能"，严重忽视了学校和教职员工一方的"赋权"与"赋能"。家长和州、学区及学校层面的人员在彼此合作方面的能力有限，在提高学生表现方面的共担责任方面也没有准确地认知，这些都致使"家长参与"法案条款呈现出相当差的执行和监管情况。所以，政策语言中对处境不利家长的"赋权"与"赋能"更加流于一种理想化的家校关系的畅想。

（3）政策语言中对"赋权"和"赋能"的有效审查的忽视

在"家长参与"的相关规定中，对家长进行培训或者吸引家长参与过程中产生的交通费、儿童照看费用等方面可以使用第一款基金支付，这可以说是针对家长赋能的专款专用。但是法令也仅此而已，并未涉及对"赋权"和"赋能"的有效的审查和评估方案。法案中并未提及关于家长参与的预留基金必须用于支持家庭在家庭和家长的哪种角色的能力提升。家长的角色众多，诸如学习的支持者、有效的决策者、学校的监督者、学生关注的倡导者以及同享责任的合作者等，总体来说，"家长参与"政策希望家长发挥更多的功能。但是在"赋权"和"赋能"究竟是否能够承担起政策所赋予的这些角色，如何才能使家长承担起这些角色，政策却没有有效的审查和评估，这必然使家长"赋权"和"赋能"成为家长被吸附于学校教育的政策实质之下的标签而已。

（三）政策方案的嬗变："家长参与"政策的"工具理性"本质

从"家长参与"政策产生的社会背景来看，是民权运动和"向贫困宣战"播撒下"家长参与"的种子。因此，"家长参与"从一开始便带有着政治和经济使命。由于民权运动的影响，"家长参与"成为美国处境不利人群实现政治民主公正的重要举措；由于"向贫困宣战"的影响，"家长参与"成为美国处境不利人群实现成绩提升、社会升迁的重要路径。所以，"家长参与"政策在其演变过程中，始终在政治和经济框架中变化，联邦政府试图通过家长参与来平衡社会上的政治和经济困扰。这一点在对"家长参与"政策的目的进行梳理的过程中便可窥见，赋权和赋能的过程和转变都受限于政治和经济框架。换句话说，"家长参与"政策目的是在社会公平正义和社会经济效益框架下形成的，并在政治和经济框架下不断做出权衡和摇摆。辨识"家长参与"政策的政治和经济解释框架是非常重要和必要的，在家校关系的政策导向中，政治和经济占据了有力的主导地位，而教育的语言、儿童发展的语言却是明显地处于从属地位，家庭和家长的教育职责被纳入了经济和政治话语体系中，而非真正地被纳入教育和儿童发展的话语体系中。"家长参与"政策在政治和经济语境中的摇摆是政策对"工具理性"和"技术理性"的追逐，也是对儿童、家庭本身发展的不屑。

1. 政治解释框架

民权运动的涌动和《民权法案》的通过，是"家长参与"政策得以产生的社会动因之一。以少数族裔为主体的处境不利人群的教育和生活问题在美国社会急速发展过程中,已经成为社会的危机之一。这一点在二战之后已经被美国人逐步地认知,从而酝酿了20世纪50年代以来的少数族裔人群争取合理合法权利的运动。教育领域成为民权运动的主要阵地,这是历史决定的。因为在美国教育发展过程中,少数族裔群体尤其是非裔美国人和西班牙裔美国人的教育处境一直处于低劣的状态,这种低劣首先表现在学校的隔离方面,其次表现在少数族裔群体孩子就读学校各种资源的长期匮乏方面。面对教育中存在的两个世界——优良的白人中产阶级儿童的学校和质量低下的少数族裔儿童的学校,民权运动者们开始用公民的合法权利挑战各种体现在教育体系上的种族隔离,同时也萌生了美国人以公民权利和身份角度关注学校内部发生的关乎自己孩子的一切活动。故而,要求家长以美国公民的权利和身份参与到政策补偿项目的计划、执行和评估过程中,便成为民权运动时代的"家长参与"政策的主题和中心。

在"家长参与"政策的初期,对于处境不利家长在学校的参与是以"权利"为基本解释框架的,处境不利家长以组织载体的形式——家长咨询委员会实现自己作为公民的合法参与权。虽然在20世纪80年代的政策转向过程中,对于处境不利家长的参与的基本解释框架已经转向成绩差距与经济地位之间的关系,但是,社会公平正义作为ESEA系列法案的根本宗旨仍未改变,所以,"家长参与"政策维护社会公平正义的政治解释框架仍然不可忽视,它是"家长参与"政策一直被强化的原因之一。

2. 经济解释框架

在20世纪60年代,"向贫困宣战"关注经济处境不利人群的宗旨成为"家长参与"政策缘起的另一个社会动因,它成功地将学习成绩与经济地位提升联结在一起。然而,经济框架对于"家长参与"政策的突出影响却主要体现在20世纪80年代以后,并取代政治解释框架。

20世纪80年代以后,全球经济环境中,工作与以前相比要求更加复杂精细的技巧,美国教育家和教育政策制定者表现出对学生成绩的关注,并将这种教育关注命名为"优质教育"。对于以成绩为中心的优质教育理念的提倡成为美国20世纪80年代以来历次教育改革的核心,政策制定者和普通大众都视学生成绩为通往更强大、更有竞争力的劳动力的路径。2000年,华盛顿州的公立学校主管办公室出版的一份研究综述指出,成绩好的学校的一个共同特征就是它们进行了很高水平的家长和社区的参与性吸引。①

　　"家长参与"的经济相关性源于政策制定者和教育家的两个关注：第一个是在美国内部，即对低社会经济背景的儿童，主要是指非洲裔和西班牙裔儿童表现出低于他们的中上层同辈的对学业成绩的关注；第二个是来自国际环境，即来自东亚的孩子要比美国同辈孩子表现出更好的对学业成绩的关注，尤其是数学成绩，其差距在学前和幼儿园时期就已显现。时代环境将教育的关注点集中于学业成绩作为经济福祉的路径。"家长参与"也围绕着学业成绩这一中心，被概念化为一种社会资本的源头。这样，在这个经济框架中，家长和家庭成为教育政策的目标，家长和家庭参与成为孩子学业成绩提升的路径，家长和家庭成为学校业绩改善的社会资本。

　　在经济框架中，功能价值是首位的，利益相关者自然要号召对项目进行投入与收益的评估，表现在教育政策领域中，就是对州的高标准、州课程标准以及州的成绩测试标准的强调。这样的评估直接影响学区和学校应该将它们的经历与资源放在哪里，直接影响学校和教师将他们的精力与工作重心放在哪里，也进一步影响学校和教师将他们与家长合作时的精力和重点放在哪里。这种经济框架对"家长参与"的影响十分深远，尽管不能假定教育政策话语和实践之间具有同构性，但是，教育政策话语的确在确定什么是规范的、什么是最佳的实践，教育政策话语在引导各个层面的教育实践关系方面具有极为重要的角色。因此，经济框架下的"家长参与"政策已经对家长育儿观念或者家长教育和帮助孩子的观念产生重要导向，即以一种功利价值的视角关注孩子的学业成绩和在校表现；经济框架下的"家长参与"政策也对家校关系产生重要导向，即一切围绕学业成绩这一中心开展家校关系，在这种语境中，处境不利家长常常被视为"帮扶对象"，而学校和教师（在政策语言中也是这样）常常被定位成指导者和提供帮助者；经济框架下的"家长参与"政策还对学校教育与教育之间的关系产生重要导向，即二者之间的界限被模糊化，被等同化，从而家庭教育便从属于学校教育，家庭从而成为围绕学校教育和学习成绩的功能性附庸。

---

　　①　Sheridan, S. M., E. M. Kim. Foundational Aspects of Family – School Partnership Research ［M］. Switzerland：Springer International Publishing，2015：42.

　　总之，大多数美国人相信加强家庭、学校和社区之间的联系是缩小成绩差距的解决方案的一部分。由于这种关系认知，"家长参与"被认为是一项针对社会弊病重要的修补措施，也是一个合理的财政投资，因为它与一个更加广泛而又长期的经济结果相连。

　　3. 解释框架与家长责任角色嬗变的关联性——"工具理性"显现

　　哈贝马斯在《交往行为理论》的第一卷中重构了行动和理性的概念，并对"目的性行动"做出鉴别和批判。哈贝马斯认为，目的性行动的行为取向是计算各种手段，然后从中选出最合适的以达到明确的目标。当其他正在行动者被包括进某人的计算中时，这种行动就变成了具有侵略性的行动。哈贝马斯将之称为"工具性"行动。因为它涉及达到目标的手段。这种行为在以往的理性概念中常被过多地当成了合理的行动。而哈贝马斯则认为，这种对理性的看法太过狭窄，真正的理性不是存在于目的论之中，而是存在于交往行动之中。

　　综观美国"家长参与"政策的发展和演变历史，可以窥见这种工具性一直主导着政策话语的发展和变化。正如上文对政策目标的阐释那样，赋权和赋能是政策的目标，其意义在于促使家长能够发挥政策所赋予的各种权利和责任，但是，在"家长参与"政策的政治和经济框架下，赋权和赋能并未真正地实现，而是在政策话语中被转向、被调整为适合社会政治与经济发展需求的"合理"方面。当社会政治环境饱受民权运动冲击的时候，"家长参与"作为民权运动在教育领域投射的重要结果而出现，在政策的相关规定中可以看见，最初的"家长参与"的法案只是单方面强调家长咨询委员会，政策话语只是强调家长作为一种咨询者、监督者和参与管理者（虽然仅限于第一款项目）的功能和责任，并未涉及教育本质方面的内容；当民权运动被经济危机意识冲击的时代到来的时候，"家长参与"的规定则一边倒地指向了与经济利益相关的学业成绩，家长则被赋予了学校的契约合同人、学校选择者和问责者的身份和功能，同样，"家长参与"的内容仍然体现为一种满足社会经济发展需求的目的性，而未考虑儿童教育的本质需求、家校关系之间的平衡以及家庭教育和养育对儿童发展的独特功能。"家长参与"已经作为一种工具或者手段被政策语言合理化，它的目的很明确，不是针对儿童发展本身，而是针对社会政治经济利益。

三、政策逻辑的扭曲

家校关系是"家长参与"政策的主题,"家长参与"政策实质就是向美国民众解释,家长应该在孩子学业成绩提升和学校业绩改善方面发挥什么样的作用,以及政策将通过什么手段和方式帮助家长发挥这样的作用。从这一点来说,"家长参与"政策是在形塑一种或者某种特定的家校关系模式,以适应美国社会发展需求。从"家长参与"政策的逻辑发展层面考察,可以发现"家长参与"政策有着两个非常重要的前提假设。首先,家长和家庭对孩子学校教育的重要作用是政策的逻辑前提,也就是说,政策制定者首先是相信家长可以提高学生的学业成绩和学校业绩的。其次,处境不利儿童的家庭是文化匮乏的,是参与匮乏的,是需要政策和活动吸引去参与孩子学校教育的,补偿的逻辑蕴含在家长参与政策逻辑之中。因此,"家长参与"政策逻辑中存在一个悖论:家长可以帮助学生提高学业成绩和改善学校业绩,但是学校应该帮助和指导家长如何参与。这个悖论直接聚焦一个家校关系方面的关键问题:联邦政策所形塑的家校关系基调是什么样的呢?是通过正视和发挥家庭和家长的独特力量来提升学业成绩和改善学校业绩,还是通过学校的"家长参与"政策来框定家长参与的形式和重心以改变某些家庭的教育环境,从而使家庭教育附属于学校教育。

(一)逻辑起点:家长参与学校教育可以提高学生成绩和学校业绩

"家长参与"政策拥有一个最为基本的逻辑前提,即"家长参与"是缩小不同种族、文化、民族和社会经济背景人群之间的成绩差距的一个重要解决办法。政策制定者首先对家长提高学生成绩和改善学校业绩方面的重要作用深信不疑。这是"家长参与"政策能够经历半个多世纪,被不断地强化的根本观念前提。这一政策逻辑前提虽然没有显现在政策语言之中,但是政策语言都是围绕着这个宗旨而展开的。可以说,美国人对家长在提高学生成绩和改善学校业绩方面的功能和作用具有一种根本性的、观念性的前提认知,这是深受美国主流人群的传统思想观念影响而形成的一种信念(这一观点在本研究的第三章详述)。综观"家长参与"政策的历程,政策制定者认为,学校需要家庭发挥其教育职能,学校对"家长参与"的需求是"家长参与"

政策发展的逻辑起点。

（二）逻辑前提："缺陷补救"

在整个政策发展过程中，"家长参与"的概念是以补救的思想盛行。这是由《初等和中等教育法案》（ESEA）法案的基本逻辑决定的。在 ESEA 中出现"家长参与"政策内容之前，社会学研究者为这一政策的发展提供了"有力"的科学基础。1966 年的《科尔曼报告》对联邦政府的 ESEA 的制定思路起到极大的影响，它强调家庭背景特征对于土著人、西班牙裔、波多黎各裔、非裔、亚裔和白人美国人的不同学校表现的重要性，而学校的物质和经济资源差异与学生成绩只有很小的相关性。科尔曼（Coleman，J. S.）。"承认教育机会不平等的根源'首先在家庭'，并且指出'学校在摆脱家庭影响方面的无效能'"。"随即科尔曼提出一个基本问题：'为什么学校在使学生成绩摆脱家庭影响方面是无效的？学校如何能削减儿童对社会出身的依赖？'"[1] 可见，科尔曼在一种文化缺陷论的基础上试图重新建构家校关系，并由学校承担学生的学业成绩提高的责任，以弥补家庭对孩子学业成绩方面的不利影响。基于文化缺陷理论，ESEA 政策最主要的目的就是为教育和文化失利者提供特殊的教育服务，即教育补偿计划。"家长参与"政策正是在这个政策体系下发展起来的。这种"补救"的基本逻辑在"家长参与"政策中，通过"家长参与"的能力建构方面的规定得以实施。

在政策规定中出现大量的语言用于规定学校和地方学区对"家长参与"方式的框定和培训，这实质是对家长参与行为的一种强大导向，也是对地方教育部门和学校吸引和规划家长参与行为的一种导向。从本质上讲，这是补救逻辑的展开，这些规定的前提假设是：处境不利家长没有按照这样的方式和模式进行学校教育参与，所以应该予以纠正和训练，以使其达到政策项目规定的目标和效果。

---

[1] Coleman, J. S.. Equal Schools for Equal Students? [J]. Public Interest, 1966 (4): 74. 转引自：de Carvalho, M. E. P.. Rethinking Family - School Relations: A Critique of Parental Involvement in Schooling [M]. Mahwah, NJ: Lawrence Erlbaum Associates, 2001: 11.

(三)逻辑悖论:家长由"合作者"被扭曲成了"依从者"

家校关系是"家长参与"政策的主题,"家长参与"政策实质就是向美国民众解释家长应该在孩子学业成绩提升和学校业绩改善方面发挥什么样的作用,以及政策将通过什么手段和方式帮助家长发挥这样的作用。从这一点来说,"家长参与"政策是在形塑一种或者某种特定的家校关系模式,以适应美国社会发展需求。那么,联邦政策所形塑的家校关系基调是什么样的呢?是通过家庭和家长来提升学业成绩和改善学校业绩,还是通过学校的"家长参与"政策来框定"家长参与"的形式和重心以改变某些家庭的教育环境?实质上,在"家长参与"政策语言的发展过程中,始终存在一个悖论:家长可以帮助学生提高学业成绩和改善学校业绩,但是学校应该帮助和指导家长如何参与。正如1997年8月25日《底特律自由报》的一篇文章的标题那样:"学校大门向家长敞开以寻求帮助,一点点的参与都能提升教育"①,绝大多数美国人都认为家庭可以提升教育。政策语言也是这样表述的:"国会发现,由学校吸引家长参与的活动是这一章内诸多项目的一个至关重要的部分。"② 但是,通过对政策语言中的赋权和赋能方面的规定进行梳理已经发现,大部分政策语言并未针对赋予家长的各种教育权利和教育职能进行相关的必要和充分的赋权和赋能。换句话说,政策语言一方面强调家长对学生和学校的重要作用,另一方面并未真正重视家长自身的力量,所有的赋权和赋能措施都要依赖地方教育部门和学校方面的书面政策和态度。因此,"家长参与"政策关于家校关系的定位和形塑是一个关键问题,是一个需要认真考察的关键问题。

1. 政策话语中的"监察者"

审视"家长参与"政策语言的历史,几乎每一次法案都会首先提及"任何一个地方教育部门,只有履行吸引家长参与的相关项目、活动和程序,才能接受这一章的援助基金""地方教育部门应该在同家长协同的基础上开发

---

① de Carvalho, M. E. P. . Rethinking Family – School Relations: A Critique of Parental Involvement in Schooling [M] . Mahwah, NJ: Lawrence Erlbaum Associates, 2001: 1.

② United States Congress. Augustus F. Hawkins – Robert T. Stafford Elementary and Secondary School Improvement Amendments of 1988 [EB/OL] . [2015 – 08 – 25] . http: // files. eric. ed. gov/fulltext/ED307960. pdf. Section 1016 (a) .

项目、活动和程序""每一个地方教育部门,都应该在咨询家长和接受家长审查之后制定一份书面政策,以此确保家长被吸引参加到项目的计划、设计和执行中"等规定,这意味着政策首先将家长视为学校系统的"指挥官"或者"监察者",家长被摆设在那里以告知法令被执行了,学校是遵从法规的。尽管这个角色对于"家长参与"来说可能是必要部分,但它却不是充分的。政策对家长的这种"虚拟"规定,实则加剧了家长和学校职工之间那种"我们与他们"的动态关系,而不是共担职责的动态关系。这种心态也将家长从整个学校改善的工作中拉开,使得"家长参与"似乎成为令学校员工排斥甚至讨厌的行为,学校工作者会本能地将它作为一个"附件"来排斥。"家长参与"并不能因为有了政策规定而真正成为学校改善过程中的一个有机部分。

2. 培养家长的"依从性":"家长参与"政策的逻辑实质

正如前文所阐释的那样,20 世纪六七十年代的"家长参与"政策主要赋予家长一种集体顾问的身份参与学校治理,并且以校外组织作为培训机构为家长在校内实施公民参与权进行多方面的培训,使家长具有实际参与学校监管和治理方面的机会和可能性。可以说,这一时期是家长与学校关系分明的阶段,又是一种民权运动环境下的家长与学校对立的阶段。20 世纪 80 年代是"家长参与"政策的分水岭,在这之后"家长参与"政策中不断地加大学校在家长参与方面的角色和作用,也就是说,家校关系在 80 年代以后的政策中变得紧密和细化。在 1988 年法案中,"家长参与"的机制就要求:雇佣、培训和使用家长联络员;为家长做孩子进步方面的报告;学校向家庭提供补充课程和资料,并在执行以家庭为基础的教育活动方面提供帮助以巩固教室内的教学和学生动机。在 1994 年法案中,出现了对"学校家长参与政策""政策参与"及"家长—学校契约"等方面的规定。可以说,"家长参与"政策将大量的语言用在了学校如何吸引家长参与方面,这也直接影响了具体的家校关系。每一所学校都被要求开发和分发书面的家长参与的政策,还要制定详细的家长—学校契约,契约中要"描述"家长履行支持孩子学习的责任的方式,如监督出席家长会、督促家庭作业完成、控制孩子看电视、在孩子教室中做志愿者、参加与孩子教育相关的适当的决策,以及积极运用课外时间。可以说,政策规定的这些参与方式对学校制定的"家长—学校契约"具有很大的引导作用,学校凭借政策对家长参与内容的吸引做出规划,所以从这个角度上讲,政策赋予学校引导和框定家长参与活动的范围。在2002 年和 2015 年法案中,继续加强学校在"家长参与"方面的角色,将建构家长参与能力方面的规定从 6 条增至 14 条。每所学校不仅要为家长提供理解州课程标准以及州学生成绩标准、州和地方学业评估、此项目的要求、如何监督孩子的进步、如何与教育者合作去提高他们孩子的成绩方面的支持;还要为家长提供材料和训练去帮助家长同孩子一起学习,如必要的读写能力培训;同时还可以训练家长去增强其他家长的参与,并尽一切努力让家长参与到学校中来,在各种时间安排学校会议,或者在教师或其他直接与项目儿童接触的教师和不能参加学校会议的家长之间进行在家会议,目的是将"家长参与"最大化。家长在政策提倡的参与活动框架里积极地参与已经强化了教师们期待的那种"家长参与"的模式,积极地根据学校的指示帮助解决问题。

第三章　政策理念解析：美国"家长参与"政策价值选择的"自以为是"

在《初等和中等教育法案》（ESEA）的八次核准的半个多世纪中，"家长参与"政策持续地强化处境不利儿童的家长参与学校教育的重要性，将家长视为学校的集体顾问、孩子学习辅助者、签订"学校—家长契约"的共同责任者以及学校选择和问责者。美国基础教育政策制定者们相信家长对孩子教育的重要作用，相信"家长参与"能够提高学生的学业成绩，相信"家长参与"政策和项目支持能够增加家长的能力、自尊和效能感，从而促进学校变革。家长作为教育政策的目标在美国教育政策中出现，并走向制度化，首先是基于它自身的传统观念力量的支撑。或者说，在传统上，美国学校就已经依赖于家庭的支持并被要求对家庭的需求做出反馈。对美国的家校关系以及主流人群的家长参与观念进行历时性考察后可知，清教徒的"家庭中心主义"家校互动观念、老式中产阶级的社区控制和个人主义自主参与观念以及新中产阶级的学校依赖与个性定制的参与观念，共同构筑了当今美国的"家长参与"政策理念。从这个意义上讲，针对处境不利儿童及其家长的"家长参与"政策，却是从根本上建基于社会主流阶层的文化观念和生活基础，故而本章竭力揭示美国"家长参与"政策在政策上的价值取向、合法性和有效性方面存在着的深层扭曲。

一、"家长参与"观念的起源："家庭中心主义"

在美国的历史上，清教徒信奉的宗教教义以及清教徒在"新世界"对"部族主义"生活方式的狂热维系，从根本上驱动了他们对教育的重视。恰是这种宗教驱动的教育重视决定了"家长参与"观念形成的必然。英国传统的"教育是家庭事务"观念以及学徒制在殖民地的承袭，使得家庭成为实施教育的主体。然而，生存环境的挑战催生了殖民地教育责任承担模式的创新，即：在家庭因遭受生存压力而削弱其教育功能的情况下，学校的教育责任受到关注，但由于其教育目标、教学内容和资助方式等方面都是依从于家庭的，故而，清教徒在殖民地时期创建了一种服务于宗教目的的、"家庭中心主义"的家校关系模式。

（一）"家长参与"观念形成的必然性：宗教驱动的教育重视

清教教义对通过阅读《圣经》达成个人救赎的强调，以及清教徒对"新世界"建设的神圣使命的执着和对"部族主义"生活方式的维系，赋予了他们重视教育的根本动力。这种教育重视对家庭与学校在教育功能上的联盟产生了决定性影响，使得"家长参与"观念的形成成为必然。从这个角度讲，美国的"家长参与"观念从根本上说是源于宗教驱动的。清教徒在宗教教义和信仰维系这两个层面诠释着美国"家长参与"的宗教起源的独特性。

1. 新教教义：清教徒重视教育的根本驱动力

宗教改革运动中新教教派质疑天主教教会行为，否定教会权威，提倡宗教信仰自由，提出了最基本的新教教义——用圣经的权威来取代教会的权威。所有新教徒的努力都是为了引导世界回归到一个更加纯洁的宗教信仰之中。这种新的教义意味着"在灵魂拯救中，个人的责任代替了教会的集体责任；也意味着，那些将要获救的人们必须能够读懂上帝的语言，能够明智地参与教会事务，能够根据上帝的指引来塑造生活"①。清教徒信仰的基本原则，亦即他们对天主教教义的敌视与反抗的基础，就是接受《圣经》为受神启而写的上帝的指示，是它授予人类神圣的行为准则和被认可的精神行为，教会的每个行为都需要《圣经》授权，《圣经》才是清教徒日常生活的行为准则。因此，清教徒们异常重视识字与阅读能力的培养，并将识字与阅读作为教育的最重要的内容。

---

① 〔美〕埃尔伍德·帕特森·克伯莱. 美国公共教育：关于美国教育史的研究与阐释
［M］. 陈璐茜，译. 合肥：安徽教育出版社，2012：6.

2. 维系"部族主义"生活方式要求教育发挥强大的影响力

清教徒是加尔文（Calvin，J.）宗教思想的狂热追随者，信奉加尔文教义的基本原理——上帝预选说。加尔文强调并非神为人而存在，而是人为神而存在。世人当中仅有一小部分才能蒙召而得救赎。人生最重大的事情莫过于永恒的救赎。马克思·韦伯（Weber，M.）曾对加尔文教派教义中对神的虔敬与教众的自我救赎的路径有过深刻的描绘："现世注定是为了——而且只是为了——神的自我荣耀而存在，被神拣选的基督徒的使命，而且是唯一的使命，就是在现世遵行神的戒律，各尽其本分来增耀神的荣光。但是，神要的是基督徒的社会事功，因为，他要社会生活形态依照他的戒律，并相应于此一目的而被组织起来。"① 在 17 世纪 30 年代移民到马萨诸塞湾殖民地的清教徒，坚定地认为他们是被神挑选出来在"新世界"建立"他的王国"的人。他们十分确信自己就是选民中可做典范的一类人，因此，他们显示出对神的强烈责任感和建设"新世界"的强烈使命感。清教徒领袖、马萨诸塞湾殖民地的总督约翰·温斯卢普（Winthrop，J.）强烈要求在"新世界"要更加团结，"我们将像'山巅之城'一样，所有人的眼睛都望着我们；因为如果我们在我们已经承担的这一工作中错误地对待我们的上帝，那么这将导致上帝收回他现在给我们的帮助，我们将成为全世界新闻报道的材料和笑柄"②。他还在写给妻子的信中表露了他对上帝使命的热诚与虔敬："只有耶稣基督的享用和天国的希望才能够给我们真正的安慰与安宁。"③ 在神圣的使命之下，清教徒很快建立起一种不容异说的神权政治。

然而，在殖民地现实生活中，与清教徒的神圣的使命感相呼应的，就是他们对后代的信仰和道德状态的强烈担忧。正如伯纳德·贝林（Bailyn，B.）描绘的那样，北美的荒野之地充满了意想不到的问题和困难，清教徒们没有什么可靠的学识和知识储备来应对和控制这种局面，这让他们感到陌生和恐

---

① 〔德〕马克思·韦伯. 新教伦理与资本主义精神［M］. 康乐，简惠美，译. 桂林：广西师范大学出版社，2010：87.
② 〔美〕S. 亚历山大·里帕. 自由社会中的教育：美国历程［M］.8 版. 於荣，译. 合肥：安徽教育出版社，2010：16.
③ 〔美〕S. 亚历山大·里帕. 自由社会中的教育：美国历程［M］.8 版. 於荣，译. 合肥：安徽教育出版社，2010：17.

惧。然而，在面对新世界时，适应性更强、精力更旺盛，又没有太多习俗约束的年轻人更容易接受各种困难和挑战，更精确地接受生活的定位①。这一切都导致了家长威望的衰弱，家长权力也受到了挑战。清教徒们认为，年轻一代已经偏离了自己信仰的轨道，正处在野蛮的边缘。另外，随着陌生人不断地迁入社区，已经不可能再将孩子和那些新鲜的抑或有害的想法完全隔离开，清教徒担心它们会毁掉他们的家庭、社区，还有他们的使命。因此，清教徒需要维系一种神圣而纯净的生活方式，厄本（Urban，W. J.）将这种状态表述为"部族主义"，即：教众们有共同的祖先、历史以及语言，共享着一样的故事、意义系统以及价值观念，甚至连害怕的和梦想的事物都是一样的。② 教育就是这种强大的纽带，清教徒将其视为保卫信仰和国家的堡垒。

（二）"家长参与"的基调："家庭中心主义"

"家庭中心主义"是指殖民地时期清教徒在宗教和"部族主义"生活方式维系的目的下，对家庭教育功能的依赖并使之中心化的一种观念倾向。它蕴含两个层面的含义：其一，从教育实施的普遍性方面看，家庭是教育实施的中心机构；其二，在家校关系上，学校在教育目的、教学内容和赞助方式方面都是依从于家庭的，学校是家庭的补充而非代替。

1. 家庭是教育实施的中心机构

从传统观念层面上看，清教徒来到北美殖民地之时，也将英国"教育是家庭事务"的传统观念和英国盛行的学徒制一并带来。我们可以从新英格兰殖民地早期的教育法规中窥见这种英式传统的影响。比如，殖民地第一部教育法规——《1642 年马萨诸塞教育法》，是一部督促家长和学徒师傅们履行他们义务的法规。"该法要求每个城镇的官员要不时地检查各位家长和学徒师傅们是否履行他们的教育责任，所有的儿童是否得到了'知识的学习和其他有益于殖民地手艺的训练'，儿童是否'学会了阅读、理解了宗教教义和国家的法律原则'。一旦发现家长和学徒师傅们没有履行职责，这些官员就

---

① 〔美〕伯纳德·贝林. 教育与美国社会的形成［M］. 王晨，等，译. 合肥：安徽教育出版社，2013：13.

② 〔美〕韦恩·厄本，杰宁斯·瓦格纳. 美国教育：一部历史档案［M］. 3 版. 周晟，谢爱磊，译. 北京：中国人民大学出版社，2008：53.

有权对他们处以罚款，如果需要，还可向上级官员汇报。"① 很明显，在清教徒来到殖民地之后，年轻一代所受的不充分教育让他们深感担忧。英国那种"教育是家庭事务"的传统思维影响了清教徒们对解决办法的选择，他们在这部法令中没有提及任何关于建立学校和聘任教师的措施，而是将解决办法首先指向了家庭，指向了家长和学徒师傅。又如，1646 年马萨诸塞大法院立法规定："任何一个 16 周岁以上的孩子，如果他们有足够的理解力，就不能对他们的生父和生母加以责备和嘲笑，如果这种情况发生了，他们就必须被处死，除非有足够证据表明，是他们的父母确实对这些孩子疏于管教，或者是他们的父母确实以极端的手法激怒了他们，又或是为了保护他们免受死亡和残废的威胁。"② 这部法规通过很明显地反映了清教徒们对家长的教育职能和道德权威的维护。

从现实生活环境层面上说，在北美这块充满不确定性和斗争的土地上，家庭是殖民地生活中最核心的要素：是主要的生产单位和在荒无人烟的地区的人们社会化的主要机构。家长们在日常忙碌的劳作中对子女、亲属子女和学徒们进行知识、技能和道德传授。"绝大多数的清教徒家庭都会进行家庭祷告活动，他们会在这段时间里一起阅读《圣经》，整个家庭一起祷告。这个家庭时间的主要目的就是鼓励精神成长、家庭团结、增长孩子的阅读技能，以及给孩子播种心灵智慧的种子。"③ 对于清教徒来说，能够时刻确保儿童信仰纯正且不向困难低头的最佳途径，莫过于家长的日常教导。

2. 学校是家庭的补充而非代替

历史证明，清教徒在艰难的生存环境中对教义的忠诚以及对使命的责任感是十分强烈的，在认识到家庭的教育职能由于生存压力倍增而无法充分发挥的时候，他们及时地采用普遍建立学校来满足教义对教育的需求。1647年，马萨诸塞州最高法院通过《老骗子撒旦法》，在开场白中，"它列举了

---

① 〔美〕埃尔伍德·帕特森·克伯莱. 美国公共教育：关于美国教育史的研究与阐释 [M]. 陈璐茜，译. 合肥：安徽教育出版社，2012：12.

② 〔美〕韦恩·厄本，杰宁斯·瓦格纳. 美国教育：一部历史档案 [M].3 版. 周晟，谢爱磊，译. 北京：中国人民大学出版社，2008：56.

③ Jeynes, W. H.. Parental Involvement and Academic Success [M]. New York：Routledge，2011：4.

'老骗子撒旦主要的阴谋就是阻止人们去掌握基督教圣经的知识……靠用人们不知晓的语言来达到使人们无法掌握此种知识的目的',而现在'则诱使人们不去使用这种语言',……知识与学问正处于危机之中,'它们可能随着我们在教会和殖民地中父辈们的去世而一并作古'"①。因此,该法规定满 50 户的城镇要任命一个人为本地儿童提供读写教学,教师的工资由家长或者全体社区人员支付;满 100 户的城镇要建立一所拉丁文法中学。如有违反,处以 5 英镑罚金。② 马萨诸塞清教政府以法令的形式赋予学校教育职能,体现了清教徒对美国教育影响的独特性,反映了清教徒在北美殖民地对英国"教育是家庭事务"观念的超越和创新。

　　但值得注意的是,殖民地时期学校的功能是围绕宗教目的被定义的,清教徒并不把学校教育视为提高社会地位或文化优势的路径。根据清教教义,学校教育的目的只是增加识字率、阅读能力,以及对《圣经》和教义的阐释与辨别能力,是为了使教众能够积极地参与社区生活的宗教活动和自觉践行宗教价值观。学校教育通过一些反映清教徒思想的教科书来实现其目的,当时的主要教科书包括角贴书、《新英格兰读本》、《诗篇》、《证言》和《圣经》。其中,《新英格兰读本》在当时被广泛使用,据统计,它的销售量至少达到 300 万册。③ 它的宗教性一目了然,它的第一句对句开始于宗教主张:"亚当犯罪,世人皆罪。"然后用《圣经》的注释结束:"撒该,爬上了圣树,去看耶稣。"④ 另外,这一时期学校的规模非常小,基本上是一种"一间教室学校"。从儿童接受学校的基础教育的时间上看,也能够辨识出当时清教徒对学校教育功能和价值的认知情况,"在小学,只教阅读、书写和少量算术的初步知识。有时儿童进入家庭幼儿学校或读写学校学习不超过几周

---

① 〔美〕埃尔伍德·帕特森·克伯莱. 美国公共教育:关于美国教育史的研究与阐释 [M]. 陈璐茜,译. 合肥:安徽教育出版社,2012:12.
② 〔美〕S. 亚历山大·里帕. 自由社会中的教育:美国历程 [M].8 版. 於荣,译. 合肥:安徽教育出版社,2010:39.
③ 〔美〕埃尔伍德·帕特森·克伯莱. 美国公共教育:关于美国教育史的研究与阐释 [M]. 陈璐茜,译. 合肥:安徽教育出版社,2012:22.
④ 〔美〕S. 亚历山大·里帕. 自由社会中的教育:美国历程 [M].8 版. 於荣,译. 合肥:安徽教育出版社,2010:33.

时间；即使有更长时间，他们也很少有入学超过一年的"①。正如《老骗子撒旦法》规定的那样，学校的运营依赖于社区和家长的资助。因此，这一时期，受学校功能定位的限制，学校只是家庭教育的一种补充，人们往往对学校教育的兴趣不够强烈。这不仅是因为殖民地时期儿童被视为劳动力的一部分，更是因为大部分家庭可以依靠其他形式给儿童传授知识和技能。

不可否认，随着社会的发展，"家庭中心主义"逐渐式微，社区、正规学校越来越多地承担起原本属于家庭的教育责任。但是，家庭对孩子教育的重要性的观念却因宗教狂热而牢牢地印在美国人的文化记忆中，并逐渐地随着教育世俗化发展而被赋予世俗意义。

二、"家长参与"观念的精神内核：社区控制和个人主义

18 世纪中期至 19 世纪末，是美国"家长参与"观念的精神内核形成的重要时期。老式中产阶级在历经 18 世纪的土地开拓、19 世纪上半期大规模商贸的黄金时代，伴随着 19 世纪末、20 世纪初垄断资本主义经济的形成而式微的阶层兴衰的过程中，对学校教育的价值判断从"无足轻重"转向社会需求，"家长参与"观念从社区控制转向个人主义自主参与，对后来的"家长参与"观念的演变影响重大。

（一）"家长参与"观念中的社区控制意识

老式中产阶级的"家长参与"观念在其早期历史上表现出明显的社区控制意识。一方面，家庭中心主义仍然主导着家校关系，即使其动力已经从宗教信仰转向经济利益。这是由于老式中产阶级兴起的时期，他们并未把学校教育的功能与个人成功直接联结，在他们依赖个人的积极拼搏和吃苦耐劳而挣得自己的土地和资产的成功道路上，学校的价值和功能尚不及学徒制更受重视。另一方面，学区制所蕴含的社区控制意识在老式中产阶级的家校关系观念方面产生根深蒂固的影响，"家长参与"观念在这个时期呈现出一种民主管理的公共精神意涵。

---

① 〔美〕S. 亚历山大·里帕. 自由社会中的教育：美国历程〔M〕. 8 版. 於荣，译. 合肥：安徽教育出版社，2010：32.

1. 老式中产阶级兴起及其黄金时代：家庭作为教育的主要机构

老式中产阶级兴起时期，家庭仍然是教育的主要机构，仍然起主要的教育作用。18 世纪初期，人口的增长和经济的发展促使殖民地人民关于自我救赎和参加教会活动的态度发生明显变化。新英格兰殖民地的人口从 17 世纪中期的不到 10 万人，发展到 1728 年的 100 万人。① 人口的增长意味着商业和贸易的新机遇，意味着大量土地将被开垦，也意味着内陆地区的开发。很多早期定居者从老的定居点搬出并建立新的定居点。随着商业贸易的增长，新的工作机会也不断涌现。殖民地末期社会发生重大转变，一方面是殖民地宗教思想的变化，特别是宗教狂热、宗教不宽容的消亡和宗教团结的瓦解；另一方面则是新兴的世俗利益开始取代宗教成为人们关注的焦点。用美国历史学家理查德·布什曼（Bushman, R. L.）的话说，这个转变就是"从清教徒到美国佬"的过程。② 在这段历史时期，广大的自由农场主和城市里拥有小规模独立资产的手艺工匠、零售商发展起来，二者共同构成 18 世纪中后期和 19 世纪美国社会的主角——老式中产阶级。历经 18 世纪的开拓和积累，美国社会在老式中产阶级的个人奋斗中悄然转变。"在 1820 年到 1850 年间，美国的生产方式发生了革命性的变化。"③ 这个时期，许多小村庄发展起来，成为后来的城市中心；制造业迅速发展，出现了许多新兴的制造业工厂，出现了汽船、蒸汽火车，开凿了许多运河，电报被发明，各种生产所用的刀具、割草机、收割机、缝纫机都先后被生产出来。所有这些都为前所未有的大规模商贸提供了可能。棉纺织业的大发展成为美国制造业迅猛发展的一个缩影：1807 年美国还仅有 15 家棉纺织厂，而到了 1831 年，棉纺织厂已经发展到了 801 家，1840 年时更增至 1240 家。④ 农场主们利用新的交通系统在沿海、内河、公路、运河和铁路上到处旅行，发展生意，他们为了增加资本规

---

① Rury, J. L. . Education and social change: themes in the history of American schooling [M]. Mahwah, NJ: Lawrence Erlbaum Associates, Inc. , 2002: 33 – 34.

② Bushman, R. L. . From Puritan to Yankee: Character and the Social Order in Connecticut, 1690 – 1765 [M]. Cambridge: Harvard University Press, 1998: 1.

③ 〔美〕埃尔伍德·帕特森·克伯莱. 美国公共教育：关于美国教育史的研究与阐释 [M]. 陈璐茜，译. 合肥：安徽教育出版社，2012: 78.

④ 〔美〕埃尔伍德·帕特森·克伯莱. 美国公共教育：关于美国教育史的研究与阐释 [M]. 陈璐茜，译. 合肥：安徽教育出版社，2012: 79.

模而努力筹谋。所以，此时的美国正在经历一场农业资本主义的大发展。

在老式资本主义崛起并步入黄金时代的过程中，家庭几乎是所有工商业生活的中心，每一个孩子都成了一种资本，他们必须尽快地学会干活。孩子走向成功的教育途径也非书本，一般是依靠家庭生产和劳作过程针对性地获得个人成功所必备的美德和技能。因此，"在乡村，铁匠、造车的工匠、造柜子的工匠、造马具的工匠、鞋匠、磨坊主和锯木厂的工人，从事着绝大多数最基本的行业。在他们的小作坊中，实施着一套完整的产业流程，这些都是可以亲眼看到、可以学习的。在家里，女孩们学做女红，如学做帽子、做衣服，学做饭、做糕点，学着洗衣服、熨衣服、修补衣服、做家务。在农场里，男孩们学着种地、耕地、收割，学着照顾、喂养马匹和家畜，学着观察和识别气象的迹象，学着修马车和马具，学着做一些简单的修修补补的活，学着到城里跑腿"①。可以说，这一时期，孩子的教育绝大多数是以家庭为主的，与家庭生产生活紧密相连，孩子从家庭中获得其价值观和技能。

2. 教育由乡村共同体管理和决定

老式中产阶级发展初期，教育是一项乡村事务，由乡村共同体管理和决定。在人口稀疏、劳作艰苦的广大农村，人际交往和交通极为不便，由乡村共同体管理学校的方式受到普遍欢迎，这就是美国早期的学校组织和管理体制——"学区制"。在老式中产阶级崛起和发展的这段时期，学区制无论在法律认同方面还是在实践层面，都获得了很大的发展空间。"1789 年，马萨诸塞通过了第一部学校法，承认了学校组织和管理学区制的合法地位；1800年，学区获得了完全的征收学校税的地方权；1817 年它们又获得了签订合约、起诉与被诉的权力；1827 年，法律规定学区有权选择本学区内的学校董事，并赋予这些董事选择教科书、雇佣和认证教师的权力，这使得学区的权力发展到了顶峰。"② 那些毗邻居住的、希望创办学校并愿意为学校出资的居民，很容易相互认识，可以共同组建一个学区，并且投票决定如何按照他们的财产征收学校税，组织和维持一所学校，每个社区基本上都是自给自足

---

① 〔美〕埃尔伍德·帕特森·克伯莱. 美国公共教育：关于美国教育史的研究与阐释
　　[M]. 陈璐茜，译. 合肥：安徽教育出版社，2012：280.

② 〔美〕埃尔伍德·帕特森·克伯莱. 美国公共教育：关于美国教育史的研究与阐释
　　[M]. 陈璐茜，译. 合肥：安徽教育出版社，2012：125.

的，它们自认为有能力挑选和考核教师，决定教师们的教学内容和教学方法，监督和批评教师，决定住宿安排，税率以及学期长短等一切相关事宜。另一方面，对那些不需要学校，也不愿意为学校缴税的人来说，不组织学区是他们的自由。在大部分州，学区制十分普遍。

老式中产阶级这种带有社区控制意识的"家长参与"观念，使得公共学校系统在发展之初就一直饱受一个问题的困扰：学校教育的内容究竟应该由家庭或社区等地方知识主导，还是由教育专业人员的专业知识主导？这个问题已经成为美国公共教育系统发展史上的一个焦点问题。

（二）"家长参与"观念中的个人主义价值取向

1. 老式中产阶级的式微与城市教育的发展

老式中产阶级在历经开拓和黄金时代之后，给美国社会带来了巨大的发展动力，同时也构筑了自己的危机。正如路易斯·海克（Hacker, L.）所说，美国农场主既是美国资本主义起飞的工具，又是这一起飞的牺牲品。① 农业资本主义的发展带来了制造业、工业的大发展，吸引了大量的移民，从而带动了美国的城市化进程。"1820年，在当时构成联邦的23个州中，只有八千多人分布在13个城市中，而这13个城市的人口仅占全国总人口数的4.9%。"② 1860年以来，城市的数量急剧增加，规模在8000户或更多的城市有141座，到了19世纪末，规模在1万户或更多的城市就不下1200座，另外，还有1.5万余座各种规模的城镇和城市，大约有一半的人口居住在城镇或城市中。③ 1820年移民入境人数为8385人，1825年移民数为5万人，1842年达到10万人，1845年开始，每年移民人数都不少于20万人，1854年移民数量高达42.7833万人④。工厂制度、工业化、大量移民以及城市化的发展，意味着家庭和乡村小工业开始瓦解，意味着老式中产阶级家长尤其是

① 〔美〕C. 赖特·米尔斯. 白领——美国的中产阶级 [M]. 杨小东，等，译. 杭州：浙江人民出版社，1987：33.
② 〔美〕埃尔伍德·帕特森·克伯莱. 美国公共教育：关于美国教育史的研究与阐释 [M]. 陈璐茜，译. 合肥：安徽教育出版社，2012：75.
③ 〔美〕埃尔伍德·帕特森·克伯莱. 美国公共教育：关于美国教育史的研究与阐释 [M]. 陈璐茜，译. 合肥：安徽教育出版社，2012：278.
④ 〔美〕埃尔伍德·帕特森·克伯莱. 美国公共教育：关于美国教育史的研究与阐释 [M]. 陈璐茜，译. 合肥：安徽教育出版社，2012：268.

老式中产阶级母亲和儿童都渐渐地从家务劳动中解脱出来，意味着新的教育和社会问题将大量涌现，意味着乡村社区共同体遭遇陌生与多元人口的冲击后很难再发挥作用。

孩子们日益被城市生活环境所包围，这剥夺了他们接受早先的农场和乡村生活教育的机会，公立学校运动应运而生，并且在城市教育问题突出的时候，公立学校已经建立起系统的规模。但是，公立学校教育系统的出现从根本上讲是解决社会需求的，主要是适应城市生活需求和工厂制度下的人力需求。而这种公共教育的诉求与老式中产阶级的成功模式、对个人美德的关注以及乡村共同体的治理思路都有着很大的冲突。因此，在教育目的上，老式中产阶级家长和公共学校产生初步的分离，他们更加积极主动地承担着儿童个性发展和美德培养方面的责任，自我启蒙、自我教育、自主地参与孩子教育。

2. 个人主义价值观及中产阶级母亲的教育参与

老式中产阶级以美德成就自己成功的信条极大地强化着一种坚定的个人主义价值观——信奉美德和自我掌控。爱默生（Emerson，E. R.）的个人主义思想是对这个时代老中产阶级价值观的概括。他强调个人的重要性，支持独创性、接纳自己和尽全力工作的品德。他认为，一个人必须接受自己并发现存在于自己身上的才能，而不是观察别人做好了什么和努力仿效他们，"坚持你自己，绝不模仿"。个人主义价值观对家长参与孩子教育的目标和参与方式产生了巨大影响。

另外，老式中产阶级的崛起深刻地改变着美国的家庭结构与两性之间的家庭职责观念，在家长参与孩子教育方面，父亲的参与已经不可能那样充分和随时随地。"玛丽·莱恩（Ryan，M.）在她的著作中提到的'家庭热'（Cult of Domesticity）即指这一时期出现的一种新的文化：一方面对于妇女的特点和性质，另一方面对家庭和社会进行重新定义。中产阶级对这一动态社会所做出的回答反映在家庭问题上，是他们注重培养孩子的个性和适当的引导。重点在于正当的价值观念的内化与幼儿早期的个性养成，引导他们成为出色的公民。在这个意义上，'家庭热'的思想观念把妇女的性质定义为关怀和体贴。她们在家庭中的作用是全面地照料孩子的精神和心灵。"①

老式中产阶级家长在参与方式上表现出极强的自我掌控、自我教育及自我启蒙的个人主义精神。整个 19 世纪，中产阶级家长的教育参与的身影成为美国教育发展史上一道独特的风景。这一点在伯杰（Berger, E. H.）和里奥哈－科特斯（Riojas－Cortez, M.）对"家长参与"的历史研究中得到了有力印证。中产阶级家长被伯杰称为"消息灵通人士"的角色，他们敏锐地接收着来自欧洲的各种新的儿童养育理论。当卢梭（Rousseau, J. J.）、裴斯泰洛齐（Pestalozzi, J. H.）和福禄贝尔（Fröbel, F. W. A.）关于"儿童性善""家庭的照顾十分重要""母性本能和爱渐渐地引导儿童走向外面的世界"等思想传入美国时，中产阶级家长获得了教育参与的思想指南，他们积极地投入幼儿园运动、儿童早期教育和家长参与学校事务等运动中。"随后，在 19 世纪 70 年代和 90 年代之间，我们不仅能够看到幼儿园运动的急剧增长，而且还能看到家长教育也在急剧增长。"② 随着中产阶级家长对儿童养育、健康、教育等方面做出孜孜不倦地探求，关注儿童研究以及家长教育的新体系不断涌现。例如，"1888 年由纽约市的一个母亲团体建立起美国儿童研究联合会（Child Study Association of America）；1882 年由大学毕业生建立了美国大学妇女联合会（American Association of University Women）；1897 年由来自全国各地的妇女组成了全国母亲代表大会（National Congress of Mothers），后更名为全国家长教师联合会（National Congress of Parents and Teachers）；1897 年建立了全国有色人种妇女联合会（National Association of Colored Women）"③。这些组织在它们的教育项目中包括儿童研究，大多致力于好的家长实践的传播。中产阶级家长对孩子的这种积极关注和在育儿方面的自我启蒙，极大地强化了他们在孩子的教育责任中的控制角色，他们相信只有他们清楚地知道孩子需要什么、孩子需要如何发展以及孩子需要何种教育帮

---

① 罗丽达. 清教徒·自由之土·中产阶级［J］. 世界历史，1990（6）：43.

② Berger, E. H.. Parent Involvement: Yesterday and Today［J］. The Elementary School Journal, 1991, 91（3）：212.

③ Berger, E. H., M. Riojas－Cortez. Parents as Partners in Education: Families and Schools Working Together［M］. 8th ed. Upper Saddle River, NJ: Pearson Education, Inc., 2011：58.

助。这种个人主义价值观是美国家长参与观念中的又一个精神内核。

三、"家长参与"观念的博弈走向：对学校的依赖与个性化定制

19 世纪末和 20 世纪初，伴随着工业化和城市化的大发展，美国社会发生了巨大转变。"家长参与"观念也随着学校的社会和经济功能的增强而逐渐出现一种博弈走向。新中产阶级的阶层特征促使他们形成一种"经济成功归功于学校成功"① 的观念，这种观念空前地强化了一个庞大的阶层群体对学校的依赖。在 20 世纪上半期，由于管理进步主义的影响，学校专注于专业化和集权化发展，新中产阶级家长对学校的依赖表现为一种"公共关系"式的"教育信任"，对学校是不参与甚至是冷漠的；到了 20 世纪后半期，由于民权运动和优质教育思潮的影响，新中产阶级家长转向坚持和强调自己在孩子学校教育方面的权利，并以成绩为核心对学校进行满足学生个体发展需求的个性化定制，所以，在依赖和个性化定制之间，新中产阶级家长改变了"家长参与"观念的走向。

（一）"经济成功归功于学校成功"观念的形成

新中产阶级的阶层特征决定了他们对学校的依赖。在 19 世纪的美国，以小业主为代表的老式中产阶级的成功依赖于丰富的耕地、自由的市场以及对自然资源的可充分利用。但是到 20 世纪，财富的集中减少了较低层人士上升为小业主地位的机会，也减少了他们维持与扩展自己财产的机会。"在 19 世纪早期，大约 4/5 的在业人口是自食其力的企业家；到 1870 年，仍留在这个老式中产阶级中的人只有 1/3 左右，而到 1940 年则只剩下了 1/5。其余的 4/5 的人中有许多现在要靠为仅占人口 2% ~ 3% 的人工作谋生，后者占有目前美国私有财产的 40% ~ 50%。"② "在 1870 年和 1940 年之间，白领工

---

① de Carvalho, Maria E. P.. Rethinking Family – School Relations: A Critique of Parental Involvement in Schooling [M]. Mahwah, NJ: Lawrence Erlbaum Associates, 2001: 11.

② 〔美〕C. 赖特·米尔斯. 白领——美国的中产阶级 [M]. 杨小东，等，译. 杭州：浙江人民出版社，1987：83.

人从占中等收入等级的 15% 上升到 56%，而老式中产阶级则从 85% 降低到 44%。"① 这些数据证明了 19 世纪末 20 世纪上半叶美国垄断资本主义的形成，及其对从业人口的职业流向的巨大影响；也证明了美国一个庞大的领薪阶层——新中产阶级在经济形式转变中作为主角登上历史舞台。但是，正如赖特·米尔斯（Mills，C. W.）所阐释的那样，新中产阶级与老式中产阶级之间有着本质的区别，老式中产阶级是在独立的、自由的产业中通过自我奋斗获得社会升迁和成功，而新式中产阶级——教师、推销员和各类办公室职员——从一开始便必须依附在机构、部门和大财产者身上才能保证其工作的安全。因此，新中产阶级的成功势必要和在官僚等级体系中的升迁联系在一起。如果说老式中产阶级的阶层特征是拥有财产、独立和安全的话，那么新中产阶级的阶层特征就是依附、体制内升迁和危机意识。由于新中产阶级的职业流向特征，个人生涯中接受正规教育的内容和程度成了决定他们整个职业命运的关键因素，换句话说，新中产阶级的经济成功和社会升迁希望往往取决于受教育的水平。

同时，学校在经济转型的过程中被赋予了适应新工商业界需求的经济功能。一方面，新工商业的发展普遍提高了对工作者的教育水平要求。随着 20 世纪的到来，公立中学里的人口数量增长极为迅速，从 1900 年的 51.9 万增长到 1930 年的 440 万。② 另一方面，新工商业界要求中学不仅要教会学生如何生活，还要教会他们如何在这个世界工作。所以，在 20 世纪 20 年代，美国大部分的公立学校都采用了各自不同的课程，比如，学术类、商业类，或者职业类。分化的课程试图使学生适应他们在未来将要承担的各种不同经济角色。因此，新中产阶级的"经济成功归功于学校成功"的观念逐渐形成。

（二）管理进步主义和"教育信任"

19 世纪末 20 世纪初，"家长参与"观念受到进步主义思潮的影响。进步主义对教育的影响主要体现在管理和教育学两个方面。管理进步主义表现为

---

① 〔美〕C. 赖特·米尔斯. 白领——美国的中产阶级 ［M］. 杨小东，等，译. 杭州：浙江人民出版社，1987：85.
② 〔美〕L. 迪安·韦布. 美国教育史：一场伟大的美国实验 ［M］. 陈露茜，李朝阳，译. 合肥：安徽教育出版社，2010：259.

效率运动，而在教育学方面，则表现为各种各样的"儿童中心"的教育过程的尝试。

1. 效率运动与学校管理

效率运动试图把科学的管理原则应用在学校的管理上。科学管理被视为一种技术，关注工作分析和专业化，监管的标准化，教师评价、问责制、成本校算以及引进奖励工资计划等。① 这种效率运动的提倡，直接促动了学校的专业化建设，因为它暗含着一种价值倾向，就是由专家来做决定或者由专家来向学校传达决定将会更有效率。所以，学校在管理进步主义的发展阶段，形成了一种专业化、专家等级化以及官僚化的发展倾向。管理进步主义的盛行直接影响了家长的参与热情和可能性，因为家长既非专业人员，也非标准程序的局内人。所以，在学校努力建构自身的专业形象的过程中，即使是新中产阶级家长，也不愿参与到学校之中。"精心打造的专业形象成了学校的不利条件，它造成了家长的不参与和漠视。结果，历史学家提亚克（Tyack，D.）和索特（Hansot，E.）称'教育信任'将学校与家庭之间的互动转变成了一种公共关系的实践。"②

2. 进步主义教育学吸引新中产阶级家长对儿童的需求与兴趣的关注

进步主义教育学强调教育全人和关注儿童的需求与兴趣的重要性。约翰·杜威（Dewey，J.）的进步主义思想是这个时代的代表。杜威认为，教育的目标是促进个体发展和为儿童全面参与民主社会做准备。儿童应该被看作一个完整的有机体，教育既要考虑儿童的智力需要，也要关注儿童的社会、情感和身体的需要。新中产阶级家长对进步主义教育学的关注影响了他们的自主参与，"他们被'新心理学'、儿童中心论和创造性所感染"③，因此，在20世纪上半叶，新中产阶级家长仍然像老式中产阶级家长那样，选择自主地参与到孩子的个性、心理、健康等方面的教养中，而与学校保持着一

① 〔美〕L. 迪安·韦布. 美国教育史：一场伟大的美国实验［M］. 陈露茜，李朝阳，译. 合肥：安徽教育出版社，2010：261.

② Cutler III，W. W.. Parents and Schools：The 150 - year Struggle for Control in American Education ［M］. Chicago：The University of Chicago Press，2000：5.

③ 〔美〕L. 迪安·韦布. 美国教育史：一场伟大的美国实验［M］. 陈露茜，李朝阳，译. 合肥：安徽教育出版社，2010：271.

种"公共关系"式的"教育信任"。

　　(三) 民权运动、优质教育思潮和家长在校参与

　　20 世纪 60 年代，美国社会发生了复杂的变化，学校肩负着社会公平正义和经济发展的多种功能。新中产阶级家长的参与观念也从"教育信任"的依赖状态转向一种既依赖又个性化定制的博弈状态。首先，民权运动的兴起转变了新中产阶级家长的参与观念，"无论是低收入家庭还是中产阶级的家长，都开始坚持他们在学校中拥有的权利"，"他们认为学校参与的权利源于他们的身份而非他们所掌握的知识"①。显然，民权运动让这些家长重新强化家长参与教育的观念。其次，美国在国际社会中遇到了对手，这让美国当局对他们的教育做出反思。1957 年，苏联人造地球卫星发射成功，美国人猛然发现有一个国家可能已经走在美国的前面，这让美国人很不安。在 20 世纪 80 年代，美国、日本、德国（当时的西德）三国之间展开经济战，美国国内经济状况日益恶化。这些因素促使美国开启了优质教育的系列改革，将重点放在对学校产出和学生成绩的强调上。新中产阶级明显地随着学校教育改革而转变其参与观念，将关注点放在孩子的学业成绩之上，并极其强调在校参与。

　　安妮特·拉鲁（Lareau，A.）对美国中产阶级家长的学校参与情况的观察真实地反映了他们对自己的教育责任的坚守和对学校教育的个性化定制的博弈的内涵："中上阶层的家长通过认真过问，建立了家庭生活和学校生活互动的关系。这些家长认为教育是老师和家长的共同责任，他们拥有子女在校表现的广泛信息，对学校（包括对教师的专业表现）具有较强的批判倾向。很多家长，尤其是成绩低下儿童的家长，要求更换老师，要求孩子参加学校的各种活动，向校长抱怨老师，以此达到掌控子女学业的目的。"另外，"中上阶层的家长还企图分享他们子女在学校的经历。这些家长，尤其是孩子学习不好的家长，会努力在子女的学业问题上起领导作用。他们不会按照

---

　　① Cutler Ⅲ，W. W.. Parents and Schools：The 150 - year Struggle for Control in American Education ［M］. Chicago：The University of Chicago Press，2000：12.

学校的要求办事，也不会自然而然尊重教师职业的专业性"①。根据拉鲁的观察，新中产阶级家长首先表现出对学校教育和成绩的重视，而后对学校和教师进行监督与干预，并且积极尝试对学校的教育机会和资源进行个性化定制。据戈登（Gordon，V.）在一所郊区学校中观察到，中产阶级家长总是试图通过学校教育系统为孩子争取更具针对性的服务，更加积极主动地、个性化地去定制学校教育活动。比如，"家长参与"的项目主管到学校来教家长们如何为孩子阅读，30 名中产阶级家长却想要谈论学区的新的回归、基础教育改革对学校的音乐、艺术和科学拓展项目的影响；虽然学校为来自城中的拉丁裔低收入家长安排了汽车接送，但是他们却没有人来。②

　　综上所述，通过对美国主流阶层的"家长参与"观念的梳理发现，家长对孩子教育的重要性的认知是"家长参与"的逻辑前提，而这种认知源于宗教教义和信仰维系。在社会主流阶层那里，家校之间的关系，无论是宗教教义和信仰维系影响下的家庭中心主义，还是经济利益目标下的家庭中心主义；无论是社区控制的公共精神，还是城市和工业社会发展需求之外的个性与美德的关注；无论是依赖学校的专业形象，还是对学校进行个性化定制，都是一部家庭支持学校、参与学校发展的历史。所以，在传统上，美国人就将家长和家庭作为教育和学校教育的发展基础来强调，美国学校依赖于家庭的支持，无论学校教育如何发展，它都天然地带有对家庭需求做出回应的特征。

四、"家长参与"政策中的"自以为是"：主流"家长参与"观念与学校的社会公平和经济效益新功能共育之结果

　　20 世纪 60 年代以来，针对处境不利儿童的"家长参与"政策的出现和持续，从根本上说是社会变革所导致的学校的多样化社会功能与传统家长参与观念共育的结果。

　　二战以后，美国国内发生了一种巨大的变化，并且影响深远。原本居住在南方的非裔美国人在受到南方农业机械化发展的影响下失去工作，而北方

---

①　〔美〕安妮特·拉鲁. 家庭优势：社会阶层与家长参与［M］. 吴重涵，熊苏春，张俊，译. 南昌：江西教育出版社，2014：10 - 11.

②　Gordon，V.，H. Nocon. Reproducing Segregation：Parent Involvement，Diversity，and School Governance［J］. Journal of Latinos and Education，2008，7（4）：320.

战争工厂需要廉价劳动力，故而，在 20 世纪 40 年代末、50 年代和 60 年代中，大量的非裔美国人迁移到美国北部和中西部。在 1945 年以后的 20 年间，有 400 万黑人从南方移民到东北、中西和西部城市中。① 在这些地方，种族隔离的程度比南方还严重，不仅居住隔离，而且学校也是隔离的。可以说，二战后，种族问题成为城市学校和学区最大的问题。黑人社区的学校资源紧张、质量低劣。另外，随着城市房源的紧张，很多白人移居郊区，出现"白人迁徙"（White flight）现象。郊区移民基本上都是白人，在 1960 年，郊区人口超出了中心城市的人口，郊区人口中，只有 5% 是非裔美国人。② 因此，城市学校和郊区学校的差别逐渐明朗化，城市学校遭受着种族隔离和经济危机的困扰，它们常常被"质量差""犯罪"与"暴力"等词汇来形容。而郊区学校却是资源丰富、学业成绩优异。城市学区受到的财政由于白人迁居郊区而大幅下降。因此，解决城市学校系统的危机迫在眉睫。支持在接下来发生的两大社会运动——"向贫困宣战"和"民权运动"中，学校被赋予公平正义的功能。联邦政府制定和颁布《初等和中等教育法案》，并以联邦基金援助贫困的地方教育部门，提高学校的教育质量和教育机会，解决处境不利儿童的教育问题。

　　然而，在 20 世纪 80 年代，随着美日之间经济战的展开和美国国内经济状况的日益恶化，学校教育又回归到国家的经济福利的思维框架中。公立学校成为保障国家在世界经济中的领先地位而进行人力资本生产的关键机制。因此，20 世纪 80 年代以来的学校改革运动着重强调标准和问责的重要性，改革的中心也从公平转向了"优异"，学校社会公平正义的功能在这个时代从一种政治语境悄然地转向了经济语境。

　　但是，无论学校功能是维护社会公平正义还是增强经济实力，处境不利家庭的儿童的教育问题已经不容忽视，所以，教育补偿逻辑的 ESEA 系列政策一直持续着。而在解决处境不利儿童的教育问题的时候，主流阶层的"家长参与"的思路是可做典范的，是即拿即用的，这是传统思维所决定的。

---

① Rury, J. L. Education and social change: themes in the history of American schooling [M]. Mahwah, NJ: Lawrence Erlbaum Associates, Inc., 2002: 184.

② Rury, J. L. Education and social change: themes in the history of American schooling [M]. Mahwah, NJ: Lawrence Erlbaum Associates, Inc., 2002: 186.

第四章　美国"家长参与"政策对政策
目标群体的"意识操控"

　　"家长参与"政策的观念是源于美国社会主流阶层，即中产阶级白人。因此对于中上阶层美国人来说，"家长参与"是一种习惯，是一种信念，是一种与社会成功和经济地位直接相关的教育要素。它蕴含着清教徒、老式中产阶级和新中产阶级的主流思想意识，决定着他们的教育观念和家校关系观念。但是，20 世纪 60 年代以来美国颁布的一系列"家长参与"政策的利益主体却是"处境不利"儿童及其家庭。因此，对政策利益主体的家校关系观念、教养观念以及学校功能观念等"知识库"进行考察，是辨识"家长参与"政策价值取向、合法性和有效性的关键。它从根本上决定处境不利家庭和家长如何看待家庭、学校在生活和教育中的作用和功能，决定他们如何看待家校关系，决定他们如何看待"家长参与"政策以及决定他们如何践行"家长参与"行为，正如中产阶级家长的参与观念与他们的参与行为之间的紧密联系一样。

一、政策目标主体——处境不利人群在美国的生活经历

　　在美国，处境不利人群绝对不仅仅是一个经济层面的概念（虽然政策术语解释是以低收入人群为核心含义的），它还具有明确的文化内涵。种族文化多元是美国社会文化的根本特征，美国社会的诸多问题都是围绕种族文化产生和持续的。"处境不利"也不是 ESEA 系列政策中新的词汇，它在美国社会发展过程中伴随着种族纷争而长久地存在着，因此，ESEA 系列教育政策中常常将"处境不利"一词与"经济处境不利"和"文化处境不利"等

词汇替换使用。从种族和民族文化角度讲，处境不利人群主要指非裔美国人、西班牙裔美国人、印第安人等。这些人之所以成为教育、文化和经济处境不利人群，是历史过程中一系列外在的压制性条件累积的结果，这种外在的条件就是美国社会从过去至今始终存在的种族、阶级、性别等方面在教育上隐含的或彰显的差别化状态。少数族裔人群的生活经历、教育经历、家庭观念、学校观念等基本认知是决定他们家校互动观念形成的关键，也是决定他们在"家长参与"政策引导下如何行动的关键。

处境不利人群在美国社会中的困境并非是一朝一夕，不同的少数族裔群体在美国的生活经历也各不相同，遭受不平等待遇的程度也各不相同。印第安人是北美的土著民族，他们面对欧洲殖民者的历史最长，与殖民者之间的矛盾和斗争最早；非洲人则是作为奴隶被贩卖到殖民地的，并且长期被奴役；拉美裔美国人，是中美洲的移民，是最低程度脱离故土意识和文化的移民，但却成为现代美国社会被隔离程度最高的人。少数族裔群体虽然有着各自的美国经历和文化传统，但却同样地遭受美国主流社会的排斥和歧视，这是他们成为"处境不利共同体"的关键原因。所以，探索这些处境不利人群的美国生活经历，能够理解他们对教育、家庭、学校以及家校关系等方面的想法和态度，也能够理解他们的处境不利的真正原因。

（一）非裔美国人的生活历史

在美国历史上，非洲黑人是唯一的非自愿移民。他们在美国首先经历了两百多年的被奴役的时期，在获得独立和自由之后又持续地经历着种族隔离、歧视与压迫，即便在获得法律上的平等地位之后其生活中仍然充满着各种公然的、制度化的种族主义。

1. 200 多年的奴隶生活

经济利益驱动了北美的黑人奴隶贸易，从根本上决定了北美奴隶制的发展和巩固。当 1619 年第一批非洲人来到北美殖民地詹姆斯敦的时候，他们在法律上并不是奴隶身份，而是契约奴。当时的弗吉尼亚人还没有意识到这些非洲人在这块刚刚建立的殖民地上会具有什么深远的意义。"在 1623 年和

1624 年的两次人口统计中，他们是被列为仆人的。"① 当他们工作期满的时候，会同那些契约期满的白人一样分得土地。但由于南部种植园经济快速发展，印第安人和契约仆人的数量已经不能满足弗吉尼亚殖民地的劳动力需求，黑奴贸易便成为整个殖民地开发廉价劳动力的主要路径。因此，弗吉尼亚的一些非洲黑人迅速地变成终身奴隶。而且，对于黑人越发不利的是，黑人和白人仆役之间的待遇差别变得越发明显起来。比如，如果逃跑的白人仆役和黑种仆役被捕获，法院会判决白种仆役为其主人多干一年活以示惩戒；而判决黑人仆役"在当地或其他地方为上述主人或接受转让的另一位主人服役终身"②。因此，在弗吉尼亚殖民地发展之时起，非洲黑人的身份就已经从仆人向奴隶转化了。

在 17 世纪 60 年代，弗吉尼亚和马里兰颁布了法令，使所有债务奴隶以及女奴隶的孩子成为终身奴隶。就此，殖民地的黑人奴隶制度以法律的形式确定下来，并逐渐蔓延至其他南部殖民地、中部殖民地和新英格兰殖民地。随着 1672 年皇家非洲公司被批准成立，装运奴隶的船只加速进入弗吉尼亚殖民地。"到 17 世纪末叶，输入奴隶的速度达到每年一千人以上"，"在 1708 年，黑人人口是一万二千人，而白人人口是一万八千人；到 1756 年，黑人为十二万零一百五十六人，白人为十七万三千三百一十六人，在许多地方，黑人数目甚至超过了白人"③。

奴隶主最希望的事情就是奴隶驯服安分并辛勤劳作。但是伴随着黑人奴隶人口的增加，及其对奴隶制的不满的增加，奴隶的叛乱和暴动频繁出现。因此，弗吉尼亚和马里兰等南方州率先针对奴隶管制制定法规。弗吉尼亚的奴隶法规对于大陆上的其他法规起到了示范作用，它涉及的内容很全面：奴隶们没有主人的书面许可不得离开种植园；没有许可而到处游荡的奴隶将被捕，并被送还给他们的主人；奴隶如果犯有谋杀或强奸的罪行将会被处绞

---

① 〔美〕约翰·霍普·富兰克林. 美国黑人史 [M]. 张冰姿，等，译. 北京：商务印书馆，1988：66.

② 〔美〕约翰·霍普·富兰克林. 美国黑人史 [M]. 张冰姿，等，译. 北京：商务印书馆，1988：67.

③ 〔美〕约翰·霍普·富兰克林. 美国黑人史 [M]. 张冰姿，等，译. 北京：商务印书馆，1988：67.

刑；犯有抢劫住宅或商店这一类大罪的奴隶要受六十下鞭笞，被置于颈手枷中，割掉耳朵；犯有诸如态度无礼、和白人或自由黑人交往等小的犯法行为的奴隶，将受到鞭打，被打上烙印或被弄残废等惩罚。①

美国革命使得奴隶制的问题和矛盾变得越发尖锐。在革命战争时期及其以后，北方各州便率先开始罢黜奴隶制，而南方各州也针对奴隶制做出一些调整，即通过法律对奴隶的待遇加以改善。在弗吉尼亚州，托马斯·杰弗逊（Jefferson，T.）、乔治·华盛顿（Washington，G.）、巴特里克·亨利（Henry，P.）以及詹姆士·麦迪逊（Madison，J.）等人都公开主张废除奴隶制，南方各地的许多人士纷纷支持这样的倡议。但可惜的是，轧花机的诞生改变了美国南方各州对废除奴隶制的决心，当1793年轧花机被发明之后，美国的南方各州变成了"棉花王国"，而且是世界的"棉花王国"。故此，美国南方各州废除奴隶制的愿景随之化为幻影。美国南方各州便在保存奴隶制和解放奴隶这两者之间进退维谷。从另一个方面讲，南方的奴隶制盛行还因为北方废奴运动的影响。因为，当北方各州宣布禁止奴隶制之时，大量的奴隶被便卖到南方。就此，如何处理一直被剥夺正常发展权利的数以百万计的黑奴就不再是一个全国性的问题，而成为南方的地区性问题了。

尽管美国《独立宣言》宣布"一切人生来平等"，但是白人统治阶级不承认黑人是完全的人。在《独立宣言》发表后14年进行的美国第一次人口调查，全国黑人占总人口的19.3%，但是在计算时，每一名黑人只能算作一个人的3/5。②

2. 获得独立和自由之后的生活

内战结束后，黑人迎来了自由。然而，对于黑人来说，自由一方面解救了他们，另一方面又将他们"连根拔起"。因为，对于从前的被奴役的生活经历而言，自由后的生活需要他们自行安排，这对于普遍是文盲的黑人来说，是有些无所适从的。内战宣告结束时，刚刚获得自由的黑人因为经验匮乏，故而饱受欺凌，绝大多数黑人仍然从事着身为奴隶时所做的工作。及至

---

① 〔美〕约翰·霍普·富兰克林. 美国黑人史〔M〕. 张冰姿，等，译. 北京：商务印书馆，1988：68.

② 邓蜀生. 美国黑人的历史地位和现状〔J〕. 史学集刊，1990（4）：49.

1890 年,有半数以上的黑人在务农,另有 30% 以上的黑人在做家仆。在那些不住在南方的黑人当中,为别人帮佣的占 60% 以上。黑人充当专业人员是罕见的,仅占黑人工人总数的 1%。①

在摆脱奴隶制之初,黑人基本上是身无分文的,他们处于一种债务劳役的状态。因为,他们就没有足够多的现钱来度过庄稼收成之前的漫长季节,只能依靠向白人老板、其他土地所有者以及店主借贷食物和生活用品来生活。这对于获得解放的黑人来说,意味着掉进了还不清的债窝。因此,"奴役"以另一种代替的形态大行其道,挑战着自由的真谛。

从生活习惯的层面上看,获得自由的黑人由于曾长期生活在奴隶制之下,已经形成一种奴隶制下的生活习惯,这种习惯已经改变了他们的生活方式和思维方式,这些是解放之后很长时间内黑人都无法重新创建自己的新的生活方式和习惯的根源所在,同时也是美国社会大众对黑人生活和思维方式进行诟病的根源所在。他们在奴隶制的长期影响下,不能妥善地安排家务或者管理自己的日常生活事务,形成了粗心大意、缺乏远见及依赖白人的习惯。在生活中黑人奴隶经常做事粗心大意,不注意节约奴隶主发给他们的生活必需品,甚至会把主人丢弃不要的物件当成宝贝。对于世界上的其他各族人来说,依据家庭收入状况决定购买或者舍弃一些必需品和奢侈品,是最为普遍的日常生活常识和习惯,但这一点对于黑人奴隶来说却是他们在几个世纪当中都不曾体验过的事情。这些在奴隶制时期所形成的习俗、价值观和行为方式,虽然在后来的漫长岁月里获得了更新,也逐渐地发生变化,但是,并非所有的黑人都能立刻适应新的现实,而且多年来,不同的黑人适应现实的程度是各不相同的。在好几代人的时间里,直到 20 世纪,黑人领袖们都曾反复抱怨本族一些人浪费挥霍和目光短浅。②

因此,奴隶制对黑人的深远影响首先就体现在黑人的生活方式和日常习惯当中,这也是现代社会中许多人对黑人诟病之处。当初在奴隶制之下,黑人行为懒散,如劳动时半途而废,动辄旷工,糟蹋农具和设备,等等。这些

---

① 〔美〕托马斯·索威尔. 美国种族简史〔M〕. 沈宗美,译. 南京:南京大学出版社,1993:112.
② 〔美〕托马斯·索威尔. 美国种族简史〔M〕. 沈宗美,译. 南京:南京大学出版社,1993:112.

普遍现象并没有、也不可能随着自由的到来而全部迅速地消失。

从就业层面上看，虽然黑人获得自由和独立，但是他们在就业上遭受着普遍的歧视。比如，各种各样收入丰厚的职位都拒绝雇用黑人。在 19 世纪和 20 世纪之交，仅以现金工资而言，南部各州白人领到的工资，平均比同一工作的黑人工资高出 8%。这造成在一个长期的历史时期美国社会中存在着对黑人经济上和就业上的歧视。

从政治层面上看，在 19 世纪末 20 世纪初，美国社会出现了普遍的隔离法律和歧视的做法。比如，1896 年，美国最高法院支持路易斯安那州一项法律批准在铁路火车上实行"隔离但平等"的座位制度。为非洲美国人和白人在交通、公共福利和教育上提供的"隔离"设施和服务，提供这些公共设施和服务是"平等的"。这一裁定为美国公共领域内，尤其是公共教育领域内的"隔离但平等"的原则确立埋下深刻的伏笔，影响深远。

19 世纪 90 年代开始，黑人进行了一次由南到北的大迁徙，并且对美国社会产生巨大影响。19 世纪 90 年代黑人迁徙到东北部和中西部地区的数量超过 19 世纪 80 年代的两倍。20 世纪的前十年翻了一番，1920 年几乎又翻了一番。这种大规模的人口流动，其数量堪与历史上历次国际大移民相比。20 世纪 20 年代共有 75 万人以上的黑人离开了南方。①

黑人纷纷离开南方农业地区产生了巨大的历史后果。北方众多的黑人贫民窟，就是这次人口大迁移时开始形成的。具体地讲，大批缺乏教育、出身南方农业地区的黑人民众涌进北方各个城市，引起了当地黑人和白人共同的愤懑。黑人中产阶级和北方黑人在报章上指责他们粗鲁、庸俗、邋遢，说他们是犯罪分子，并且会威胁到整个黑色人种在白人心目中的形象和地位。这些来自南方的移民，很快成为北方黑人社区人口的大多数。白人对他们的回应，就是筑起反对整个黑色人种的种族壁垒。20 世纪 30 年代的大萧条造成的大规模的失业使得南方黑人向北方的迁徙的速度放缓，但从 1940 年开始，南方黑人出现了一次新的而且数量更加庞大的由南向北的迁徙浪潮。据统计，20 世纪 40 年代，大约超过 100 万的黑人迁出了南方，50 年代是 40 年代

① 〔美〕托马斯·索威尔. 美国种族简史［M］. 沈宗美，译. 南京：南京大学出版社，1993：120.

情况的重演。从 1940 年到 1970 年，共有 400 多万黑人迁离了南方。①

从一定意义上讲，美国这种由南到北的黑人移民已经不仅仅是地理意义上的流动。它更加意味着大批黑人背井离乡，一方面，他们彻底地与南方的农业生活方式决裂，另一方面他们将完全地投入到现代工业和都市生活方式中去；同时也意味着，美国黑人正在努力地完成别的种族用了几代人的时间才能适应的创伤性的社会变迁。别的种族当初经历过的各种反常状态——暴力、酗酒、犯罪和敷衍塞责等——都曾在这些移民到北方城市的黑人中再现过。这使得白人退避三舍，也使得那些在北方落户较早、较为稳定、安居乐业并有经济保障的黑人中产阶级家庭，在社交方面不愿与这些初来乍到的黑人为伍，并不惜冒险去冲破社会障碍——严格限制的民居法规以及赤裸裸的暴力行为，从黑人隔离区搬到附近的白人街区。

3. 获得法律承认的社会平等地位之后的生活

第二次世界大战对美国国内的种族历史产生深远影响。由于战争的需求，美国无论是国民还是军备方面都在很大程度上打破了种族间的很多障碍，以此应对由战争引发的各种人力匮乏。因此，在二战以来，美国黑人在收入、职业和教育等方面保持稳步上升的趋势，另外，随着黑人的教育水平的不断提高，白人和政治法律制度也发生了变化。然而，尽管美国黑人的待遇境况普遍有所进步，但和白人相比，"鸿沟"依然存在，或者可以理解为，这是美国社会的普遍进步。相比白人，黑人的改善并未显示有多大变化，比如，1948 年非白人家庭的收入相当于白人家庭收入的 53%。②

另外，需要注意的是，黑人的社会待遇和社会境况在获得普遍提升的同时，在对美国主流白人社会做出积极适应的同时，也必然地在某些特定领域里发生过倒退现象。比如，以母亲为家长的黑人单亲家庭，从 1950 年占黑人家庭总数的 18% 上升到 1973 年的 33%；以母亲为家长的单亲黑人家庭在从前，甚至在奴隶制度下，都属罕见现象，但随着贫困程度的下降，依靠福利为生的黑人的比例在 20 世纪 60 年代和 70 年代却上升了；无论是绝对数量，

---

① 〔美〕托马斯·索威尔. 美国种族简史〔M〕. 沈宗美，译. 南京：南京大学出版社，1993：120.

② 〔美〕托马斯·索威尔. 美国种族简史〔M〕. 沈宗美，译. 南京：南京大学出版社，1993：126.

还是与白人相比较，黑人人口当中就业者的比例已经在下降，失业率却在上升，1978 年，十几岁的黑人青少年的失业率比 30 年前要高出 5 倍开外。① 造成这些恶果的因素当中，就包括政府推行的各种项目，政府设计并使用它们来推动黑人"前进"。但是这些项目所蕴含的是非曲直，常与黑人教育、技能水平的日趋提高以及黑人人口地理分布的调整所造成的影响混杂在一起，也与白人对待种族问题态度的变化有关。

（二）西班牙裔美国人的生活

美国西班牙裔包括墨西哥裔、波多黎各裔、古巴裔以及来自其他中美洲和南美洲国家的人。每一个群体都有着独特的历史背景，持续影响着其成员在当代美国社会的经历。

战争和土地割让是墨西哥裔美国人增加的社会动因。很多墨西哥裔美国人，也被称为"奇卡诺人"，他们的祖先曾生活在如今的加利福尼亚、得克萨斯、新墨西哥和科罗拉多州一带的土地上（原属墨西哥），但是 1848 年美墨战争结束时，这片土地被割让给美国。另外，还有一些人是在 1910 年墨西哥革命时期逃亡到美国的移民者的后代。

波多黎各人也是因为战后土地割让成为美国公民的。美国在美西战争结束时（1898 年）获得了波多黎各，从此，波多黎各岛屿居民便成为美国公民。今天，在美国的岛屿和大陆地区都有波多黎各人的后裔。自 1917 年起，波多黎各人一生下来就是法定的美国公民，但是他们所处的文化环境却维持着西班牙文化特色。虽然波多黎各岛属于美国已有近百年的历史，但地理遥远，其岛民一直与美国生活状态差距很大。尽管已有好几代都算美国人，但波多黎各人在文化融入方面仍不如其他一些从更远的地方迁居美国的种族，如日本人，并且在某些方面与其他美国人的种族差别更为悬殊。

古巴移民最初在 1959 年卡斯特罗统治时期作为难民移居到美国。早期的古巴移民是富裕的职业人士，而后来的古巴移民很多是 1980 年的古巴流放者，在古巴被称为是"社会的不受欢迎者"。早期古巴移民与大多数波多黎各及墨西哥人不同，后者经历的歧视、贫困更多，辍学率更高。

---

① 〔美〕托马斯·索威尔. 美国种族简史 [M]. 沈宗美，译. 南京：南京大学出版社，1993：127.

西班牙裔在生活方面有一个突出的特点，那就是他们喜欢聚居，居住地十分集中。他们一般定居在美国南部，其中有36%居住在加利福尼亚，20%以洛杉矶为家。其他几个州，包括得克萨斯、纽约、伊利诺伊和佛罗里达，也有大量的说西班牙语的居民。在佛罗里达，数十万逃离卡斯特罗政权的古巴人在那里定居。1848年以后，自愿留在被割让领土上的8万多墨西哥人主要居住在美国南部的得克萨斯州、加利福尼亚州和新墨西哥州。在这些州内，墨西哥人常常聚居在一起，形成自己的社区。在这些社区里，他们拥有自己的教堂和学校。①

由于受教育程度较低，加上突出的语言问题，西班牙裔美国人从事的职业多属中低层次。在职业方面，任经理或专业人员的西班牙裔比例较小。1990年，16岁以上西班牙裔男性中约28%的人是操作工、制作工或其他体力劳动者，非西班牙裔人的这一比例仅为19%。2000年，西班牙裔就业者中从事操作工或其他体力劳动的比例为22%，几乎为非西班牙裔的两倍。另外，西班牙裔工人从事服务业（包括食品加工、个人服务、清洁等工作）的比例为19.4%，而非西班牙裔白人从事该类服务业的比例仅为11.8%。西班牙裔劳动力中从事经理级和高收入职业的仅占14.0%，而非西班牙裔白人的这一比例高达33.2%。在西班牙裔劳动力中，墨西哥裔劳动力从事高收入职业的比例最低，仅为11.9%。西班牙裔美国人的失业率也较高。1980～1999年间，西班牙裔的失业率比非西班牙裔白人高2.7%～4.3%。虽然西班牙裔的失业率一直较黑人低，但两者的差距在缩小，从1980年的4.2%缩小到1995年的1.1%。到2000年3月，16岁以上非西班牙裔白人劳动力的失业率仅为3.4%，而西班牙裔劳动力的失业率高达6.8%，其中波多黎各裔为8.1%、墨西哥裔7.0%、古巴裔为5.8%、中南美洲裔为5.1%、其他西班牙裔为7.8%。②

（三）印第安人的历史和美国生活经历

在欧洲人来到美洲之前，印第安人早已经在美洲生活若干万年了。美洲

① 施琳. 美国族裔概论［M］. 北京：中央民族大学出版社，2006：402.
② 陈奕平. 当代美国西班牙裔人口的变动特点及其影响［J］. 世界民族，2002（5）：47.

印第安人是美洲最早的移民。据人类学及考古学的资料显示,印第安人是在冰川时代,大约 25000 年以前横跨白令海峡到达美洲的亚洲人。他们在这片土地上过着安逸的生活,足迹遍及整个美洲,并开创了多种灿烂的印第安文化。据后来的人类学家统计,在欧洲人踏上美洲的时候,美洲的印第安人数大约在 1400 万至 4000 万之间,仅在美国境内就有超过 100 万的印第安人。[①]欧洲人的到来,不仅打破了他们的安逸生活,更可怕的是带给了他们几乎种族灭绝的灾难。

二、处境不利人群在美国社会中的教育经历

(一) 非裔美国人的教育经历:"不适合被同化的人" 的教育

1. 殖民地时期

在北美殖民地时期,大部分黑人所接受的教育都是由传教士或者慈善组织来提供的。尽管有一部分奴隶主也让他们自己的奴隶学些基本的读写,但那也仅仅是为了让他们可以阅读《圣经》,或学会更好地服从自己的主人。对黑奴和印第安人的教育怀有极大热忱的宗教组织是圣公会海外福音传播公会。他们在一些黑奴聚集的大城市,如纽约、费城等地,积极地为黑奴的子女兴办学校。他们努力说服奴隶主们同意在不释放奴隶的前提下,让黑奴成为基督徒,并掌握一些读写能力。1740 年,随着一场奴隶起义的爆发,南卡罗来纳州将教育黑奴定为犯罪。1770 年,佐治亚州也制定了类似的法律。1880 年,南卡罗来纳州将禁止教育黑奴的法令扩充为禁止举行对奴隶 "进行精神教导" 的集会。由于害怕教育会引起奴隶们的动荡,其他各地的奴隶主们也纷纷停止了教育奴隶的行为。[②]

2. 重建时期:获得独立之后的教育与隔离

在殖民地时期和建国早期,各种教派团体向黑人(包括自由人和奴隶)提供了有限的、零星的学校教育。但到 19 世纪 30 年代,激进的废奴主义的兴起和对奴隶叛乱的恐惧使南部几个州颁布了所谓的《黑人法典》(Black

---

① 施琳. 美国族裔概论 [M]. 北京:中央民族大学出版社,2006:71.
② 〔美〕L. 迪安·韦布. 美国教育史:一场伟大的美国实验 [M]. 陈露茜,李朝阳,译. 合肥:安徽教育出版社,2010:109 - 110.

Codes），其中，规定禁止教育奴隶。在北部，尽管许多州已经废除了奴隶制，但这些自由的黑人很少能有机会接受公共教育，大部分黑人在成长过程中都没有受过任何的正规教育。即便有些黑人进入学校接受正规教育，他们也时常会发现自己身处一种被隔离的学校。1850 年，马萨诸塞州最高法院对"罗伯茨诉波士顿市"（Roberts v. City of Boston）一案做出判决，称"隔离但平等"的学校没有侵犯黑人儿童的权利。这一判决为种族隔离学校的合法存在奠定了法律基础。

从 1865 年到 1877 年的内战后的一段历史时期，被称为重建时期。数百万教师接受各类北部教会、传教士学会和教育基金会的资助，奔向南方教育那些刚刚获得解放的黑人。1857 年，在南部成立了皮博迪促进黑人教育基金会（Peabody Fund for the Advancement of Negro Education）。这是南部第一个教育基金会。后来，该基金会和斯莱特基金会（Slater Fund）合并共同致力于支持实业教育和师资培训。在其他有关南方黑人教育的团体中，最大的当属通识教育委员会（General Education Board）。它是 1902 年由约翰·D. 洛克菲勒（Rockefeller, J. D.）建立的。

重建时期推动南方黑人教育的另一大力量是自由人办公署（Freeman's Bureau）。它负责建立了 3000 所学校，到 1869 年，已有 11.4 万名学生就读于自由人办公署开办的学校。① 这些学校开设读写、文法、地理、算数和音乐等课程，并在某些价值观的重要性和公民身份的责任等道德观方面效仿新英格兰公立学校，不过，它们增加了一个新的课程内容——实业教育（industrial training）。与移民和印第安人教育的逻辑一样，职业和工业培训被视为是最好的预备教育。这样的教育可以为黑人找到最适合于他们的职业和工作。

在重建时期，以税收支持的公立学校的制度以法律的形式确定下来，这一重要因素成功地改变了南方的教育面貌。州议会中许多自由人士，其中许多黑人立法者和白人立法者，都在新成立的学校中倡导融合。但实际上，许多州没有在关于筹建学校的法令或宪法条款中提及种族融合或者种族隔离的

---

① 〔美〕L. 迪安·韦布. 美国教育史：一场伟大的美国实验［M］. 陈露茜，李朝阳，译. 合肥：安徽教育出版社，2010：235.

问题，南方各州都没有出现种族融合的学校机构。基本上，南方所有各州法律均遵循习俗。然而，各种团体和机构的努力的确明显改变了美国黑人的教育状况，据统计，黑人的识字率从内战爆发时的 5% 或 10% 上升到 1910 年的 70% 。①

这些振奋人心的数据掩盖了南方黑人教育的实际情况。随着重建时代的终结，黑人的教育状况不断恶化。重建时代结束之后，黑人教师的报酬还不到白人教师的一半，黑人学校的支出也遭受着同样的厄运。这些变化导致学期缩短、教科书和教学资料短缺、教学设备破旧不堪等问题。到 1900 年，与白人儿童 54% 的入学率相比，黑人学龄儿童的入学率仅占 31% ②。

19 世纪 70 年代后，联邦政府已经不再宣传黑人的公民权利和教育权利。这使得南部在 20 世纪五六十年代的废除种族隔离运动之前，一直实行种族隔离制度。1896 年，美国最高法院在"普莱西诉弗格森案"（Plessy v. Ferguson）的裁决中，肯定了种族隔离的合法性，判定隔离的火车车厢并不违背宪法。

同时期，移民和低社会经济家庭白人儿童数量也在不断增长，并开始涌入规模扩大后的公立学校系统。1880～1895 年间，在公立学校，与黑人 59% 的入学人数相比，白人入学人数增加了 106%。③ 贫困白人的增加，扩大了对公共财政的需求，这使得政府常常靠挪用黑人学校资金来改善其他学校。在南部，只要各州和地方学校董事会的代理机关觉得合适，就可以肆意划拨州教育资金，这进一步加剧了对黑人公民权利的剥夺。

从法院认可种族隔离制度起，由黑人政治权利的缺失和黑人教育财政资助的减少而引发的"隔离且劣等的"制度，便成为南部的普遍现象。直到 1954 年，"普莱西诉弗格森案"的判决才被最高法院推翻，并由此引发了民权运动，这一局面才得以扭转。

---

① 〔美〕L. 迪安·韦布. 美国教育史：一场伟大的美国实验［M］. 陈露茜，李朝阳，译. 合肥：安徽教育出版社，2010：238.
② 〔美〕L. 迪安·韦布. 美国教育史：一场伟大的美国实验［M］. 陈露茜，李朝阳，译. 合肥：安徽教育出版社，2010：238.
③ 〔美〕L. 迪安·韦布. 美国教育史：一场伟大的美国实验［M］. 陈露茜，李朝阳，译. 合肥：安徽教育出版社，2010：238.

3. 学校废除种族隔离（学校融合）

1954 年，"布朗诉托皮卡教育委员会案"（Brown v. Board of Education of Topeka）判决学校应废除种族隔离。它是一个里程碑式的判决，成为美国解决公共教育领域存在的不平等问题的催化剂。布朗判决案推翻了 1898 年最高法院对"普莱西诉弗格森案"的判决。"普莱西诉弗格森案"判决黑人和白人隔离的措施只要是平等的，就不违反宪法。但事实是，南部每名黑人学生的教育经费仅占白人学生的 60%。① 1954 年 5 月 17 日，联邦首席法官厄尔·沃伦（Warren，E.）宣判："仅仅根据种族原因就将黑人儿童与另一些相同年龄和资格的儿童隔离开来，这会使他们对自己的社会地位产生一种自卑感。这种自卑感对他们心灵和思想造成难以解除的影响。我们判定，在公共教育领域，'隔离但平等'原则没有立足之地。隔离的教育设施实质上就是不平等的。"②

最高法院鉴于他们所做出的裁决的重要性，每个社区的独特情况，以及各州遵从其裁决所需要的时间，并没有制定严格的执行日期，但要求各州应以"十分谨慎的速度"使学校废除种族隔离。学区在邻近的联邦地方法院的监督下，负责制订废除种族隔离计划。

自布朗案判决开始，17 个州和哥伦比亚特区在法律上明文规定公立学校实施种族隔离，其他 4 个州允许种族隔离。各州教育领域对布朗案判决的反应各不相同。在边界州，大部分州反应很平静，在接下去的几个月，一些州的一些地区开始取消种族隔离。但是在南方腹地，这个决议遭到公然敌视、大规模抵制和反抗。比如，佐治亚州通过一项法案，判定利用公共基金支持无种族隔离学校是重罪；密西西比州议会通过了一项州宪法修正案，修正案允许议会废除公立学校，并为私立学校入学学生提供学费补助金，翌年，密西西比州议会规定，白人就读于无种族隔离的学校是违法行为③。南部的抵

---

① 〔美〕L. 迪安·韦布. 美国教育史：一场伟大的美国实验［M］. 陈露茜，李朝阳，译. 合肥：安徽教育出版社，2010：333.

② 〔美〕L. 迪安·韦布. 美国教育史：一场伟大的美国实验［M］. 陈露茜，李朝阳，译. 合肥：安徽教育出版社，2010：333.

③ 〔美〕L. 迪安·韦布. 美国教育史：一场伟大的美国实验［M］. 陈露茜，李朝阳，译. 合肥：安徽教育出版社，2010：333 - 334.

抗并不限于立法行动。在整个南部，人们成立了白人公民委员会抵制学校融合。严苛的言辞迅速转化为种族暴力事件。试图进入白人学校的黑人儿童受到语言和人身攻击。

4. 20 世纪 80 年代以后恢复种族隔离

在 20 世纪 70 年代，大批城市区域在法院的裁定下，开始废除学校中的种族隔离制度。其中许多地区是贫困儿童和少数族裔学生的家园，他们长期为学校中的种族融合而奋斗。但他们改变经济和社区人口分布的努力，却使得许多城市中重新出现了少数族裔聚居的现象。学校也重新恢复了种族隔离制度。

20 世纪 90 年代的一系列判例中，由保守主义盘踞的最高法院对这种情况做出了回应。在 1991 年"俄克拉荷马州公立学校教育委员会诉道尔案"（Boarding of Education of Oklahoma Public Schools v. Dowell）和 1992 年"弗里曼诉皮茨案"（Freeman v. Pitts）中，最高法院裁定：如果学校已经竭尽全力遵照法院的裁定，并且既有历史和实际情况都指明在实践程度上以往的歧视都已经消除，那么原有法院关于废除种族隔离的裁定也将废止。这个裁定终结了对大部分学区进行废除种族隔离的司法监督，使得这些学区有机会在本学区的特定环境中实行表面上看起来更加成功的新教育改革方案。

标志性的案例是 1995 年的"密苏里诉詹金斯案"（Missouri v. Jenkins）。最高法院正式表明了在废除种族隔离制度中应采取的措施。在该案中，堪萨斯城市学校系统和密苏里州曾在 1986 ~ 1995 年间将 170 万美元用于一项大规模的废除种族隔离计划。最高法院裁定：废除种族隔离应该在时间和规模上有所限制，废除种族隔离不是要实现种族平等，而是要尽可能地恢复州和地方政府的控制。最高法院还裁定：只要学区消灭了种族隔离的合法性，学校就可以重新回归到种族隔离的"自然"状态。最高法院认为，"只要各州不在种族主义的基础上对人们的选择进行干预，那么，宪法就不能妨碍人们对共同生活、共同劳动或者送孩子去同一所学校的选择"①。

对某些人而言，道尔案、皮茨案和詹金斯案的判决是对司法程序的必要

---

① 〔美〕L. 迪安·韦布. 美国教育史：一场伟大的美国实验［M］. 陈露茜，李朝阳，译. 合肥：安徽教育出版社，2010：407.

修正。但是大部分人认为，这些案例，最高法院违背了布朗案的原则。低级法院也遵循最高法院的裁定，宣称如果学区已经实现了融合，那么它们也将撤销对学区的司法监督。这些裁定导致的结果是，鼓励学校终止与邻近学校实施校车接送和其他废除种族隔离的措施，使得长达25年的种族融合逐步瓦解；超过500件的法院判例使废除种族隔离计划灰飞烟灭。

恢复种族隔离制度对黑人和西班牙裔学生产生了影响。实际上，在美国社会，西班牙裔美国学生长期地遭受着比黑人更为严重的种族隔离，这种隔离不仅是民族上的隔离，更严重的是语言上的隔离。种族和民族隔离直接导致了对贫困人口的隔离。2000年，有超过75%的西班牙裔学生和70%的黑人学生进入少数族裔占主流的学校学习，有37%的学生进入那些少数族裔占90%～100%的学校学习，这个数字要远远超过1968年实施"校园巴士计划"之前的水平（23%）①。事实上，尽管大部分学校的招生日趋多样化，但是美国学校中的种族隔离问题越来越严重。

在最高法院裁定"法律上的隔离"不合法后的50年间，美国学校的发展经历了隔离、融合再到恢复隔离的过程。今天的种族隔离不是由法律裁定的，而是由经济决定的。今天美国学校的双元制，不是黑人学校和白人学校的分轨，而是以白人学生为主的优质校和以少数族裔为主的贫困校的分轨。在2003年，只有21%的四年级白人学生去那些有50%的学生可享受免费或减价午餐的学校（低收入的象征）学习，而这种学校中黑人和西班牙裔学生的比例则分别高达71%和73%。除了那些低收入家庭学生比例极高的学校外，同年，有50%的四年级黑人学生和56%的四年级西班牙裔学生在少数族裔占75%以上的学校就读。②

随着非裔美国人丧失了在20世纪六七十年代的融合运动中获得的进步，以及西班牙裔学生入学比例的迅速发展，对西班牙裔学生的隔离超过了对非裔学生的隔离。这种隔离制度的恢复，不仅缘于种族和社会运动的反复，而且是因为这些学生就读的学校无法为他们提供与优质学校等同的教育机会。

---

① 〔美〕L. 迪安·韦布. 美国教育史：一场伟大的美国实验［M］. 陈露茜，李朝阳，译. 合肥：安徽教育出版社，2010：408.
② 〔美〕L. 迪安·韦布. 美国教育史：一场伟大的美国实验［M］. 陈露茜，李朝阳，译. 合肥：安徽教育出版社，2010：446－447.

它们也无法吸引和留住那些高素质的教师来帮助这些学生达到州学业标准。

(二) 西班牙裔美国人的教育经历

墨西哥裔美国人是目前美国历史上最大的西班牙裔族群。20世纪40年代是西班牙裔从波多黎各岛大规模向美国移民的时期,而来自古巴的西班牙裔移民是始于1959年。这次大规模移民是由于20世纪六七十年代中美洲和南美洲西班牙裔族群为逃离经济和政治不稳定而引发的。

和其他种族的移民一样,西班牙裔美国人也心怀积极的学校教育诉求。然而,尽管在20世纪他们获得更多进入公立学校的机会,但他们入读的却是实行种族隔离的学校。这些学校一般质量低劣,班级规模大,教师配置不足,预算也常出现缩减现象。虽然入学机会增多,但由于贫穷、与乡村就业相关的人口流动以及带有歧视色彩的教育政策,导致大部分的墨西哥裔美国学生并没有正常入学。一些学区竟然公开地拒绝接纳移民儿童,其他一些学区则缩短教学日,为学生挪出田间劳动的时间。

对西班牙裔学生实施的教育政策与对印第安学生的相同,都旨在促进文化同化和文化淡化。种族隔离的学校使用英语教学,即使在操场上,也禁止使用西班牙语。在这种氛围中,许多学生辍学,而且,由于墨西哥裔美国人的义务入学并没有得以执行,因而学生的总体教育成绩水平明显低于盎格鲁血统的学生的教育水平。

第二次世界大战后,加利福尼亚州和其他州仍然对西班牙裔进行种族隔离。1944年,贡萨洛·门德斯(Mendez, G.)一家迁往一个农场,替在拘留营中的日本农场主经营。当地威斯敏斯特学区拒绝接收他的孩子。他联合其他家长起诉威斯敏斯特和其他三个学区。1946年,美国地方法院驳回学区的申辩,判决种族隔离是非法的,因为它没有以州法律或教育的需求为基础。① 在这一判案结果中,尽管没有推翻"隔离但平等"的政策,但是,它的确在美国社会上产生了广泛的影响,在判决的鼓舞下,其他州对墨西哥裔美国人的种族隔离同样面临挑战,不到两年的时间里,得克萨斯州和亚利桑那州就在法律层面上废除了隔离政策。

---

① 〔美〕L. 迪安·韦布. 美国教育史:一场伟大的美国实验〔M〕. 陈露茜,李朝阳,译. 合肥:安徽教育出版社,2010:347.

　　由于美国的种族歧视政策由来已久，即便在 20 世纪 60 年代以来，西班牙裔学生仍然遭受着相当高程度的隔离。西班牙语学生自 1968 年以来就逐渐被隔离。1968 年是有西班牙裔学生入学的头一年。比如，1968 年 54.8% 的西班牙裔学生在主要为非白人的学校上学；而 18 年后，71.5% 的西班牙裔学生在这样的学校上学。这表明西班牙裔学生在"高度隔离"的学校上学的比例在逐年上升——学校里少数族裔人数占 90%——从 1968 年的 23.1% 到 1986 年的 32.2%。最近关于休斯敦城市地区入学研究表明，自从 1968 年，休斯敦独立学校地区的西班牙裔学生的隔离状况稳定上升，当时在西班牙裔学生班上的白人学生比例为 38%，到 1986 年，这一比例只有 14%。① 实际上，自从 20 世纪 60 年代末以来，黑人学生的整体水平已经相当稳定了，但今天西班牙裔学生教育水平和收入差距继续拉大，明显表明隔离的学校没有做好让快速增长的西班牙裔学生在美国社会中取得成功的教育准备。

　　种族隔离已经成为当前美国西班牙裔学校教育的主要障碍，它在很大程度上严重影响了美国西班牙裔教育的发展。首先，它使得西班牙裔学生的辍学比例在全国少数族裔中最高。比如，一半的墨西哥裔和波多黎各裔学生没有办法高中毕业。其次，西班牙裔学生在高中与教育主流隔离，这造成很少有西班牙裔学生准备像很多白人和亚裔学生那样进大学。他们的课程设置层次和老师对他们的期望值通常非常低。很多西班牙裔学生所在的校区每个学生的教育平均支出低，学生与教师的比例偏高，资源有限。

（三）印第安人的教育经历

1. 殖民地时期的强制同化与去文化教育

　　在殖民地时期，基督教教派和慈善团体积极地从事教化印第安人的活动。圣公会海外福音传播公会、贵格宗、莫拉维亚派和其他的一些教派都在一些较大的城镇中兴办了学校。但它们的活动几乎全部忽略和漠视了各部落的教育方法。学校教育以"一种极端的方式同时进行着去文化和同化的工作，它们基本上认为印第安人是可教化的，但他们却试图完全消灭部落文化，并试图把英国的宗教观念和'文化'细化到印第安人最细微的外表和行

---

① 施琳. 美国族裔概论［M］. 北京：中央民族大学出版社，2006：405.

为之中"。

还有一种方法，也是延续至今的一种方法，就是将"已教化"和可教化的印第安人从部落中分离出来。1651年，"印第安人的使徒"约翰·艾略特（Eliot，J.）建立了第一座所谓的"祈祷之城"。在那里，印第安人像英国人那样生活，遵守英国的法律，上教堂，去学校，不再沿袭印第安人传统的风俗和习惯。艾略特从一个印第安人仆役那里学会了阿尔贡金语，并将《圣经》翻译成了阿尔贡金语。1664年，艾略特用阿尔贡金语出版了《圣经》，这也成为在北美殖民地出版的第一部《圣经》。

尽管许多印第安人定居在"祈祷之城"，去教派学校学习，有的甚至还被哈佛、达特茅斯等学院录取，但他们之所以这么做，是因为他们将其视为一种生存下来的方式。大部分印第安人并不认为殖民地学校提供的教育具有优越性，甚至不认为殖民地学校教育能和他们自己的教育相提并论，他们不愿意为上学而付学费，不愿意皈依基督教，更不愿意放弃印第安人的风俗和传统。尽管他们在印第安人教育方面成就有限，但他们却没有放弃对印第安人的教育模式的不断变化，在20世纪仍然如此。那些受私人资助和公共资助的传教士们继续肩负着"开化"印第安人的使命，阅读、写作、算数和教义问答依然是他们努力的核心。印第安人家长们依然被要求送孩子去寄宿学校接受教育，接受文明。对于英国殖民者以及其后的英裔美国人来说，学校成为他们同化印第安人的工具。①

2. 从传教学校到公立学校：印第安人教育的150年

从历史上看，印第安人的教育是在政府的支持下，由各类宗教团体负责展开的。内战后，联邦政府开始发挥更直接的作用。

在从独立革命到内战的这段历史时期内，联邦政府通过制定相关政策，迫使印第安人不断被迫走向西迁移。联邦政府与印第安人签订条约，规定印第安部落以割让部落土地来换取货币，对土地所有权的承诺以及各种保护与服务，其中就包括教育。联邦政府主要通过财政资助各种宗教团体在保留地管理教会学校，履行其提供教育的条约义务。这种教育目标就是把印第安人融

---

① 〔美〕L. 迪安·韦布. 美国教育史：一场伟大的美国实验［M］. 陈露茜，李朝阳，译. 合肥：安徽教育出版社，2010：110－111.

入美国社会。大多数学校采用的课程计划被称为"50/50课程",即一半时间用于学习公立学校里的传统学术科目,以及主办教会的宗教教义;另一半时间用于对男性进行职业和农业培训,对女性进行家政技能训练。印第安土著语言和当地文化被排除在课程之外。

在欧裔美国人试图强制同化印第安人并根除印第安人的语言和文化的同时,大多数印第安人则继续抵制同化并力求保护他们的语言和文化。例如,1821年,一位名叫塞阔雅(Sequoyah)的切罗基族人发明了86个符号的切罗基族字母表。因为每一个符号都代表切罗基族语言里的一个音,所以对切罗基族人来说很容易掌握,可供阅读和日常使用。到1828年,已经有一家印刷厂开始用这些符号来出版小册子、圣歌、圣经和报纸。①

1830年,《印第安人迁移法》(The Indian Removal Act of 1830)强制将印第安的五大文明部落(切罗基族人、奇卡索族人、巧克陶族人、克里克族人和塞米诺尔族人)从东南部迁到俄克拉荷马州的印第安领地。此次迁徙暂时中断了教会的传教活动。但随着联邦援助的增加,传教士很快就恢复了传教的工作。到了20世纪,他们依然是印第安人教育的主要提供者。事实上,直到1917年,这种由政府资助的教会教育的局面才被打破,印第安人教育转变为由印第安事务局管理,并逐步实现了制度化。

传教学校的经验对大多数印第安人或者传教士来说并不具有建设性意义。传教士们并没有意识到印第安人对自身宗教和文化的虔诚,他们愿意不惜一切代价去保护自己的宗教和文化。联邦政府只提供了少许经费,但却没有制定标准。百年的努力和千百万美元的援助的结果是,"进入这些拙劣的教会学校学习的印第安人少得可怜,这是一批经历了猜疑和幻想破灭的印第安人,这几百名毕业生,在很大程度上,既为白人文化所抛弃,也被印第安人所抛弃"②。

(1)寄宿学校

美国内战后,用同化的方式来解决印第安人的教育问题逐渐普及。这种

---

① 〔美〕L. 迪安·韦布. 美国教育史:一场伟大的美国实验〔M〕. 陈露茜,李朝阳,译. 合肥:安徽教育出版社,2010:231.
② 〔美〕L. 迪安·韦布. 美国教育史:一场伟大的美国实验〔M〕. 陈露茜,李朝阳,译. 合肥:安徽教育出版社,2010:232.

方式提倡要把印第安人文化纳入白人的主流文化中去。就像殖民地时期的"祈祷之城"一样，政府认为最持久、最有效的同化方式就是要让印第安人的儿童离开部落环境，并在一个严格的纪律环境中，向他们灌输美国的语言和习俗。

1879 年，宾夕法尼亚州的卡莱尔建立了第一所寄宿学校。在寄宿学校里，印第安儿童都有了新的英语名字，并不得用本族语交谈。学校要求他们穿制服，男生留短发，遵守严格的纪律。寄宿学校主要进行的是公共学校的基础教育，并辅以基本的职业和实业教育。学校通过手工劳动自给自足。学校的纪律极其严格、苛刻。尤其是在早期，学校里疾病肆虐，儿童死亡率很高。到 19 世纪末 20 世纪初，除了保留地（on – reservation）的 81 所寄宿学校共招生 8000 多名学生之外，还在非保留地（off – reservation）建立了 25 所寄宿学校，每年招收 6000 名学生。①

（2）保留地的走读学校和公立学校

在 19 世纪的最后 25 年里的保留地上，由印第安事务局管理的政府走读学校迅速增加。走读学校的数量从 1877 年的 150 所增加到 1900 年的 301 所。② 与非保留地的走读学校相比，保留地走读学校有一些自身的优势：学校费用较低，家长也更容易接受。

虽然政府在提供入学和强迫入学方面取得了进步，但是直到 20 世纪 20 年代，依然有很多印第安儿童没有入学。而且，政府一直秉承殖民地时期对印第安人的教育目标：要将印第安人同化到白人文化和社会之中。这种教育一般轻学术教育，重实用和职业教育。

3. 印第安人新政

在历史上，印第安人教育仅仅被视为一种同化的手段。虽然印第安人在1924 年获得了公民权，但它并没有在实际上给印第安人的处境带来任何改善。为了回应改革者决定改善印第安人境遇的一些公开报告，印第安事务局委托布鲁金斯学会（Brookings Institute）进行了一项印第安人状况的独立研

---

① 〔美〕L. 迪安·韦布. 美国教育史：一场伟大的美国实验〔M〕. 陈露茜，李朝阳，译. 合肥：安徽教育出版社，2010：232.

② 〔美〕L. 迪安·韦布. 美国教育史：一场伟大的美国实验〔M〕. 陈露茜，李朝阳，译. 合肥：安徽教育出版社，2010：233.

究。这推动了相关研究成果——《梅里安报告》的出现。它指出印第安人的贫困大多是因失去土地造成的。报告还指责印第安事务局的教育方案，揭露了不充分的工业培训、过度拥挤的宿舍、不充足的饮食以及寄宿学校里的体罚。这份报告建议禁止普遍使用寄宿学校，建议只有年龄较大的孩子才可以进入寄宿学校，而年幼的孩子则应该在社区的走读学校接受教育。

罗斯福就职后不久，即任命进步主义活动家约翰·科利尔（Collier, J.）担任印第安事务局局长。而他随后颁布的几项新政措施，被称为"印第安人新政"。"印第安人新政"试图补救《梅里安报告》中所描述的状况。但重要的是，它标志着针对印第安人的同化政策发生了一种转变。科利尔坚信，印第安人政策应当致力于印第安人主权的重建、经济独立，以及认识和珍视印第安文化与语言。由于一贯坚持这些信念，科利尔认为，学校课程中应该包括印第安文化和遗产相关课程。而且，为了努力遏制印度安部落语言的退化，也为了促进英语语言习得，科利尔支持在学校开展双语教育。

科利尔早期的一些尝试主要是针对停止出售印第安部落的土地，规定部落理事会组织为立法机构。科利尔认为，自治是印第安人经济和政治复苏及建立信任关系的核心。科利尔的许多思想都被纳入了 1934 年《印第安人改组法案》（Indian Reorganization Act of 1934）之中。同年，联邦政府通过了《约翰逊·奥马利法案》（Johnson O' malley Act）。该法案向公立学校提供补充资金，包括交通工具、学校午餐，或者与毕业相关的花费等，为印第安学生的特殊需求做准备。

总体来说，对印第安人的教育政策不是由立法决定的，而是由印第安事务局及其局长决定的。科利尔的印第安事务局教育处处长是进步主义教育协会的前主席威拉德·贝蒂（Beatty, W.），他恪守进步主义者的原则，提倡以儿童为中心的课程，这种课程与印第安学生的文化和需求联系更紧密，强调学校与其服务的社区之间关系的重要性。科利尔和贝蒂都试图逐渐淘汰寄宿学校，用公立学校和走读学校取而代之。20 世纪 30 年代，走读学校的数目几乎翻了一番，入学人数增长了 3 倍。①

---

① 〔美〕L. 迪安·韦布. 美国教育史：一场伟大的美国实验［M］. 陈露茜，李朝阳，译. 合肥：安徽教育出版社，2010：299.

新政期间取得的许多成果在第二次世界大战及以后的时间内渐渐遗失了。在二战期间，拨给保留地的资金被削弱，对印第安人同化等政策的强调变本加厉，其中包括保留非保留地的寄宿学校。

4. 20 世纪 60 年代的认同回归和自决权运动

由于 20 世纪 60 年代印第安人激进主义日益高涨，公众与政治对自决权的支持不断增长，更为重要的是美国参议院印第安人教育特别小组委员会的 1969 年报告——《印第安人教育：国家的悲剧——国家的挑战》。该报告亦被称为《肯尼迪报告》（"Kennedy Report"），它介绍了美国印第安事务局深入研究印第安人公立学校的教育情况。该报告的开幕词是从联邦政策的败绩开始的："联邦政府对美洲印第安人的主要政策已经成为一项强制同化……（这）已经给印第安儿童的教育造成灾难性的影响。"报告提出 60 项建议，其中包括：增加印第安人教育经费和扩展那些富有前景的计划项目；课程中包含印第安人语言、文化和历史；增加印第安家长参与教育自己孩子的机会；并且，未经印第安家长同意，任何向印第安人的服务不能终止。①

1970 年 7 月，尼克松总统向国会提出的有关印第安事务的特别咨文中，支持《肯尼迪报告》的建议。随着 1972 年《印第安人教育法》和 1975 年《印第安自决权暨教育补助法》的通过，印第安人的自决权更开始逐步接近于现实。《印第安人教育法》大大增加了家长和社会参与计划和指导公立学校所获得的援助，该法也在美国教育办公室内组建了印第安人教育办公室。

《印第安人教育法》仅仅影响了公立学校学生，而《印第安自决权暨教育补助法》则比它更进一步。后者重视赋予印第安人家庭和部落更多的参与管理和教育印第安人的权力，并为接管印第安事务局学校的运营做准备。20 世纪 70 年代的胜利预示着印第安人开始自由掌管本民族的教育计划。然而，里根政府施行的印第安政策表明，任何庆祝都显得为时过早。20 世纪 80 年代，印第安人加快了进驻城市的速度，大约有 1/3 的印第安人住在城市。一些印第安人是为了寻找工作而主动去城市生活的，另外一些人是因为由联邦政府设计的推动把移民从居留地生活转化为城市生活的重新安置计划而来到

---

① 〔美〕L. 迪安·韦布. 美国教育史：一场伟大的美国实验［M］. 陈露茜，李朝阳，译. 合肥：安徽教育出版社，2010：344－345.

城市。在市中心，这些新来的市民加入了文化贫困人群的行列。①

三、生活和教育经历对处境不利人群的家校关系认知的影响

（一）种族主义：隔离与歧视

通过历史考察可以得知，少数族裔群体在美国社会生活和教育经历中长期遭受着种族主义的不良影响，种族主义不仅影响着他们的价值观念和自我认同，而且已经成为全面影响他们生活、学习、工作、交往的潜在力量。

一些美国学者推断，由于黑人的经济状况有所改善，黑人中产阶级也在美国主流社会中获得很大发展，因此，种族主义已经改变了。对于黑人来说，种族主义已经不那么严重了，这些人对黑人中产阶级的状况感到乐观。"经济学家詹姆士·史密斯和芬尼斯·韦尔奇认为，黑人中产阶级的数量是惊人的，已经超过了黑人穷人。社会学家奥兰多·帕特森则推测黑人中产阶级的数量至少占黑人成人人口的35%，种族主义因素已经降低，黑人已成为美国政治、经济、文化生活的一部分了，肤色不再成为黑人进入公共生活的障碍。甚至有人认为黑人的2/3已进入中产阶级，因此种族主义及种族歧视不能成为黑人受穷唯一或重要的障碍。"②

但事实证明，美国的种族主义思想仍然深刻地影响着美国社会的方方面面。例如，收入、居住、工作和教育方面的种族隔离和种族歧视仍然明显而普遍存在。

在收入方面，1968年底时，黑人的家庭收入是白人家庭收入的60%，而1965年时为54%，收入低于3000美元的家庭由1960年的41%下降到1968年的23%。1995年，黑人家庭的中等收入为41307美元，是同等白人家庭收入的87%。1967年全职黑人男性的年收入是20056美元，是同等白人收入的64%，1995年时为24428美元，为白人的75%。③

在就业方面，黑人的失业率两倍于白人，也高于拉丁裔人。造成黑人失

---

① 〔美〕S.亚历山大·里帕.自由社会中的教育：美国历程［M］.8版.於荣，译.合肥：安徽教育出版社，2010：371.
② 姬虹.种族主义阴影下的美国黑人现状［J］.国际观察，2002（2）：57.
③ 姬虹.种族主义阴影下的美国黑人现状［J］.国际观察，2002（2）：57－58.

业率高的原因，除了当今工作需要高学历、高技能外，住宅上的种族隔离也是重要因素，因为大量工作机会搬到了郊区，而黑人穷人又无法进入郊区，这在后文中还将叙述。此外，雇主在挑选雇员时还存在种族歧视，雇主愿意雇佣来自郊区、毕业于私立学校的人，认为生活在中心城市的黑人缺乏职业道德及工作技能，这样也使黑人失掉了许多就业机会。黑人的工资收入也低于白人。一般认为，黑人较白人收入少，是因为黑人受教育程度低。但有数据认为，即使是同等学历，黑人的收入还是比白人少，如同是大学学历，黑人找到全职工作的人的比例少于白人，1997年87%的黑人获得全职，而白人是95%，年薪超过3.5万美元的黑人比例是13%，而相应的白人的比例超过26%。①

在居住方面，从整个社会而言，种族融合是一种趋势。1958年时，55%的白人不会因隔壁邻居是黑人而搬走，到1978年时，这个数字上升到85%。20世纪70年代以后，美国城市，尤其是人口众多的大都市，种族隔离的程度并未有什么改善。在亚特兰大的一次调查中，119套城市公寓中，只有27%是平等对待黑人的白人租住的，45%的人声称给予白人以优先权。② 另外，黑人并没有因经济地位的好转而找到相应的住宅，不管黑人收入有多高，隔离指数仍然很高，即高收入也很难使他们与白人同住一个社区。居住上的种族隔离对黑人的消极影响是巨大的，因为在美国，居住环境在生活中有着举足轻重的地位，关系到教育、就业、服务设施、邻里、投资等各个方面。长期以来，寻求能够负担得起，体面、安全、整洁的住房一直是黑人可望而不可即的事情，即使他们在工作、文化、教育及政治参与方面取得成就之后，情况也是如此。住宅上的种族隔离是个决定因素，决定了黑人生活的方方面面。对于黑人，在住宅上倾向"融合、严格隔离或处于两者之间"三个选择中，一般都选择"融合"，而且98%的黑人认为，黑人有权居住在他们能够负担得起的任何地方。对于白人来讲，他们趋向居住融合仍然停留在原则而不是实际行动上，对同一社区里黑人住户到了一定比例，会感到不舒

---

① 姬虹. 种族主义阴影下的美国黑人现状 [J]. 国际观察，2002 (2)：59.
② 姬虹. 种族主义阴影下的美国黑人现状 [J]. 国际观察，2002 (2)：59.

服的白人现在还大有人在。①

在教育方面，尽管在 1968 ~ 1980 年，黑人学生注册几乎 100 % 为黑人的学校的比例从 64% 下降到 33% ，注册以黑人学生为主的学校的比例从 76% 下降到 63% 。② 但是由于在居住上存在严重的种族隔离，形成一种学校上的隔离状态，即中心城市学校和郊区学校之间的隔离。具体地讲，中心城市学校主要以低收入的黑人或其他少数族裔学生为主，而郊区学校则以中产阶级白人学生为主，并且城市与郊区学校的质量差距不断扩大。由于中心城市人口结构的特征是以贫困人口为主，这种居高不下的贫困率致使城市公立学校的生源就基本为穷人了。

（二）种族主义对少数族裔家庭功能的破坏

1. 家庭的功能

美国学者格雷恩·奥尔森（Olsen，G. W. ）和玛丽·娄·福勒（Fuller，M. L. ）在亲子关系的框架内对"家庭的功能"做出了极有见地的总结："家庭，能为孩子做两件重要的事：一是保护他们免受各种有害影响，二是帮助他们做好适应文化（即社会）的准备。"③ 他们从家庭文化的多样性和历时性维度继续阐释家庭的功能的本质：无论是中美洲前哥伦比亚时代的玛雅家庭、明朝的中国家庭，还是当代泰国的佛教家庭或美国休斯敦的中产阶级家庭，从古至今，家庭的首要目的都是相同的，即保护孩子并帮助他们做好进入社会的准备，而差异仅在于不同家庭所处的生活环境和他们为达到这些目标而采取的方式。④ 这一家庭功能解释框架从根本和普遍意义上告知我们，家庭对于孩子的重要性真正在于：无论何时何地，父母都关心孩子的健康、营养和安全，发生变化的不是家庭的功能，而是危险的性质和孩子将要融入的社会的特征；家庭会帮助孩子学会恰当行为并尊重其所处社会的文化价值观与传统，确保孩子在特定的社会中能够理解其社会内部的其他人，并能恰

---

① 姬虹. 种族主义阴影下的美国黑人现状［J］. 国际观察，2002（2）：59.

② 姬虹. 种族主义阴影下的美国黑人现状［J］. 国际观察，2002（2）：60.

③ 〔美〕格雷恩·奥尔森，玛丽·娄·福勒. 家校关系：与家长和家庭成功合作（第3版）［M］. 朱运致，译. 南京：南京师范大学出版社，2013：3.

④ 〔美〕格雷恩·奥尔森，玛丽·娄·福勒. 家校关系：与家长和家庭成功合作（第3版）［M］. 朱运致，译. 南京：南京师范大学出版社，2013：3.

当地与其他人交往。这样的家庭功能解释框架也在向我们展示一副规范的、常规的家庭面貌，保护、责任、帮助、依赖和信任等关系因素蕴含其中。

然而，家庭的功能是以家庭的存在和正常运行作为基础的，当家庭结构和家庭的存在形式被人为破坏的时候，家庭的功能——父母对孩子的保护和关心、父母对孩子社会适应的帮助——也会随之被破坏。

2. 少数族裔家庭功能在长期的种族主义环境中的破坏——以非裔美国人为例

与美国主流社会的以白人为主的中产阶级家庭对孩子的保护、帮助的能力不同，美国少数族裔群体家庭在对孩子的保护和社会化方面的功能，在其长期的种族主义生活环境中，遭受着持续的人为破坏。种族主义歧视和奴役对最为基础的家庭结构和家庭形式进行了肆意破坏。至今，非裔美国人家庭因种族主义对其家庭功能的破坏所产生的诸多不被主流社会接受的家庭行为和态度依然时有耳闻。在下文中，本研究将阐释以非裔美国人为代表的少数族裔群体在种族主义生存环境中遭受的家庭功能破坏与其当今不被主流社会接受的家庭教育行为和态度之间的密切关联性，以及这类家庭在面对当下的"家长参与"政策引导时的无所适从的根源。

（1）非裔美国人家庭的发展历史

从家庭作为真正意义上的社会组织的层面上讲，黑人家庭的历史并不长，大概可以追溯至黑人获得解放之时。美国内战前，绝大多数黑人基本生活在奴隶制下的南方种植园中，他们处于社会的最底层，本质上讲他们并不享有"人"的各种基本权利，而只是作为奴隶主的私人财产而存在。黑人奴隶的家庭并不受法律保护，不仅如此，它们随时都面临着由于奴隶买卖而被拆散的危险。从这种意义上看，黑人奴隶的"家庭"只能算是一种社会组织的"虚设"而已，它并没有真正的家庭的意义，它通常只代表一种杂乱的亲属关系的共同体，一种可能性的满足生理需求的特殊场所，一种为奴隶主养育新奴隶的"工厂"。由于黑人奴隶的家庭并未发挥普遍意义上的社会学所定义的家庭功能和社会功能，因此，奴隶制时期的黑人"家庭"充其量只不过是在形式上类似于家庭的一种组织。美国内战结束之后，奴隶制被废除，黑人便成功地恢复了"人"的身份，但其社会经济状况却并未因此得到本质改变。获得自由的黑人并未因解放而分享美国社会的繁荣，事实上，很多黑人由于缺少生产资料、生活经验、谋生手段而相继饿死和病死。因此，黑人从奴隶向自由民转折的印记也被深深地烙在黑人家庭的转变历程中。获得自由的美国黑人在内战后依然留在南方农村生活。当时生活在南方农村的黑人的家庭生活基本上呈现出三种形态。第一种是新变化仅仅发生在他们的新的身份方面，而其他方面则一如从前。他们仍然受雇于旧日主人，仍然在老地方做活，劳作回报也只是微薄或根本不会支付的所谓工资。家庭结构的形式带有"母系部落"的特征，即女性在家中占有至高无上的地位。第二种是那些被允许住进公共居民区的家庭。住进公共居民区的这类家庭可以在公共土地劳动，开垦少量荒地以维持家计。与第一种家庭形态比较而言，住进公共居民区的家庭虽然仍保持着原有的家庭形态，但其具有一个明显的特征，即双亲性的特征渐渐明显。第三种则是男女规范性地、松散地生活在一起。这不仅导致众多的成年黑人因无"家庭观念"而时常地聚集在一起，而且客观上把黑人女子推向生活的第一线，成为家庭的主宰。因此，这类家庭本质上虽与第一种类似，但是情况却更糟。真正给美国黑人家庭的发展带来契机的是两次世界大战的爆发，由于战争导致人力和社会资源方面的匮乏，美国国内出现了黑人大迁徙运动，其直接结果就是大量黑人从南方农村地区迁往北方城市。

（2）非裔美国人家庭功能的"丧失"与"重拾"

非裔美国人家庭在美国来说，是年轻的家庭。在家庭结构和形式并不健全和时刻遭受分离危机的时代，家庭对孩子的保护和社会化的功能基本丧失了，即使存在对孩子的保护和社会化引导，也是一种"扩大化"了的功能的显现，如亲属之间，甚至当一个并不熟识的黑人孩子被卖到别处时，那里的黑人奴隶会自然地帮助"照管"。这种历史经历正是当今非裔美国人重视大家庭传统、关系纽带和社区的重要原因。

黑人家庭的真正功能的发挥显然是在黑人获得解放和自由之后，其独立的家庭结构自那时起才得以建立。但是，这种家庭功能的重拾是缓慢的，是一个重新适应的过程。很多家庭在保护孩子和帮助孩子社会化方面并没有足够的意识和准备。父母需要花精力和时间在维持生存方面，这显然要比花在孩子的保护和社会化引导方面要多得多，因为对于这些家庭而言，前者更重要一些。尤其在20世纪60年代以来，美国经济发展迅速，它对非裔美国人家庭社会适应性提出挑战。经济困境是他们面临的更为重要和根本的问题，这种经济适应也远比文化适应重要得多。所以，非裔家庭，尤其是处于贫困中的非裔家庭，对孩子的保护、引导和社会化很难表现得充足和符合主流人群的期望。他们在急剧的社会变化中显得无所适从。

20世纪60年代以来，主流社会提倡的"家长参与"，希望通过家庭的努力，家长承担教育责任来消除少数族裔儿童与白人同辈之间的成绩差距，但是政策制定者并没有对少数族裔家庭和家长所处的家庭背景和家庭功能缺失后遗症所带来的困境有所注意。非裔家庭功能的重拾尚且时日不多，但是美国社会的发展速度却是迅猛的，经济需求与家庭之间的关系被强行建立，这对刚刚重拾家庭观念和家庭功能的非裔美国人来说，是难以处理和适应的，应对突如其来的指责和任务强加，处境不利的非裔美国人既没有反对的资本，也没有迅速适应的能力，更何况种族主义的阴影从未消失。

（三）种族主义对少数族裔的家庭意义认知的影响

家庭是社会最基本的单位，没有家庭的存在，就不会有社会文化及教育的存在。家庭对于种族主义环境中的少数族裔群体具有极其特殊的意义。在美国社会中，少数族裔群体虽然拥有各自的生活经历和文化传统，虽然遭受着不同程度的种族压迫，但是他们有着一个最基本的共性，就是他们都极其重视家庭。对于他们来说，家庭是一个"保留地"，一个安全地，一个灵魂安息处。主流社会在长期的历史中并没有给予他们安全感、信任感，也没有真正地接纳他们，他们仍然处于种族隔离和种族排斥的危机中。因此，无论是非裔、西班牙裔还是印第安人，家庭的意义对于他们在美国的生活来说，都是与欧裔美国人不同的，家庭对于他们来讲，是他们抵御外界压制和排斥的港湾，是他们寻求文化自我认同的根基。

1. 家庭是压迫环境中的安全港湾

非洲后裔在美国的历史包括了两百年被奴役的时期，以及其后的种族隔离、歧视、种族压迫和各种公然的、制度化的种族主义。这一历史对非裔家庭表现出的特征有着或多或少的影响。如今，非裔美国人有相当数量的人生活在犯罪率高、住房条件差、失业率高、就业率低和服务欠缺的市区。尽管非裔美国人中获得高等教育、进入中产阶级的人数在增加，但仍然有很多人生活在贫困中。非裔美国人和欧裔美国人之间存在着医疗、就业和生活质量上的不平等。

无论处于什么样的社会经济阶层，家庭的生存和安全一直是非裔美国人家庭的首要问题。对制度性的种族主义和不公正待遇的忧虑影响着非裔美国人家庭的行为和态度。非裔美国人对大家庭的重视，源于他们相信一个人数众多、相互依靠的群体更能够克服困难而生存下去。老人是大家庭价值的一部分，因而居于尊长之位。非裔美国人家庭的孩子从小就学会尊敬和服从长者，哪怕是与自己没有亲缘关系的人。非裔美国家庭的亲友关系常常延伸到血缘关系之外，包含社区的其他成员。

亲友纽带在儿童照料与养育方面起着重要作用。在奴隶时代，当父母和儿童被卖到不同地方时，儿童一般由种植园的其他成年人照料。如今，姨妈、叔叔、祖母或其他表亲非正式领养孩子的情况仍然很普遍。此外，独自抚养孩子的单亲家长（父亲或母亲）也会在亲友网络中寻求帮助和支持。

非裔美国家庭非常重视对儿童的抚育和保护。他们通常相信儿童需要纪律约束，同时也需要充分的童年。因此，很多非裔美国人家庭不急于要求孩子独立或脱离家庭。相比于其他民族的同龄人，非裔年轻人自立前在其成长的家庭生活的时间更长。

尽管西班牙裔家庭与非裔家庭存在着许多区别，但也有着很多共性，可以更加深入地了解这些家庭的运作机制。不论社会阶层、宗教信仰或是移民美国的时间长短，西班牙裔传统上十分重视家庭，他们把家庭看作应对生活压力的重要资源。对他们来说，家庭是一个紧密关联的群体，可以延伸到血缘关系之外。家庭成员之间大多喜欢住得邻近，他们认为这样便于彼此相互给予经济上、情感上的支持。

在西班牙裔的家庭中，孩子的地位很重要。实际上，孩子的诞生才标志着婚姻的确立。和主流家庭相比，西班牙裔家庭通常不太关注孩子发展的阶段指标，他们会比较宽容甚至溺爱幼小的孩子。另外，西班牙裔孩子在家庭里还需要培养责任感并承担一些力所能及的责任，如帮忙做简单的家务或者帮着照顾弟妹，孩子要尊重长辈，与他人交流要彬彬有礼。西班牙裔家庭的育儿传统帮助孩子形成西班牙文化所特有的家庭观念。

2. 文化认同和自我认同的源泉

非裔美国人家庭中家庭角色更灵活,这是一个不分社会经济阶层普遍存在的特征。传统的性别角色可能因家庭需要而互换。儿童也可能承担一些原本由成人承担的责任。传统上,非裔美国人家庭中父母都必须工作,年龄最大的子女则要照顾和管教年幼的兄弟姐妹。一般来说,家庭成员根据需要来调整角色以保证家庭的正常运转。

教育被认为是改善生活的途径,因而很受非裔美国人家庭的重视。很多非裔美国人家庭相信孩子有必要了解种族主义以及非洲后裔在美国的历史和贡献,作为儿童自我保护和生存的工具。非裔美国人对种族主义行为特别敏感。他们希望孩子能够辨别针对他们的肤色而不是品格的负面行为。他们认为这种辨别能力有利于培养孩子的自尊。最近由非裔美国人家长和教育者共同倡导的特别针对非裔美国男性的非裔中心学校,就强调这种自我保护能力的培养。

和其他少数民族家庭一样,非裔美国人家庭也面临文化同化和文化涵化的两难困境。长久以来,非裔美国人为了克服困难,改善生活境遇(如教育、就业和住房),形成了相互依赖的集体。实际上,非裔美国人用"社区"这个词来指代所有非裔美国人。这其中包含着一个潜在期望:社区应该从个人成功中获得益处。然而,学习或工作上的成功往往意味着离开这个社区,向上层社会流动。这使很多非裔美国人非常矛盾。很多非裔中产阶级家庭特别关注如何让孩子既适应欧美中产阶级生活的环境,同时又保持与非裔美国人社区文化的紧密联系。

在一些非裔美国人家庭中存在着双重文化特征。尤其是中产阶级,他们能够同时娴熟运用标准英语和黑人英语,并能根据不同情境灵活转换语言,他们已经形成一种"双重自我意识"。这种自我意识有助于非裔美国人生活在两种不同的世界中,一个是白人世界,一个是黑人世界。一些非裔美国人不仅称自己是双文化人,还认为自己是双语者,因为他们认为如果有些表达被翻译成白人标准英语,就会失去丰富的内涵。

再如,年轻的西班牙裔被同化程度高,人们更注重个人的发展和提升,将传统大家庭观念抛在脑后,包括家庭成员之间的分享和相互支持。这种新旧差异还体现在语言的运用上,西班牙语被认为是维护西班牙文化的关键。

年轻的西班牙裔可能不会说西班牙语,而老一辈则不会说英语,缺乏交流导致了传统文化的逐渐消失。这让一些西班牙裔开始担心传统大家庭观念的消失。

（四）种族主义环境对少数族裔的学校和学校教育意义认知的影响

在少数族裔群体的美国生活和教育经历中,学校是一个主流社会进行底层社会的主流化和文化同化的重要工具,它在语言、课程内容以及生活方式等方面都对少数族裔群体进行强制性同化,宣扬主流社会文化价值观的同时,淡化、抑制甚至企图取代少数族裔群体的语言和文化价值观念。在学校对少数族裔学生进行强制同化的过程中,少数族裔群体对学校同化措施和环境产生不适应和抵制的现象,少数族裔群体的高辍学率在一定程度上说明了他们对学校和学校教育意义的本能判断。

文化同化是指从一种文化过渡到另一种文化的程度,通常是从出生文化到主流文化的转变。美国学校已经成为对少数族裔群体进行强制的文化同化的重要手段。从少数族裔群体的受教育经历可以窥见,学校在不同历史时期对不同少数族裔进行文化同化的手段基本上是以相同思路进行的。第一,确立英语的重要地位,以此排斥其他族裔语言对学生的影响;第二,通过一定的课程安排,宣扬主流文化,以此淡化和消除少数族裔文化对主流文化适应产生的不利影响;第三,试图通过设置一些与少数族裔群体家庭生活有关的课程,干预少数族裔学生的家庭生活方式。学校的这些同化措施是建立在一种种族主义观念之上的,它推崇美国主流的盎格鲁文化的优先性,主张排斥和消除其他民族和种族文化的低劣性。

语言与文化紧密相连。在美国公共教育领域中,少数族裔学生的语言教育是一个首要问题,因为一切知识、技能和价值观的习得,都要通过语言。然而,美国公立学校教育历程显示,对于少数族裔学生的语言教育经历了不同的方式。在20世纪60年代以前,美国公立学校对少数族裔学生的教育是要求以英语为基础,少数族裔学生对任何知识技能的习得都是通过英语进行的;20世纪60年代民权运动期间,双语教育运动兴起,少数族裔群体提出在学校里讲授少数族裔的历史和文化内容,并允许使用少数族裔语言;在2002年的《不让一个孩子掉队法案》中,双语教育运动走向终结,法案明确地将联邦政府的支持放在了英语习得的方面，反对双语教育，并将双语教育计划更改为作为第二语言的英语课程。①

　　少数族裔群体在美国学校教育长期的历史过程中，学校教育通过规定学校仅限英语教学和限制学生在校讲母语的方式，行使一种"去文化化"的目的。"去文化化"的课程将目标定位在禁止使用少数族裔的本族语，课程的总体目标是学习英语，通过英语的掌握让学生习得有关欧裔美国人文化的知识，而从另一方面讲，这种课程并没有让学生学会使用自己的母语进行读写，从而与自己的文化之间渐渐疏离。

　　双语教育运动对少数族裔学生的学校教育产生了一种变化，许多墨西哥裔美国人、波多黎各人和土著美洲人都产生一种文化维护意识，他们认为，一种"维护式双语"（maintenance bilingual）课程对于维护他们自身文化十分重要。"维护式双语"的目的就是让少数族裔学生在学习英语的同时，维护其在母语方面的说、读、写的能力。在学生开始学习的几年里，"维护式双语"教育计划使用学生的母语来组织课堂教学，但同时他们也学习英语。因此，他们在学习英语的时候，也通过学习母语来习得各门课程，包括母语的读写训练。这样做可以避免学生掌握英语之前学习被耽搁的问题，在他们学习英语之后，学生们将继续通过母语和英语两种语言途径进行课程学习②。很明显，少数族裔群体提出的这种双语教育课程，与以往的学校教育提供的"去文化化"的英语课程是极为不同的，前者的目的在于保护和维持自己的语言和文化习得的权利，而后者正是强制同化的一种手段。

　　然而，21世纪初的语言教育政策的转变让人堪忧，少数族裔群体在双语教育运动中的主张和争取到的法律认同遭受种族主义新一轮的冲击。教育政策对学校教育的引导必将使英语语言习得作为学校课程的中心，而双语教育则被边缘化。

　　公立学校确实促进了移民子女的教育水平和经济地位的提高，并加速了他们文化适应的进程。但是，移民子女及其父母也为此付出了宗教信仰和文

---

① 〔美〕乔尔·斯普林. 美国教育［M］. 张弛，张斌贤，译. 合肥：安徽教育出版社，2010：172.

② 〔美〕乔尔·斯普林. 美国教育［M］. 张弛，张斌贤，译. 合肥：安徽教育出版社，2010：169.

化传统被削弱的沉重代价。公立学校的"美国化"策略对移民的文化传统过于贬损,使年轻一代移民子弟对父辈的信仰和生活产生不尊重态度,加剧了移民家庭代际的疏远与隔阂。

另外,从某种程度上讲,高辍学率也许是少数族裔群体在主流文化中出现文化身份认同危机之后的本能反应。高辍学率现象的背后,蕴含着学校教育政策和学校教育对高辍学率学生群体的文化传统和文化处境的长期忽视和不平等对待,蕴含着家庭文化和学校文化之间的冲突。

(五)种族主义环境对少数族裔的家校关系的影响

很多美国学者在研究"家长参与"的过程中,都注意到一个问题,即少数族裔家庭和白人中产阶级家庭在对家校关系的认知和处理方面存在较大差异,少数族裔家长并不像大多数白人家长那样愿意参与到学校活动之中,也很少与教师进行频繁而实质的沟通和交流。这种差异来自很多方面:有的学者认为少数族裔群体家长工作和时间不允许,有的学者认为少数族裔群体家长由于教育水平和语言能力原因在与学校互动过程中缺少自信,有的学者认为少数族裔家长持有一种分离式的教养观念。但是,从种族主义对少数族裔的生活和教育经历的影响的角度,去探讨少数族裔的家校关系更加深刻和根本。

1. 少数族裔的家校关系:法律关系多于互动关系

在家校关系方面,少数族裔群体与美国社会的主流白人中产阶层不同,他们(主流白人中产阶层)没有经历过那种体现社区控制思想的家长参与学校的过程。少数族裔群体的教育经历显示,在公立学校体系建立之前,他们与学校的关系是单纯的同化与被同化的关系;在公立学校体系建立之后,他们与学校的关系表现为托付与被托付的关系;在他们取得教育平等权利之后,他们与学校之间的关系表现为一种法律上的平等关系;而20世纪80年代以来,两者表现为一种法律上的合作伙伴关系。综其实质,少数族裔家庭与学校之间的关系是一种欠缺密切交往和家长参与学校意识的基本以法律来维持的一种家庭依赖学校的家校关系。

首先,公立学校系统建立之前,少数族裔的家庭和学校之间的关系表现为同化与被同化的关系。在美国历史中,少数族裔,尤其以印第安人和非裔美国人为代表,他们的教育需求被长期地忽视和异化。美国政府对待少数群体的基本心态是希望他们被迅速地同化,或者说是"去文化化",而学校就是达到这一目的的首选工具。在为少数族裔准备的学校形式上,是极有针对性和功用性的;学校的教学内容也为同化这一基本目标而设置,所以少数族裔文化在学校中是长期被禁止和无视的;学校资源仅以能够维持学校运作为基础。总而言之,少数族裔的学校教育并不以他们作为真正利益主体。而另一方面,少数族裔的家庭,长期无法正常发挥其保护和社会化儿童的功能,并且文化种族歧视已经将少数族裔家庭从社会主流中抽离,家长和学校之间的距离就是少数族裔群体和主流群体之间的文化距离,所以少数族裔家庭对于学校也是不重视和不欢迎的。所以,公立学校建立之前,少数族裔家庭与学校之间仅仅是同化与被同化的关系而已。

其次,公立学校系统建立之后,少数族裔被告知履行义务教育,政府为了让学校更好地履行同化职能,要求少数族裔儿童到公立学校接受教育,而家庭则将儿童托付于公立学校系统。在历史脉络中可以得知,公立学校教育系统建立的历史时期,已经是社会工业化和城市化大发展时期,少数族裔家长随着工业发展和城市发展已经卷入了劳动大军之中,而少数族裔儿童则交与公立学校。在这个过程中,少数族裔家长无论是出于观念传统(没有参与的观念),还是出于时间精力,抑或是出于学校对他们的态度,他们都无法与学校建立什么实质性关系。

再者,法律上的关系的建立。在以布朗案判决为里程碑的教育种族隔离斗争初战告捷的背景下,少数族裔家庭和学校之间突然多了一层关系,即一种法律关系。法律这个平台,似乎在通过众多联邦法院的判决告知少数族裔家长,学校可以平等地,也应该平等地对待他们。在20世纪六七十年代那个政治激进的时代,少数族裔家庭萌发了家庭和学校之间关系的新认知,这是一种希望和态度形成的起点。少数族裔家长开始对公立学校教育提出要求、做出反馈以及加强了关注。但是,对于大多数少数族裔家长来说,将这种认知转化为具体行动尚需时间,毕竟他们有着不堪的历史记忆以及受到现实中复杂的社会因素影响。

最后,法律上的家校合作伙伴关系突如其来。少数族裔家长在20世纪50年代还在遭受"隔离但平等"的种族歧视,还在被主流学校文化排斥,却要在十几年之后就做好准备成为学校实现教育公平公正和优异教育的关键合作者。这是联邦政府以一种法律的形式突然赋予少数族裔家长的"重要任务"。少数族裔家长必须接受一种新的家校关系观念了。这种家校关系要以孩子的学业成绩为中心，把家长吸引到学校教育之中。政策逻辑似乎将少数族裔不久前遭受歧视的历史全部忽略了，而且也将少数族裔现实生活中的困境及根源也一并忽视了。很多家长希望这种新的家校关系能够以另一种"社区为中心"的模式发挥作用，也就是说，少数族裔家长们希望学校能够发挥一种社区服务功能，与家长共同帮助和关照孩子。①

2. 家庭代际的文化认同危机——家校关系对亲子文化关系的影响

在学校教育以同化为目的的框架内，孩子的在校经历是一种脱离家庭文化的经历。学校用大量的以英语为主的主流文化知识和技能灌输给少数族裔儿童。在学校里，孩子不允许使用自己的本族语言，而在家里，家长基本不会使用英语，家长和儿童之间最基本的沟通已经悄然消逝。当少数族裔儿童接受了主流的白人文化观念和价值观念后，他们与家长之间的文化代沟就再也无法填平了。下面以印第安人的经历为例予以说明。

印第安人感觉自己像一个陌生国度的侨民。学校感到其责任不仅是传授技能，而且要"异域的"印第安人儿童接受主流文化的价值观。因此，学校在教师、教科书和课程中引入美国生活的竞争意识、习得技能、坚决的个人主义和成功等价值观。但是，由于印第安人传统价值观与美国文化的截然不同，学校变成了许多冲突和紧张的策源地。印第安学生在学校被告知必须竞争的价值观，在家的时候又被传授合作的价值观。在学校，个人成功的重要性给学生留下了很深的印象，但家庭却又强调良好的人际关系的价值。教师抱怨这些学生难以启发。但是如果期望印第安学生接受学校启发，则意味着让他们拒绝父母的教导，放弃他们的宗教、种族和历史。在学校中，印第安学生因其语言遭受排挤，因其价值观与教师的价值观相悖而受到严责，因为是印第安人而受到有损人格的对待，他们开始怀疑自身是否真的低人一等。结果，印第安学生成为自我应验"没有好的印第安人"的牺牲品。

---

① Lawson, M. A.. School – Family Relations In Context：Parent and Teacher Perceptions of Parent Involvement ［J］. Urban Education, 2003, 38（1）：91 – 92.

印第安学生的例子的意义在于，它说明了美国主流社会对处境不利人群的学校环境中的经历的形塑，文化指责和文化同化使得少数族裔学生无法正常地进行自我身份认同，从而遭遇学校环境下的认同危机、社会化危机。而另一面，强大的同化力量，产生两种极端的结果：要么学生完全被同化，从此拒绝和疏离家庭和父母、传统文化和历史；要么出现高辍学率，无法适应公立教育系统，从此失去教育发展更大的空间。但是，无论是哪一种结果，都是对少数族裔学生及其家庭的损害。

四、"家长参与"政策蕴含的对处境不利人群的文化同化意涵

（一）"交往理性"和文化适应

生活世界是鲜活的交往行动的产物，它绝对不是固定的、静止的，它随着交往的变化而变化。换句话说，生活世界的再生产也是根植于交往行动的。哈贝马斯认为，生活世界是一种由文化传统和语言组织起来的解释性范式的知识库，它提供价值观、约定俗成的符号以及与他人进行互动时所需要的要素；生活世界就是文化资料的储存库，是生活在一起的社群所共享和共有的。因此，当生活世界作为交往行为的背景假设而出场时，它是流动的。当交往行动者就客观世界、社会世界和主观世界中的某些事情进行谈论时，必然存在交往话题的背景假设。而任何一个交往性话题的背景都由对于"环境"的许多定义所构成，"环境"乃是受一个论题限制的生活世界的片段。在现实交往中，行为的环境总是成为由交往参与者生活世界构成的"交集"。这个行为环境有它自身的流动平面，因为它总是同生活世界的完整复合体相关联，它本身可以在生活世界总体的广阔范围内，随交往论题的需要从这一段游移到另一段。这些游移各段落的内容、走向及其灵活性，决定于交往行动者所属的生活世界的总内容所提供的可能性程度。也就是说，不同的交往行动者所属的生活世界，随着不同的历史背景和不同的前提变化而有着千差万别的差异。这些差异为生活世界中各段落在界定环境时的游动可能性提供不同程度的范围。生活世界越丰富，游动的可能性范围和灵活性就越大；游动的灵活性越大，游动中对其他参与者界定环境所起的指导作用也越大。在由各参与者生活世界所交叉形成的那个关于环境的共同界定部分中，有最丰

富背景的参与者具有最大的灵活性，随时可在交往的实际进程中，从他的生活世界的其他段落中调动一切相关因素，来支持他的生活世界中与他者相交段落的内容，保证相互理解的顺利完成。

另外，生活世界一直进行自身的再生产。生活世界的再生产由交往行为决定，交往行为反过来又依赖于生活世界提供的资源。如此一来，"生活世界的象征性再生产便是一个循环过程"，文化的再生产保证了传统的延续和知识的协调，可以满足日常生活实践的需要，社会的整合则有利于行为的协调与集团的同一性；而每个社会成员的社会化则关注个人生活史的和谐与集体的生活方式。简言之，生活世界的再生产带来的是有效的知识、共存和个人认同。

哈贝马斯在论及交往行动理论时概括了他的基本前提："如果我们假设人种的自身保存是通过其成员社会性的协调活动，并且这种协调是通过交往而建立的——在某些生活领域是通过旨在达成一致的交往而建立的——那么，人种的再生产也要求满足内在于交往行动的理性条件。"① 也就是说，在行动者默默地创造、挑战和接受彼此效度要求的交往行动过程深处，存在一种理性，这种理性能够以较少的压迫方式潜在地作为重建生活秩序的基础。这就是哈贝马斯的交往理性的内涵，它是建立在一种交往过程中的共识与认同的基础上的。

依据哈贝马斯的交往理性的概念，我们便可以辨识文化适应和文化同化之间的区别，它们之间的不同主要在于是否相信交往理性的存在并愿意遵循交往理性来更新文化认知的问题。显然，美国少数族裔的文化适应并不顺利，总是被强制的文化同化所取代。哈贝马斯的交往理性和生活世界更新的理论观点向我们清楚地展示了，少数族裔群体面对美国主流社会文化的时候，实质上是有两条路径，而非强制同化一种，被取代的路径就是以原本的生活世界为基础与美国主流文化之间进行一种交往理性达成的文化适应，即文化涵化。

---

① 〔美〕乔纳森·特纳. 社会学理论的结构［M］. 邱泽奇，等，译. 北京：华夏出版社，2006：205.

（二）美国历史上移民的文化同化与文化涵化

欧美文化的主导地位建立于17世纪。早期定居者中英国移民占绝大多数，他们将英国的语言、风俗、法律和宗教移植到殖民地国家。尽管文化迁移经历了几个世纪的演变，但欧美文化依然保持着主导地位，这也就是美国的主流——白人中产阶级的文化。17世纪就定居在美国的印第安裔和非裔美国人被认为不容易被盎格鲁－撒克逊文化所同化，而来自德国、爱尔兰和斯堪的纳维亚的移民比意大利人、犹太人、克罗地亚人、波兰人以及其他南欧与东欧移民更容易被同化。

美国主流人群总是希望移民群体服从美国固有的生活方式。家庭与学校是推进这个顺应过程的首要机构。而后者在文化同化过程中起着最主要的作用。同化是一个文化概念。它指的是一个在政治经济上处于弱势的群体，接受另一个在政治上和经济上处于优势的群体的文化特征的过程。这个过程循序渐进直至两个群体无法分辨。在美国，被同化的个体适应了欧裔美国人建立的生活标准，放弃了本民族的文化特征。然而，同化进入主流文化只反映了一个可能的结果：主流文化与各民族文化的相互影响。一波又一波新移民并未像所谓的"民族大熔炉"的期望那样融入一种共同的移民文化，而是必须放弃自己独特的文化习俗，去适应深受北欧人影响的美国文化。很多移民被迫表现出主流人群的特征，并否认自己文化的丰富性。

文化适应是一个发展中的个体从家庭、同伴和民族社群中习得文化知识的过程。这一过程有助于个体发展出作为一个合格民族群体成员的素质，形成民族认同感。民族群体成员不同程度地参与文化涵化。

这些差异对于理解家庭如何看待自己的民族背景来说特别重要。不同的民族文化群体家庭中的语言、习俗、育儿方法和价值观方面的差异在一定程度上源于一个家庭对文化同化和文化涵化价值的理解。当家庭，尤其是少数民族家庭，努力寻求一种自身文化（文化涵化）和主流文化（文化同化）之间的平衡时，会遇到很多问题。

（三）"家长参与"成为一种文化同化方式

"家长参与"政策认为，提高孩子的学业成绩，就是让孩子融入主流儿童的成功与发展模式之中，也就是说，用主流儿童的成功模式来定义所有孩子的成功路径，这意味着处境不利儿童与白人同龄儿童的成绩差距的缩小。而且政策还认为，通过儿童回归主流儿童发展模式过程中的"家长参与"，让家长也回归到主流社会的发展模式之中。这样会保持孩子和家长之间的文化关联性，同时是对整个家庭的"主流化"帮助。在大量的"家长参与"的有效性研究中，很多研究结果指向"家长参与"提高儿童成绩，以及提升家长的能力、自尊、效能感。

但是，这个逻辑似乎认为这种文化适应的过程是静态的、顺利的、没有任何矛盾的，它似乎忽略了文化之间的差异甚至是不可调和的文化冲突存在的可能性。实际上，这样的文化冲突不仅存在，而且会使家长与儿童之间的文化关联性面临危机。依据哈贝马斯的生活世界理论，"如果我们假设人种的自身保存是通过其成员社会性的协调活动，并且这种协调是通过交往而建立的——在某些生活领域是通过旨在达成一致的交往而建立的——那么，人种的再生产也要求满足内在于交往行动的理性条件"①。也就是说，哈贝马斯认为人在自身保存的过程中有着一种内在的交往理性，人是通过这种交往理性来达成一种共识。换个角度说，如果不是通过交往理性的作用，人们之间的共识如何达成？故而，"家长参与"政策试图将家长参与学校教育这种主流中产阶级的家校关系观念和育儿价值观念涵盖所有家庭，特别是在很长的历史时期内以及现实生活中遭受种族歧视和隔离并在文化上处于劣势的处境不利家庭，这从实质上讲是一种强制的文化同化，是一种目的理性的系统行为。

---

① 〔美〕乔纳森·特纳. 社会学理论的结构 [M]. 邱泽奇，等，译. 北京：华夏出版社，2006：205.

第五章 美国"家长参与"政策合法化路径的"工具理性"本质

　　通过对政策利益主体——处境不利人群的家校关系的"知识库"的解析，可以认定"家长参与"政策在其政策目标制定和政策价值取向方面并非是基于政策目标人群的基本家校关系认知的。也就是说，"家长参与"政策的实施希冀达到改善处境不利人群的教育境遇的目的并非是基于政策利益主体人群的真实需求表达和共识。相反，"家长参与"政策通过三条路径持续地将政策合法化。而这三条合法化路径分别是：经验分析主导的科学研究、标准化工具、联邦权力与联邦基金。第一，通过科尔曼的大型社会研究及其结论中蕴含的"文化缺陷论"，"家长参与"政策获得了其合理的政策前提；通过大量的实证研究，"家长参与"政策获得了"家长参与"的重要性和有效性的支撑；通过著名的家长参与研究团队的实证研究，"家长参与"政策获得了持续发展的合法化依据。第二，"家长参与"政策通过将学业成绩强化为"家长参与"政策的中心，通过高利害关系考试强化学校提升个人成功的关键机构角色，通过教育问责理念重塑以学校为中心的家校关系，通过将"家长参与"方式标准化等工具性手段进行政策过程的合法化。第三，"家长参与"政策最为基础的合法化保障是联邦权力和联邦基金，它们是确保家长参与政策持续进行的强大后盾。但是，这三条合法化路径却带有明显的工具理性的属性，政策对科学研究的依赖仅仅体现在对单一研究类型的依赖，而对其他研究类型忽略不计；政策过程中的各种标准化工具将家校互动关系、水平、方式进行量化和标准化，并将"家长参与"视作一项"技术问题"；而联邦权力和联邦基金的持续强调，从根本上讲，是对上述所有工具理性的支持和永恒化。

一、经验分析主导的科学研究

在联邦政府历次核准的《初等和中等教育法案》的条款中，"研究"是一个高频词汇，在每一次法案中都有关于"研究"的强调和相关的拨款规定，如 1978 年法案的第 813 节（Sec. 813）、1988 年法案的 7035 节（Sec. 7035）、1994 年法案的第 6401 节（Sec. 6401）等。在"家长参与"的条款中也出现了明确的以研究为基础的规定。例如，在 2002 年法案和 2015 年法案的第 1111 节（Sec. 1111）中，在对州的"家长参与"的规定条款中，明确地提出："每一个州计划都应该描述州教育部门将如何支持地方教育部门和学校收集和传播有效的家长参与实践，这些实践应该建立在当前最新的、满足最高的专业和技术标准的研究基础之上（the most current research that meets the highest professional and technical standards），以及建立在能够促进所有学生达到高标准成就的有效的家长参与之上。"① 然而，20 世纪 60 年代进行的有关教育公平和家庭与学校关系方面的几项大型社会科学研究，早已在实践层面上将这种"以科学研究为依据"的理念付诸实践了，并成功地影响了《初等和中等教育法案》的颁布以及"家长参与"政策的出现。20 世纪七八十年代激增的有关"家长参与"的重要性和有效性的研究也成为影响"家长参与"政策持续发展、联邦基金持续拨款的重要基础。20 世纪 90 年代以来的几个重要的有关"家长参与"的研究机构及其团队直接影响着"家长参与"政策内容发生新的重要变化，比如：约翰·霍普金斯大学的乔伊丝·L. 爱泼斯坦带领的从事"家长参与"和家庭、学校和社区合作伙伴关系研究的团队；哈佛大学教育研究生院的希瑟·B. 韦斯（Weiss，H. B.）带领的哈佛家庭研究计划（Harvard Family Research Project，简称 HFRP）研究团队。所以，科学研究对于"家长参与"政策的缘起、发展和变化都产生了巨大的作用。但是，在某种程度上说，这些科学研究代替了政策利益主体发声的途径和机会，是它们在影响着"家长参与"政策的真正走向，而不是

---

① United States Congress. Every Student Succeeds Act［EB/OL］.［2016 – 12 – 25］. https：//www2. ed. gov/documents/essa – act – of – 1965. pdf. Section 1111（d）（1）.

政策利益主体的基本需求。"家长参与"政策制定过程对科学研究的依赖已经体现出明显的科学研究类型的偏失以及专家意识的潜行。

（一）影响政策制定的前提性研究——《科尔曼报告》及"文化缺陷论"

1. 《科尔曼报告》

应 1964 年《民权法案》的特别要求，美国开展了一项大规模的社会科学研究，为民权激进主义提供了有力的支持。约翰·霍普金斯大学杰出的社会学家詹姆斯·科尔曼（Coleman，J. S.）被选中主持一项关于穷人缺乏教育机会的调查。科尔曼领导的研究团队不仅对这一要求给予了广泛的回应，而且提交了一份报告，揭示了与社会阶层相关的因素与少数群体的学业成就的关系。1966 年，著名的《科尔曼报告》强调了家庭背景特征对于土著人、西班牙裔、波多黎各裔、非裔、亚裔和白人美国人的不同学校表现的重要性，而将学校的物质和经济资源轻描淡写。这个调查显示，当学生的家庭背景被大致地均等之后，在广泛的地理区域之内，对于每一个民族或者种族群体而言，流向学校的物质和经济资源与学校的成绩和结果很少相关；教师工资、图书馆设施、实验室、学校规模、安全设施与学生成绩的关系也没有什么相关。因此，科尔曼承认教育机会不平等的根源"首先在家庭"，他同样指出"'学校'在摆脱家庭影响方面的无效能"①。他详细地解释了这个发现：1. 这些少数种族群体儿童在刚刚入学的时候有严重的缺乏，这明显不是学习所引起的；2. 他们在学校学习结束时有更加严重的缺陷，这明显地指向部分结果是由学校造成的。② 尽管教育机会不平等的源头首先在于家庭本身以及家庭环境所施以的文化影响，然而，它也在于学校在摆脱家庭影响方面

---

① Coleman，J. S.. Equal Schools for Equal Students？ ［J］. Public Interest，1966（4）：74. 转引自：Maria Eulina P. de Carvalho，Rethinking Family – School Relations：A Critique of Parental Involvement in Schooling ［M］. Mahwah，NJ：Lawrence Erlbaum Associates，2001：11.

② Coleman，J. S.. Equal Schools for Equal Students？ ［J］. Public Interest，1966（4）：72 – 73. 转引自：Maria Eulina P. de Carvalho，Rethinking Family – School Relations：A Critique of Parental Involvement in Schooling ［M］. Mahwah，NJ：Lawrence Erlbaum Associates，2001：11.

的无作为。① 科尔曼随即提出一个基础性问题："为什么学校在使学生成绩摆脱家庭影响方面是无效的？学校如何能削减儿童对社会出身的依赖？"②

鉴于这个问题，科尔曼提出一种假设：学校效率的首要代理人——教师和其他学生——要维持和强化社会出身所强加的原始差异。同质是一项针对那些家庭教育资源贫乏的学生的劣势而进行的工作，同质帮助提高。在学校中，家庭教育资源贫乏的学生跟随那些出生于家庭教育资源强大的学生，会使他们变得更加优秀。这种影响似乎对那些家庭教育资源匮乏的学生尤其有效。因此，当时的政策难题就是如何废止学校的种族隔离（提高文化同质），以及为教育表现提供平等的机会（提高少数群体的学习成绩）。

2. 文化缺陷框架下的家校关系

通过将少数族裔儿童的家庭背景知识和家庭经验称作"一种严重的教育缺乏"，同时提及少数族裔儿童的"缺乏足够教育的家庭背景"，科尔曼很明显地采用一种文化缺陷论点。根据这种观点，那些不属于特定文化（即同质性文化或主流阶层文化）的人的生活方式就是不合理的，因此，他们的文化也被视为一种"有缺陷的"文化。同样，任何不同于历史上由主导阶级所创的科目和情感科目的正规学习的教育形式都是不被认可的，因为，是这些主导阶级促成的学校教育。通过提出"教育机会不平等的源头首先源于家庭本身和家庭环境的即时文化影响"这种观点，科尔曼在一种文化缺陷论的基础上试图重新建构家校关系，并由学校承担学生的学业成绩提高的责任，以此弥补家庭对孩子学业成绩方面的不利影响。学校便成为原始的家庭不平等、社会平等或不平等的建构之间存在着的一种调解机构。从另一方面讲，科尔曼将学校看作某类特殊类型家庭的合法延伸，即典型的白人中产阶级家庭，他将学校的有效或者无效的责任安排给了家庭。

---

① Coleman，J. S.．Equal Schools for Equal Students？ ［J］．Public Interest，1966（4）：73 - 74. 转引自：Maria Eulina P. de Carvalho，Rethinking Family - School Relations：A Critique of Parental Involvement in Schooling ［M］．Mahwah，NJ：Lawrence Erlbaum Associates，2001：11.

② Coleman，J. S.．Equal Schools for Equal Students？ ［J］．Public Interest，1966（4）：74. 转引自：Maria Eulina P. de Carvalho，Rethinking Family - School Relations：A Critique of Parental Involvement in Schooling ［M］．Mahwah，NJ：Lawrence Erlbaum Associates，2001：11.

3. 文化缺陷论和政策的补偿逻辑

学校在为了达到提高教育机会和结果平等这一目标的过程中，将如何不同地发挥功能呢？在 20 世纪 60 年代，科尔曼思想影响了一个激进的政策改革时代，一场整体的系统的改革在他的文化缺陷理论框架内开展，并逐渐地预见了许多随后的改革尝试。

为了处理少数族裔学生成绩的落后问题，科尔曼在 1966 年提出由更大量的学校教育代替有教育缺陷者的家庭环境。也就是说，对于那些家庭和邻里的教育处境不利的孩子来说，最重要的是尽可能地用教育环境取代这种家庭环境——通过在更早的年龄开始接受学校教育以及通过去那种上学很早而放学很晚的学校。①

依此逻辑，联邦政府在接下来的半个多世纪以政策的形式持续地塑造着一种以提高学业成绩为中心目的的家校关系，即"家长参与"政策的七次核准。其基本思路是，公共财政要为处境不利儿童提供额外的资助，以帮助学校为学生学业成绩承担责任，而家长也有义务配合学校教学。

综上所述，科尔曼虽然将少数族裔儿童教育机会不平等的问题指向了种族隔离，也将解决问题的办法指向了学校融合，但是他的问题前摄价值观却是建立在文化缺陷理论基础之上，而非文化平等观念。因而，即便联邦政府花费巨资进行学校融合运动，巴士计划也执行得火热，但是对于学校教育中的种族隔离顽疾的祛除却效果有限，种族歧视和隔离的思想由于文化缺陷理论的潜在而得以反复。

（二）对"家长参与"的重要性和有效性进行合理化的评估性研究

家长参与学校教育已经在辞令上被视为提升处境不利学生学习成绩和增加学校业绩的关键路径。受此引导，在"家长参与"相关政策颁布之后的二三十年中，美国学术界掀起了对"家长参与"进行研究的热潮。大量的评估性研究首先围绕"家长参与"的重要性和有效性展开，并以较为一致的结论

---

① Coleman, J. S. . Equal Schools for Equal Students？ ［J］. Public Interest, 1966（4）：74. 转引自：Maria Eulina P. de Carvalho, Rethinking Family – School Relations：A Critique of Parental Involvement in Schooling ［M］. Mahwah, NJ：Lawrence Erlbaum Associates, 2001：11.

将"家长参与"的重要性和有效性合理化。这些研究分别基于不同的理论维度和学科视角对"为什么要家长参与教育""家长参与教育能否提高学生成绩""家长参与教育对家长、社区、学校有何益处"等问题进行探讨。

其中,亨德森(Henderson,A. T.)主导的三次研究最具影响力,他们在1987年《证据持续增长:家长参与提高学生成绩》、1994年《新生成证据:家庭是学生成绩的关键》以及2002年《新一轮证据:学校、家庭和社区联合对学生成绩的影响》的系列研究成果中,屡次证明了"家长参与"的重要性、合理性和有效性。亨德森等学者的研究成果在美国"家长参与"领域广受关注,并被广泛引用。亨德森在1994年研究的前言中表示:"到1987年,这一主题已经作为一个特殊的研究议题建立了它独有的领域。现在,这个领域已经成为一个增长迅速的行业(growth‐industry)。"[1]

在1987年的研究中,亨德森等人对关于"家长参与"对学生成绩和学校业绩影响的49份研究进行梳理评审。研究结果发现:大部分研究都表明家庭提供的积极的学习环境对学生成绩能产生有力的影响;为低收入家长设计的与学生一起学习的项目培训很有成效,效果主要包括学生的语言技能迅速提高、测试成绩表现转好、在校行为更加规范以及对普遍意义上的教育过程有重要影响。而在1994年研究报告中,亨德森等人对1969年至1993年中的66项关于"家长参与"的研究报告、文章、评论和书籍进行梳理研究,提出的结论是:设计广泛的家长参与项目能够推动低收入家庭学生的成绩发展到中产阶级学生的预期水平;从早期教育到高中毕业,家庭对于学生成绩都有着至关重要的作用,当家庭积极地参与教育时,提高学生成绩的努力就会有效得多;"对于那些质疑吸引家长参与是否真的有重要作用的人,我们可以可靠地回答说这个疑问可以结束了"。在2002年的研究中,亨德森表示,通过以往研究已经得知家庭对学生学校成绩有着持续、积极和令人信服的影响,这份报告关注对1993年至2002年间的51份关于家长和社区参与对学生学习成绩影响的研究进行梳理。研究结果显示:在家庭参与教育与学生

---

① Henderson, A. T., N. Berla. A New Generation of Evidence: The Family is Critical to Student Achievement [M]. Washington, DC.: National Committee for Citizens in Education, 1994: ix.

受益之间存在着积极的、令人信服的关系，这种关系在所有经济、种族/民族和教育背景下的所有年龄段儿童都是一样的；有稳定增长的证据持续地证明家庭参与能够提高孩子的学习成绩，并且对孩子的学校出席和学校行为有主要影响；家庭对孩子学习和教育过程支持得越多，孩子在学校的表现越好，而且更倾向于选择继续升学；处于成绩危机中的学生或者贫困学生能够在家庭和社区参与的支持中获益；所有学生，尤其是初中和高中的学生，将在学校为家长在家帮助以及做出教育职业引导方面提供帮助时获益。

但是，亨德森系列的研究显示了一个基本的研究取向，即对"家长参与"的重要性和有效性方面的研究主要是以经验性研究为主，下面以1994年研究为例予以说明。

亨德森1994年的《新生成证据：家庭是学生成绩的关键》，由全国公民教育委员会（National Committee for Citizens in Education，简称：NCCE）提供从1969年至1993年的66项研究的注释文献（包括研究报告、评论、文章和著作）。亨德森等人关注的是学生成绩和"家长参与"对有效的学校教育的作用，基于此种目的，他们为研究提出一个特别积极和决定性的解读："对于那些质疑吸引家长参与是否真的有重要作用的人，我们可以可靠地回答说这个疑问可以结束了。"[①] 亨德森等人的研究结论直接影响了后续家长参与研究的问题核心的变化。爱泼斯坦直接表示，已经将关注的问题发生了转变，从家庭对学生在学校成功是否重要这一问题转向如果家庭对学生的发展和学校成功是重要的，学校如何能够帮助所有家庭去实施可以让学生受益的行动。众多的类似于亨德森团队的研究成果成为"家长参与"政策持续发展的重要力量，"家长参与"的重要性、有效性在政策和科学研究的语言中已经十分明确了。

（三）影响"家长参与"政策新走向的策略性研究

在"家长参与"政策的既定前提下，在大量经验性研究数据对"家长参与"的重要性和有效性予以肯定的前提之下，20世纪90年代以来，关于

---

① Henderson, A. T., N. Berla. A New Generation of Evidence: The Family is Critical to Student Achievement [M]. Washington, DC.: National Committee for Citizens in Education, 1994: x.

"家长参与"的策略性研究大量出现,一些研究进行了家校关系的理论建构以及"家长参与"的模式建构。这些研究的中心议题是:学校和教师如何能做到激发更加积极的"家长参与"。其中以爱泼斯坦的家长参与六模式和哈佛家庭研究计划的"家庭参与"研究较为突出,影响显著。但研究也存在科学研究的偏失和专家意识的潜行情况。

例如,哈贝马斯在他1970年著的《社会科学的逻辑》和《知识和人类旨趣》两本书中,分析了知识的理论体系。哈贝马斯假定了三种囊括人类所有理性领域的基本知识类型:1. 经验分析型知识,即各种旨在理解物质世界规律性的知识类型;2. 历史解释型知识,即致力于理解意义的知识;3. 批判型知识,即致力于揭示人类遭受压抑和统治的条件。哈贝马斯正是通过这种类型化方式得出如下核心观点的:实证主义和研究自然规律的科学仅能构成某一种知识类型,尽管历史趋向表明了经验分析的知识类型正在日益统率着其他两种知识类型。通过发展科学(development science)来进行的技术控制的旨趣已经支配着理解和解放的旨趣了。因此,假如社会生活看起来是毫无意义的、冷酷无情的,那是因为创造科学的技术旨趣已经指定了哪一种知识是获得认可的及合法的。哈贝马斯通过把社会科学中的实证主义看作是经验分析的知识类型,从而把它同人类在技术控制方面旨趣联系了起来。依据哈贝马斯的这一观点,可以对"家长参与"政策进行合法化的分析,以辨识"家长参与"政策中所暗含的压抑与统治倾向。

1. 对科学研究的单一类型的依赖:科学研究的偏失

仍然以亨德森等人的1994年研究作为对象,可以基于哈贝马斯的科学研究类型的思路进行一种研究分析。第一,在亨德森研究的66份研究中,对早期的干预补偿项目的评估,其中有33个研究经验性的设计;第二,探究家庭背景对学生成绩的影响,有29个研究,运用了质性研究和量化研究方法;第三,批判研究,针对家庭—学校之间的文化不协调进行的研究,仅4个。

(1)对"家长参与"项目进行的评估研究

从基本上讲,对"家长参与"项目进行的评估研究目的是使不断增强的"家长参与"与学业成绩方面的显著增加相关联,而学业成绩是通过学业成绩考试得以测评的。例如，比彻（Becher，R. M.）在 1984 年的一份研究综述中强调，与初等学校中学生的学业成绩相关的几个关键的家庭进程变量（family process variables）是：家长对孩子的高期望、频繁地与他们进行互动、在学习和成就方面做出榜样、以孩子的教师的角色去做事（actions as teachers of their children）、运用复杂的语言和问题解决策略，以及巩固他们在学校学到的知识。从这类研究衍生出来的政策原理就是："被设计的广泛的家长参与的项目能够促进低收入学生的成绩达到期望的中产阶级学生的水平。"[1] 那么，"家长参与"和培训就是教育不平等的解决方式。

　　然而，尽管"家长参与"是被认定的项目有效性的必要影响因素群中的一个，但是"家长参与"却不能作为一个变量被简单地分离出来并测量。怀特（White，K. R.）等研究者在 1992 年的一份研究中，提供了一个综合的方法论技术，根据严格信度和效度标准，对 193 份研究进行评审后得出结论："基于研究数据，也许得出早期干预（early intervention）中的家长参与是不受益的结论是不恰当的，但是，同样重要的是这样一个事实，在这个公认的间接证据类型中，没有信息能够证实早期干预中的家长参与会导向任何通常被宣传的收益。"[2] 而且，从一个实用性的和动态的观点出发，经验性的研究（experiment programs）是倾向于创建独特的情境，如果成功的话，会作为理想模型（ideal models）。因此，很难确保在一个特定的背景下，一个特定项目中所孕育的条件和动机能在其他的地方也被成功地复制，更别说到处复制了。

　　（2）关注于家庭环境以及家校互动对学生的影响

　　关注家庭环境以及家校互动对学生的影响方面的研究的关键点是"在多

---

[1]　Henderson，A. T.，N. Berla. A New Generation of Evidence：The Family is Critical to Student Achievement［M］. Washington，DC.：National Committee for Citizens in Education，1994：7.

[2]　Henderson，A. T.，N. Berla. A New Generation of Evidence：The Family is Critical to Student Achievement［M］. Washington，DC.：National Committee for Citizens in Education，1994：109.

大程度上家庭社会经济地位能够决定学生表现的质量"。① 赛特斯（Sattes，B. D.）的研究揭示家庭实践，包括与孩子一起阅读、对看电视做以监管、提供激励的经验，可以通过参与到学校而被积极地塑造。② 而科克伦（Cochran，M.）则指出："学校能够成为提高家长能力的强大力量并因此使低收入的消极结果得到缓冲。"③ 这一类研究是倾向于确证一个夸大的信念，即夸大个体在克服实质的局限性方面的力量，以及学校政策为了提高学校成功和将教育不平等最小化在改变家庭文化方面的力量。

这些研究特别关注于家庭作为学习环境，对高成绩和低成绩学生进行教养方式、在家教孩子的策略，以及对学业成绩的期望方面的比较。这些研究基本上将家庭和家长视为孩子学校教育的一种"资源"。例如，朗姆伯格（Rumberger，R. W.）等人在1990年的研究中发现，"辍学现象更多地出现在家长参与孩子教育水平较低的家庭中"，"其一，辍学的孩子更多地来自放任型的养育模式的家庭，他们更愿意自己决定什么是适当的行为和活动；其二，辍学的孩子的家长通常采用一种消极的和惩罚的态度对待孩子的成绩问题；其三，家长的教育参与水平较低也成为影响孩子辍学的一个因素"④。相反，作者们强调，无论是哪个年级和社会群体，高成就者都是具有如下的家庭特征的：家长对孩子在学习、睡觉、收拾家务以及看电视的限制等方面都有日常规定；家长在学习、自律和努力工作等价值观方面能够做出榜样；家长能够表达对孩子学业成绩高而且现实的期望，并鼓励和巩固其学校进步；家庭成员之间进行阅读、写作和讨论；运用社区资源，如图书馆。显

---

① Henderson, A. T., N. Berla. A New Generation of Evidence：The Family is Critical to Student Achievement ［M］. Washington, DC.：National Committee for Citizens in Education, 1994：7.

② Henderson, A. T., N. Berla. A New Generation of Evidence：The Family is Critical to Student Achievement ［M］. Washington, DC.：National Committee for Citizens in Education, 1994：112.

③ Henderson, A. T., N. Berla. A New Generation of Evidence：The Family is Critical to Student Achievement ［M］. Washington, DC.：National Committee for Citizens in Education, 1994：46.

④ Henderson, A. T., N. Berla. A New Generation of Evidence：The Family is Critical to Student Achievement ［M］. Washington, DC.：National Committee for Citizens in Education, 1994：110.

然，这类研究将与孩子学业成绩相关的背景因素进行了简化，他们所列出的家庭特征都是经过主流文化意识筛选并服务于主流学校文化的。退一步说，尽管家长——儿童互动的具体形式和家长参与到学校可能减少初等学校里低社会经济地位儿童的成绩缺陷，但是他们却没有可能完全克服掉与他们的高社会经济地位同伴相比较而显现的不利处境。

这一系列研究隐含地假设了与学校成功相关的家庭的模式，即典型的中产阶级、富裕的、通常是双亲的并且有一位全职母亲的家庭。结果，它规定了一个单一的家庭和教养类型，而忽视了单亲、逐渐增多的走出家庭而工作时间长的母亲、影响许多家庭的经济与健康问题（包括情感健康）以及与物质、文化和个性条件相关的教养方式的多样性。另一个结果是，努力提高家庭环境以使它们在教育方面更加多产，与非生产性的休闲活动相比将工作习惯优先化，而不是提高学校和课堂学习的质量。这种趋势被班森（Benson，C. S.）等人的研究《家庭成员作为教育者：时间运用对学校成就的贡献》（"Families as Educators：Time Use Contributions to School Achievement"）证实。在实践层面，这种将家庭成员视作教育者的观点发源于正式的契约合同，以此激励家长履行学校教育职责：为孩子在家提供一个特殊的学习空间；鼓励学生做日常讨论；致力于学生的进步并称赞孩子所取得的成果；与教师适当地合作等。

（3）关于家校之间文化不协调的研究

关于家校之间的文化关系的研究很鲜见。拉鲁对中产阶级和低收入阶级在与学校互动方面的差异进行了质化研究，成为关注家校之间文化不协调的典范。中产阶级拥有自由的时间、金钱、文化资源以及社交网络，这些因素使得他们在家庭和学校的配合、家长与教师合作方面富有成效，而工人阶层文化却促使家庭和学校之间相隔离，限制合作的机会，并降低教师对学生的期望。① 另外，菲尔莫（Fillmore，W.）指出，种族和语言多样性创生了社会化类型、儿童养育类型和技能发展类型与那种为了在主流的美国公立学校

---

① Henderson，A. T.，N. Berla. A New Generation of Evidence：The Family is Critical to Student Achievement ［M］. Washington，DC.：National Committee for Citizens in Education，1994：79.

中获得成功所需的背景或家庭准备之间的断裂,而且他认为,如果儿童对他们的基本文化越是固守,那么他们向新环境进行调整的成功机会就越大。①

文化不协调观点及文化多样性的知识已经将教育干预从那种因文化剥夺而失去能力的关注转向学习和看重少数族裔儿童和他们的家庭的技能、长处和价值观。从这种观点衍生的政策建议,通过那些建立在孩子的家庭经历之上的项目计划来增加家庭和学校之间的叠交,以此帮助他们学习如何将在家庭中学到的认知和社会技巧应用到学术学习活动中,同时,为他们提供获得学校所期望的策略和观点。那么,这种观点提出的挑战性在于如何创建那种实践和教授文化转化的有效学校,自觉地为保存文化多样性和进行学校文化改革做出贡献。

2. 专家意识的潜行

哈贝马斯在《合法性危机》一书中提出的最基础的观点是,国家随着对经济活动的日益干预,也同时试图把政治事务转变成"技术问题"。因此,这些事务不再是由公众讨论的主题,相反,它成了需由科层制组织里的专家们用各种技术手段来解决的技术问题。其结果是通过把政治事务重新定义为技术问题而出现了实际事务的"去政治化"。为了做到这一点,国家就宣传某种"专家统治意识"(technocratic consciousness)。而在哈贝马斯看来,这代表的是一种新的意识形态。然而,专家统治意识与旧的意识形态有所不同,因为它不对未来的乌托邦做出承诺;同时,它又有与其他意识形态相似的地方,即在掩盖各种问题的能力、简化感知选择、为组织社会生活某种特殊方式做辩护的能力等方面皆有很大的迷惑性。这种专家统治意识的核心在于对"工具理性"的强调。也就是说,实现确定目标的手段的有效性标准,引导着对社会行动的评价以及人们解决问题的方法。这种对工具理性的强调代替了其他的行动类型,使行动者转为相互理解了。这种替代作用发生于下述一系列阶段:首先,科学被国家用来实现其特定的目标;然后,有效性的标准被国家用来调解各群体间相互竞争的目标;第三,基本的文化价值观从

---

① Henderson, A. T., N. Berla. A New Generation of Evidence: The Family is Critical to Student Achievement [M]. Washington, DC.: National Committee for Citizens in Education, 1994: 148.

其有效性和理性方面来进行自我评估和评价；最后，决策权被完全授予了计算机，以此来寻求最合理、最有效的行动路线。

依据哈贝马斯的思路，美国"家长参与"教育政策显然经历了一个以工具理性代替其他行动类型的过程。首先，处境不利人群的成绩问题、贫困问题被社会科学整合到学校教育的范畴之内，通过社会科学认定处境不利学生与白人中产阶级学生之间的成绩差距是先来自家庭文化背景对教育支持的欠缺造成的，而克服这种家庭教育背景中的文化缺陷便成为"有效的"学校应当承担的任务，如此一来，学校教育改革便成为解决处境不利儿童的成绩问题、家庭文化缺陷问题乃至家庭社会经济地位问题的关键出路。其次，专家们通过既定模式的研究类型对问题加以分析和简化，并着力寻找可以测量的有效标准来调节凸显的社会矛盾和冲突。然后，以各种可测量的标准如学业成绩来引导大众，包括处境不利人群去接受和进行自我评价，并理性地接受这些评价结果。因此，这一专家主导意识就被广泛地接受和理解了。而这样做的结果，就是越来越多的底层大众无法理解自己的问题和困境的真实原因，专家意识设定的各种标准已经将这些无法衡量和测试的因素埋没了；越来越多的底层大众也无法表达自己的真实想法，因为他们的语言已经无法与主导的专家语言接轨，从而形成了一种表达危机。

二、标准化的"理性"工具

"家长参与"政策的"合法化"过程首先经历了以科学研究为基础和依据的政策前提、政策问题以及政策目标的合法化。正如上节内容所述，美国的社会科学家们将处境不利儿童的政治（民权）、经济（贫困）问题与学习成绩成功地联结在一起，并成功地将处境不利儿童的成绩低劣问题与家庭文化缺陷及学校消除家庭不利影响方面的无效能联系在一起，同时也成功地将对处境不利儿童家长的参与学校教育的需求和家长教育及能力培训调和在一起。基于上述几个方面的合法化，也基于对联邦大量援助基金的负责，专家们为"家长参与"政策的发展过程设定了一系列标准化工具，促使政策合法化，具体包括：以学业成绩和高利害关系考试为中心焦点强化家长参与；以教育问责理念引导和塑造家校关系；以"有效的"家长参与方式框架把家长力量引向学校教育；整个合法化程式致使"家长参与"萌生"学校化"

倾向。

（一）学业成绩：从政策主旨到吸引家长参与的工具

随着针对教育机会平等方面的社会科学研究的展开，学校被赋予消除家庭文化缺陷影响、提升社会地位和改善经济状况的功能，而学业成绩就成为解释部分儿童处境不利的硬性指标以及摆脱其不利处境的关键要素。依此逻辑，学业成绩就被合法化为吸引处境不利学生家长参与孩子教育的中心点。而且，在"家长参与"政策发展过程中，政策对学业成绩的重视和强调存在一种极其明显的强化趋势，在政策语言上也越发地明确和直接。

在"家长参与"政策的发展早期阶段，学业成绩对"家长参与"政策的意义主旨在于它是政策的一个前提性问题，换句话说，它是"家长参与"政策的一个由头，一个问题主旨，还不是一种解决问题的方式和路径。在20世纪六七十年代，"家长参与"政策框架内解决处境不利儿童的成绩低下问题的主要路径是家长参与学校监督与治理，以此改善学校教育水平。

然而，当"家长参与"政策在20世纪80年代发生重大转变的时候，学业成绩问题仍然是"家长参与"政策的问题主旨，但"家长参与"政策解决这一问题的办法却转变为家长直接参与孩子的学习过程。这一转变看似拉近了家长付出的努力与孩子学业成绩之间的距离，即让家长更加直接地影响和帮助孩子学习，但是它在两个方面存在不可低估的潜在影响：一方面，比起20世纪六七十年代解决学生成绩问题的路径，这一路径明显地弱化了学校及社会等方面因素对孩子学业成绩的影响的关联；另一方面，它更加明显地将家长捆绑于学校教育之上，而学业成绩正是吸引家长不得不参与学校教育的关键力量。从某种程度上说，学业成绩不仅是"家长参与"的问题主旨了，更重要的是，它还成为吸引家长参与学校教育的中心要素。

因此，从"家长参与"政策发展历程对学业成绩的定位来看，它的重要性已经从作为政策的问题主旨转变为一种吸引家长参与学校教育的核心力量。学业成绩成为"家长参与"政策核心的"保障机制"。对学业成绩的强调会将"家长参与"进行"窄化"，并延伸一种参与逻辑："家长参与"的最终目的就是提升孩子的学业成绩。而"家长参与"无论是在家庭中还是在学校中发生，都应该围绕孩子学业成绩而展开。当然，对于学业成绩存在不同理解的家长可以不接受这种参与观念的引导，但是，作为一种政策引导，它在教育语境中已经确定了什么是规范的，什么是最佳的参与方式。作为一种具有广泛影响力的话语，“家长参与”政策已经明确地将围绕孩子学业成绩而展开的“家长参与”视为一种“好的教养方式”，视为一种有助于孩子成功的教养方式。绝大多数家长被成功地带入现代学校系统并为之效力。

（二）高利害关系考试将学校塑造为简化个人成功的关键机构

高利害关系考试（high－stakes testing）是美国 20 世纪 80 年代以来教育改革中的新宠。它是决定一个人未来学术生涯和工作机会的一种考试。在小学和初中阶段，它的考试结果决定了学生能否从一个年级升入更高一个年级；在高中阶段，它决定一个学生能否从高中毕业，进入到大学；在之后的个人生涯中，它还决定着学生是否能够升入研究生院或者职业学院，能够获得职业资格证书和职业执照。这正是“高利害关系”的真正内涵。所以说，20 世纪 80 年代以来，美国将高利害关系考试作为人才筛选和培养的重要机制。

从“家长参与”的角度去判断高利害关系考试的影响，最为明显的就应该是，它极大地强化了学校作为个体取得经济成功的关键性机构的角色。这种影响将在教育实践层面上改变家校关系中家庭和学校之间的平衡，学校作为关乎儿童个人成功的关键性机构显然已经占据了儿童发展的主要空间，而家庭在所剩无几的教育空间中也仍然要作为“课堂的延伸”而参与孩子的学校教育。高利害关系考试是社会学业成绩的一个重要源头。它们共同将学校教育确立为人生教育的主旨，严重混淆学校教育和教育两个概念之间的区别。因此，在这种情况下，20 世纪 80 年代以后的“家长参与”政策语言上明确地表现出对“高水平学业成绩”的强调，“家长参与”的机制也都指向提高学生学业水平。

（三）所谓的“有效的”家长参与方式框架——以家庭作业为例

在“家长参与”政策发展过程中，政策语言通过三个方面的强调：强调学校制定“家长参与”政策并规划家长参与活动的责任、强调学校可以培训家长以提升其参与能力、强调将学业成绩作为“家长参与”的最高目标，来实现家长参与方式的“学校化”。家长参与方式的“学校化”不仅意味着家长要以学校和教师期望的"有益的"方式进行学校教育参与，而且更加意味着"家长参与"被简化为提升学业成绩的一种工具。家庭作业这种家长参与方式深受学校和教师强调，原因正在于此种家长参与方式具有基础性、普遍性、易操作性、易接受性和有益于成绩等的特征。

1. 政策语言造就家长参与方式的"学校化"

首先，学校是最基本的"家长参与"政策制定者和家长参与活动策划者。"家长参与"政策特别地强调，学校必须就如何引导家长参与制定"家长参与"书面政策，以确保学校有效地开展家长参与项目，吸引家长参与到学校教育之中。同时，政策还针对"家长参与"的方式方面为学校提出建议，在政策发展过程中，建议的数量呈现增长和细化的趋势。例如，1988 年法案中，政策条款建议学校家长参与活动可以包括：常规的家长会；家长培训；雇佣、培训和使用家长联络员；家长做教室志愿者、助教和助手；学校向家庭提供补充课程和资料，并在执行以家庭为基础的教育活动方面提供帮助以巩固教室内的教学和学生动机。① 而 1994 年政策中规定学校要制定"学校—家长契约"，并对契约内容作出细化的规定，其中就要求学校在契约中明确描述家长履行支持孩子学习的责任的方式，如监督出席、家庭作业完成，控制孩子看电视，在孩子教室中做志愿者，参加与孩子教育相关的适当的决策，以及积极运用课外时间。②

其次，学校要对家长进行培训从而提升其参与能力。在"家长参与"政策发展过程中，随着学校的作用被逐步强化，学校在"家长参与"方面承担的微观责任也越发具体而复杂。其中，根据法案规定，学校要为家长提供支持，诸如理解州课程标准以及州学生成绩标准、州和地方学业评估、此项目的要求、如何监督孩子的进步、如何与教育者合作去提高他们孩子的成绩；提供材料和训练去帮助家长同孩子一起学习，以提高孩子的学业成绩，如必

---

① United States Congress. Augustus F. Hawkins - Robert T. Stafford Elementary and Secondary School Improvement Amendments of 1988［EB/OL］.［2015 - 08 - 25］. http：// files. eric. ed. gov/fulltext/ED307960. pdf. Section 1016（a）（3）.

② United States Congress. Improving America's Schools Act of 1994［EB/OL］.［2015 - 08 - 25］. http：//www. gpo. gov/fdsys/pkg/BILLS - 103hr6eas/pdf/BILLS - 103hr6eas. pdf. Section1116（d）.

要的读写能力训练以及技术运用技巧去促进"家长参与";可以支付合理的和必要的与地方家长参与活动相关的费用,如交通和儿童照看的费用(以此确保家长能够参加与学校相关的会议和培训课程);可以训练家长去增强其他家长的参与;可以采纳和实施模型方式去提高"家长参与"。① 可以说,政策规定无论从资金支持还是从培训家长的项目方面,在可实践程度上已经做出相当的努力。

再者,家长参与方式与学业成绩密切相关。在"家长参与"政策语言中,家长参与方式从最初的家长咨询委员会,发展到与儿童学习相关的各种在家监督和辅导,再发展到直接而明确地指向与学业成绩相关的各种参与方式的强调。最为明显的就是2015年法案中规定地方教育部门要"提供协调、技术援助以及其他必要的支持以帮助和建构所有学校在计划和执行有效的以提高学生学业成绩和学校表现为目标的家长和家庭参与活动的能力"。② 学校和教师要为学生成绩提升而负责,同时高标准考试也迫使教师们将他们吸引"家长参与"的方式自然地与学业成绩相关,这是以学业成绩为和以高利害关系考试为中心的"家长参与"政策的强调所产生的必然结果。

2. 家庭作业:家长参与方式"学校化"的案例分析

从学校的视角看,家庭作业可以是一种教育需求,是教学和学校课程的一部分内容,也可以是一项政策。在美国,自从20世纪80年代以来,家庭作业已经广泛地渗透到学区和学校建设层面的具体的、明确的和详细的"家长参与"政策中,而且在学校层面逐渐形成一种独立的"家庭作业政策"(homework policy)。家庭作业政策的内容包括对家庭作业的定义、家庭作业的目的、家庭作业的布置要求以及未完成家庭作业的处理方式等系统内容。美国东兰辛公立学校(East Lansing Public School)的1996~1997年度家庭作业的具体内容如下:

家庭作业定义为:家庭作业是作为在家更好地填充校外时间的一种

---

① United States Congress. Every Student Succeeds Act [EB/OL]. [2016 - 12 - 25]. https://www2. ed. gov/documents/essa - act - of - 1965. pdf.

② United States Congress. Every Student Succeeds Act [EB/OL]. [2016 - 12 - 25]. https://www2. ed. gov/documents/essa - act - of - 1965. pdf. Section1116 (a) (2).

布置。这些任务应该保持家长知情并参与到孩子的学习中。

精选的、清晰沟通的家庭作业是教学过程的一个不可缺少的部分。应该提供相关具有挑战性的家庭作业。

家庭作业是通过对所学知识的练习和应用来回顾、巩固或拓展课堂学习；教给学生责任心和组织技能；提升智慧并有序地使用时间；以及为充实活动提供机会。

学校教师要将家庭作业适宜地包含进学生的学习及其教育需求当中。教师要考虑其他教师的课业布置、学生个体差异以及其他影响家庭作为课堂延伸的因素。

未能完成家庭作业的后果将由个体教师处理。教师可以在周一、周三或周四放学后留下学生以完成家庭作业。如果学生需要进行放学后留校完成作业，应该预先通知学生，学生有责任告知他们的家长。而且要确保学生能够坐上最晚班校车。①

从东兰辛学校的家庭作业政策内容可以看到，家庭作业政策已经重新定义家庭和学校的关系，即"家庭作为教室的延伸"，而家庭作业的功能则是"作为一种在家更好地填充校外时间的一种布置"，家庭作业的明确功能之一是"保持家长的知情并参与到孩子的学习当中"。

另外，苔丝·罗德里格（Roderique, T. W.）等人在1994年对美国家庭作业政策的一份调查研究中发现，在他们随机调查的267个学区中，有35.2%的学区颁布家庭作业政策；而高达91.1%的学校向家长告知家庭作业政策和相关规定；51.1%的学区对家庭作业安排进行分类，包括课堂准备、联系作业、完成任务以及拓展活动；47.8%的学区为教师反馈提供指南，包括字母等级计分、建设性评论和表扬、分数等级计分以及附加激励措施；58.2%的学区将家长在家庭作业过程中的作用具体化，包括保证学习空间和时间、监督任务完成以及给完成的作业签字；还有35.2%的学区在家庭作业政策中还对家庭作业频度、每日作业量以及家校沟通机制等方面进行极其具体的规定，如每周3~4天晚上布置作业；小学阶段的作业量大概在41.5分

---

① de Carvalho, M. E. P.. Rethinking Family – School Relations: A Critique of Parental Involvement in Schooling ［M］. London: Lawrence Erlbaum Associates, 2001: 120 – 121.

钟，初中的作业量大概在 67.8 分钟，高中的作业量大概在 100.2 分钟。① 显然，91.1% 的学区已经将家庭作业政策付诸实践，尽管不一定有书面政策，所以说，家庭作业已经成为美国基础教育中极为重要的一部分，从另一个层面也可知，几乎所有家长已经必然地接收到学校关于家庭辅助孩子学习方面的期望和责任定位。另外，家庭作业已经在很多方面被量化，如对家庭作业的时间控制方面、对家庭作业的评价方面、对家长参与家庭作业的方式方面等。

　　从家庭作业的发展历史上看，家庭作业在很长的一段时间内被看作是一项教学策略。它可以是针对所学内容的练习和回顾，也可以是一种为课程和考试所做的准备。它的内容大多是来自学校课程，有时偶尔包括创造性练习，如关于学生个人经历的日志写作以及课程拓展方面的特殊计划。有时，家庭作业还被视为联结学校内容和真实生活之间的一种策略，关注家庭和社·区活动和事件。从心理学和道德方面讲，家庭作业是通过养成学习习惯和严格守时来建立孩子的独立性和责任心。但是，20 世纪 80 年代以来，作为一种政策方式，家庭作业被视为提升学生学业成绩和普遍改善学校教育质量方面的万能药。显然，作业作为基本的教学需求和课程的一部分，与作为一种政策是不同的。前者是从教育学的视角出发，而后者则带有明显的社会功能视角。

　　大量的研究围绕家庭作业与学业成绩之间的关系而进行，新的家庭作业模式也在研究中浮现，例如，"在准备晚饭的时候运用数学和科学知识"，这种模式被称作"互动性家庭作业""家长同孩子一起工作"。从学校的角度，那种理想的家庭图景是家长和学生围着餐桌讨论家庭作业。这种家庭作业的创新趋向，不得不归功于学业成绩的强化，而家长似乎无时无刻地被卷入这场以学业成绩为中心的战斗中。

　　（四）教育问责理念和制度对家校关系的禁锢

　　教育问责制度及其蕴含的问责理念是"家长参与"政策中将围绕学业成绩而建构的家校关系进行合法化的又一个重要路径。通过对学校教育结果的

---

① Roderique, T. W., et al. Homework: A Survey of Policies in the United States [J]. Journal of Learning Disabilities, 1994, 27 (8): 484–485.

普遍问责，学校的"家长参与"政策不可避免地将"家长参与"引致学业成绩这一中心上来，与教育问责的内涵保持一致。在这种教育问责制度框架下，家校关系形成了一种实质性变化，即家庭成为学校教育的附庸。

1. 教育问责制及其对"家长参与"的影响

问责（accountability）是人类社会关系中的一个普遍特征。问责总是与责任联结在一起，哪里有责任，问责也就会跟踪而至。简单地说，问责就是一方采取措施让另一方负起责任来。教育问责制在 20 世纪 90 年代以后的教育政策中逐渐凸显，并成为 2002 年《不让一个孩子掉队法案》的基本原则之一。它主要强调州、地方学区和学校层面通过一些标准考试和评价标准接受公众对教育状况的问责，以强化学校对学生的教育结果负责。在 1994 年的《改善美国学校法案》中规定，州政府根据本州的标准来评价本州内学生的阅读和数学成绩，并根据评价的结果来判断学校是否达到标准并完成年度进步目标，从而对没有完成任务的学校实行纠正和改善措施，对完成任务的学校进行奖励。2002 年的《不让一个孩子掉队法案》中则对问责制进行更加严格的规定和扩充，比如，它规定从 3 年级到 8 年级的所有学生每年都要参加阅读和数学考试，而从 10 年级到 12 年级的所有学生每年还要加试一次。这样的规定的目标就是让所有学校的所有学生都必须达到州标准的熟练水平。除此之外，该法还明确规定那些在总分上没有达到年度进步目标的学校和那些在州考试中没有达到年度进步目标的学生应该接受惩戒。《不让一个孩子掉队法案》为"第一款"需要改进学校设置了时间限制和标准，具体如下：

第一年结束：根据每一个不同学生群体是否已经实现年度进步目标，是否已经在向实现各州设立的学术标准的熟练水平方向努力，来确定学校的类别。

第二年结束：如果一所学校连续两年不能实现年度进步目标，那么它就将成为"需要改进的学校"。一旦被确立为需要改进的学校，就必须设计一个为期两年的改进计划，包括教师专业发展计划。这时，学生可以选择是否需要转学去一个本学区内表现良好的公立学校，这也包括特许学校。

第三年结束：学校如果连续三年不能实现年度进步目标，不仅要继续执行改进计划,为学生提供转学机会,而且必须为继续留在学校的低收入家庭学生提供辅助服务。

第四年结束:学校如果连续四年不能实现年度进步目标,不仅要延续以上所有的措施,而且还要接受本学区的改正措施,包括以下几个方面:替换师资、重建、实行新课程、延长学时或学年,或者聘用校外辅导教师。

第五年结束:学校如果连续五年不能实现年度进步目标,就要实行重建。它要求学校提供重建计划,或者做出代替性管理安排,包括州政府接管、转变为特许学校、替换教师或雇佣私人承包商来管理学校。

第六年结束:如果学校连续六年不能实现年度进步目标,就必须执行重建计划。①

在这种系统的教育问责制度下,学校面临着巨大的压力,尤其是那些招收来自低收入家庭学生服务的学校。从客观现实上看,它们绝大多数是师资素质较低、班级规模较大、图书资源有限、技术支持较少以及学校建筑和设施陈旧的学校。而"家长参与"政策针对的正是这些学校。可想而知,这些学校在满足法案规定的州标准方面将承受巨大的压力。有数据显示,密歇根州有1500所学校被裁定为表现不佳,加利福尼亚州有1000多所学校被裁定为表现不佳。② 在一些少数族裔和贫困学生聚居的城市地区和乡村,有相当比例的学校是需要进行改革的。

在面对这样的教育问责制度的时候,学校会如何开展"家长参与"的吸引活动?约翰·霍普金斯大学全国合作伙伴学校联盟(NNPS)首席科学家爱泼斯坦在一篇《满足 NCLB 法案有关家庭参与的要求》("Meeting NCLB Requirements for Family Involvement")的文章中给出了代表性的回答。爱泼斯坦表示,所有加入全国合作伙伴学校联盟的学校都会建立"合作伙伴行动小组"(Action Team for Partnerships),行动小组将按照家长参与六模式,即当

---

① 〔美〕L. 迪安·韦布. 美国教育史:一场伟大的美国实验 [M]. 陈露茜,李朝阳,译. 合肥:安徽教育出版社,2010:436–437.

② 〔美〕L. 迪安·韦布. 美国教育史:一场伟大的美国实验 [M]. 陈露茜,李朝阳,译. 合肥:安徽教育出版社,2010:432.

好家长（parenting）、相互交流（communicating）、志愿服务（volunteering）、在家学习（learning at home）、决策（decision making）以及社区协作（collaborating with community），确保家长参与到家庭、学校和社区之中。行动小组将根据学校具体的改善目标制定年度行动计划，如学校提高学生阅读和写作测试分数时，年度行动计划中的行动将会吸引家长和社区参加关于读写能力技巧和态度方面的活动；如果学校需要提升数学技能，那么行动小组将会吸引家长和社区参与一些与数学相关的活动。①

爱泼斯坦在"家长参与"方面的研究在美国是具有代表性的，从她对"家长参与"政策的要求的态度上可以看出，围绕学业成绩而对学校进行的评价和问责已经直接影响到了家长参与方式和内容的选择。NNPS 学校的行动小组的任务及目的已经告诉我们，家长参与方式有很多种，但是它们都是依据学校的现实需求而进行的，学校需要提升哪个科目的成绩，"家长参与"的活动就会随之指向哪个科目，从这个层面上说，"家长参与"已经简化为学校提升学业成绩而避免在教育问责中失利的重要路径。

2. 问责理念框架下的家校关系趋势

责任是问责的静态含义和直观体认。可以说，美国家长参与教育政策是一系列的责任认定体系。"家长参与"政策制定之初，问责思维就已确立，并且表现为家长通过家长咨询委员会的形式对学校制定和执行第一款项目的情况进行监督和问责。而在 20 世纪 90 年代以后，"家长参与"政策中教育问责的内涵发生转变，家长与学校在孩子"高水平学业成绩"方面承担共同责任，家长在孩子教育方面的责任以法令的形式和高度加以强化，从而"家长参与"政策中的教育问责直接指向家长和学校之间的相互问责。更重要的是，无论是家长对学校的监督，还是学校对家长参与的吸引，都从"高水平学业成绩"的角度有了新的问责意义，从而在学业成绩的框架中重新定位了家校关系。

首先，对于学校来说，"家长参与"政策中渗透的教育问责理念不断地改变学校对家庭教育责任的看法及其吸引家长参与的方向。"家长参与"政

---

① Epstein, J. L. Meeting NCLB Requirements for Family Involvement［J］. Middle Ground, 2004, 8（1）：14.

策的发展过程实际上是家长的教育责任不断确认、丰富和强化的过程，而学校被要求随着家长教育责任的角色和分量的变化而采取不同程度和方向的吸引家长参与的措施。在长期的政策发展过程中，学校已经形成一种家校关系意识，即家长要为学生的"高水平学业成绩"承担责任，家长应该做出大量投入和努力；而且，学校有权力也有能力对"家长参与"做出安排和提出要求。

其次，对于家庭和家长来说，"家长参与"政策中的教育问责意识也不断地改变着家庭对自身教育责任的观点以及学校在吸引家庭参与中的作用角色的认知。"家长参与"政策长期地强化家长作为孩子学习的辅助者、学校契约合作者以及学校消费者的角色，家长被政策话语引导着如何去帮助孩子学习、帮助孩子适应并完成家庭作业、帮助孩子去赢得考试。同时，家长还被引导着与学校进行合作，甚至对不满意的学校进行选择。但是无论是哪种引导，家长都会变得将精力、注意力和有限的时间分配到孩子的学校生活中去，并且将逐步地关注孩子学校动向、关注孩子在校表现以及帮助孩子学校成功作为一种理所当然的"好的儿童教养模式"，从而将家庭教育的重心转向学校，在教育目标上和教育内容上都与学校保持高度的一致性。

爱泼斯坦也曾提出的交叠影响理论强调家庭、学校和社区之间有关学校的、努力学习的、创造性思维的、相互帮助以及上学的重要性等观念的一致性对于学生来说很重要，也非常强调"家庭般的学校"和"学校般的家庭"。但是她似乎并没有意识到当在这样的一个交叠影响的模式中，学校似乎太过于"中心化"，而家庭似乎太过于"学校化"了，这是因为她看待"家长参与"问题的基本是基于学校和教师的视角，而她关注的问题是如何更好地让家长参与到学校教育中来的问题，而非如何处理家校关系的问题。

综上所述，"家长参与"政策中对家庭和学校责任的规定和引导，对于学校和家长的问责，都将家校关系引向一种"学校化"的方向，这实质上是对家长和家庭的教育功能的片面化和扭曲，是对家庭和家长极具工具性的一种利用，是对儿童发展权利以经济发展为目的框架的一种侵占。

三、联邦权力和联邦基金："家长参与"政策合法化的终极控制力

联邦权力和联邦基金是"家长参与"政策的终极保障。换句话说，为了

让最基层的家校关系实践者——家长和教师接受"家长参与"政策，联邦权力和联邦基金是最基础的合法化手段。仅从联邦权力和联邦基金对处境不利人群的关注和援助的角度上看，它是具有缓解社会阶层矛盾和处境不利人群教育状况方面的意义的。但是，从联邦权力和联邦基金用于塑造和引导普遍化的家校关系的角度看，其意义更趋于一种政治和经济利益，而对处境不利人群的家校关系认知的发展和处境不利儿童自身的发展则是一种扭曲和侵占手段。因此，不能无视联邦权力和联邦基金对于形塑"学校化"的家校关系方面的工具性目的，正如不能否定它们在关注和缓解处境不利儿童的教育困境方面的作用一样。

（一）联邦权力：特定家校关系主流化的强力

在美国，教育管理主要是各州的权限，联邦政府对教育的干预的加强是在 20 世纪 60 年代以来。20 世纪 60 年代的美国社会存在尖锐的种族矛盾，教育领域成为民权运动的主要阵地。联邦政府对教育进行干预的权力在它维持教育领域中的民权问题过程中得到增强，主要通过三个方面：一是通过联邦法院对教育领域内诉讼案的判决；二是通过联邦政府对各州学校废除种族隔离的监督；三是通过颁布教育法案和拨放教育援助基金。1954 年"布朗诉托皮卡教育委员会案"经过联邦最高法院审理，最终判决学校废除种族隔离。联邦法院在解决公共教育不平等的问题上首先亮明了立场，并且因此更加关注公共教育中的种族矛盾与种族差距问题。然而，自布朗案判决以后，各州对此判决的态度各有差异，很多南方州公开抵制和反抗，甚至有些州公然废除公立学校。在监督各州执行废除种族隔离计划的过程中，联邦政府又一次显示了它的强大力量。比如，在阿肯色州小石城因州国民警卫队阻止 9 名黑人学生入学中心高中，从而引发武装冲突，艾森豪威尔总统下令将阿肯色州国民警卫队置于联邦政府管辖之下，并派遣正规军确保学生们安全入学。[1] 在此之后，联邦政府在民权运动和"向贫困宣战"的促动下，颁布《初等和中等教育法案》，并用联邦基金支持很多教育项目，如校车计划、开端计划、追踪计划、第一款计划等。

---

① 〔美〕L. 迪安·韦布. 美国教育史：一场伟大的美国实验［M］. 陈露茜，李朝阳，译. 合肥：安徽教育出版社，2010：334.

但是，联邦权力与州的教育权力之间存在冲突。比如，1981 年对《初等和中等教育法案》的核准就是一个鲜明的例子："地方学校官员宣称 1978 年增补案规定得太死板，从法律中抽离了家长参与条款和家长咨询委员会，并将这种权力留给州和地方学区去决定他们愿意如何去吸引家长。"① 虽然 20世纪八九十年代，联邦政府的教育作用不断强化，但是在 2002 年《不让一个孩子掉队法案》颁布之后，由于其对高标准考试、全国统一课程以及教育问责制等方面的强调，各州的反对之声已经哗然。2015 年《每一个学生都成功法案》出台，比照 2002 年法案最大的变化就是联邦教育干预权限的削弱，联邦将大部分权限归还给州和地方教育部门。

从联邦的教育权力的变化规律上来看，联邦与州之间的教育权力是一种妥协与制衡的关系，当联邦的教育权力行使有利于州的基本利益的时候，联邦和州对教育的影响力是均衡的，但当联邦的教育干预超过州的预期，从而被认为有损州的利益的时候，联邦教育权力就会被紧缩。依照这一逻辑，我们应该看到联邦政府教育干预权力的本质，它在针对处境不利学生的教育机会平等的关注和争取过程中，借助联邦的权力缓解了民权运动的社会矛盾，缓解了处境不利儿童的教育困境，这些问题的解决是有利于各州的教育问题解决的。但是，从根本上说，联邦政府的权力并不能真正解决处境不利人群的教育不平等和教育资源短缺的现实问题。所以，从联邦政府权力的角度看，联邦对"家长参与"政策的强调和支持，也并非真正解决处境不利儿童的学业成绩差距的问题，而更多的是通过联邦权力来影响和塑造某种特定的家校关系，以促进处境不利儿童及其家庭与主流社会的整合。

（二）联邦基金：特定家校关系主流化的诱惑力

联邦政府的权力行使在很大程度上要依赖于联邦基金。联邦政策中的各个教育项目和计划都是辅以联邦拨款的。联邦经费的目标是很明确的，都是针对一些专门的项目计划进行划拨的，所以被称为"规定分类用途的资助"

---

① Moles, O. C., Jr., A. F. Fege. New Directions for Title I Family Engagement: Lessons from the Past [A]. In Redding, S., Murphy, M., and Sheley, P.. Handbook on Family and Community Engagement [C]. Lincoln: Academic Development Institute, 2011: 5.

（categorical aid）。① 它是联邦权力的源头。与将联邦经费交由地方学校官员处置使用不同，规定分类用途的资助经费必须针对专门的项目计划。地方学校官员可以拒绝联邦政府的经费资助，因为联邦政府对学区并不直接具有控制权。但是，地方学校一般不会拒绝联邦政府的经费。一旦学区或州接受了联邦的经费，联邦的控制就随之出现，联邦就可以实施其教育控制权了。

《初等和中等教育法案》就是联邦将教育与国家的政治目标紧密联结之后颁布的法案，联邦基金拨款的目的就是加强阅读和算术课程，为那些低收入家庭的学生提供平等的教育机会。正如"家长参与"政策中规定："所有接受第一款资助50万美元以上的学区，必须留出至少1%作为家长参与的活动经费，同时，必须将至少95%的第一款资金分配用于第一款学校。"② 联邦基金是确保"家长参与"政策实施和发展的经济基础。

在政策发展过程中，联邦基金的增减变化直接影响政策的走向。比如，联邦教育经费突然激增的时期正是1965～1966学年，而联邦经费最高值则出现在1977～1978学年（如表5－1所示）。联邦经费从1945～1946学年的1.4%增加到1972～1973学年的8.7%，这一增长正是由"冷战"向"向贫困宣战"过渡的结果。在20世纪70年代期间，"家长参与"政策迎来它的第一个发展高峰期。但从1977～1978学年的9.4%下降到1987～1988学年的6.3%正是由于里根政府的教育立场导致的削弱联邦政府干预教育权限的结果，在里根政府期间，"家长参与"政策的内容几乎都被删减。故而，联邦基金是"家长参与"政策进行合法化的最终保障。

---

① 〔美〕乔尔·斯普林. 美国教育［M］. 张弛，张斌贤，译. 合肥：安徽教育出版社，2010：225.

② United States Congress. No Child Left Behind Act of 2001 ［EB/OL］. ［2015－08－25］. http//www. gpo. gov/fdsys/pkg/PLAW － 107publ110/content － detail. html. Section1118 （a）（3）.

表 5 - 1 20 世纪联邦经费百分比变化

学年	联邦经费百分比%
1919～1920	0.3
1945～1946	1.4
1955～1956	4.6
1965～1966	7.9
1972～1973	8.7
1977～1978	9.4
1982～1983	7.1
1987～1988	6.3
1992～1993	7.0
1998～1999	7.1

资料来源：〔美〕乔尔·斯普林.美国教育〔M〕.张弛，张斌贤，译.合肥：安徽教育出版社，2010：224.

第六章 美国"家长参与"政策对家校关系的主体间性的忽视及其有效性失却

正如前文所提到的,家长参与项目实践的重要性和有效性已经得到大量的经验分析研究的"确证",但是,这些所谓的"有效性"从本质上说是一种基于"目标—结果"的线性"绩效"考察,而且还是一种基于不同限定性考察维度下的"绩效"考察。因此,这些结论并不能等同于"家长参与"政策的有效性认同。从生活世界理论视角去理解"家长参与"政策的有效性,是要探究"家长参与"政策作为家校关系模式的一种系统导向的有效性,同时详细考察政策的价值定位及其对政策利益主体的实际影响,即政策是否对处境不利儿童及其家庭的教育需求做出准确的判断,能否处理好家校合作与儿童广泛利益之间关系,是否已经为处境不利家庭和学校之间的文化沟通做好准备,是否使政策框架下的家校关系保持一种平衡状态。这些问题关乎处境不利儿童和家庭在家校互动中的自我认同和文化认同,关乎处境不利儿童在学校教育中的存在感和融入感,关乎处境不利儿童在家庭和学校两个生存环境中连贯而自由地发展的可能性和程度。因此,依循政策实践路径去考察政策为上述关注的方面做了哪些思考与准备,在真实的环境中展现什么样的效果这些问题的探究就成为必然。遗憾的是,无论从政策的工具性目标——缩小学业成绩差距——来考察,还是基于批判视角进行的审查,都不能发现有效性存在的理据。相反,政策对处境不利儿童和家长的特殊教育需求的忽视,对家长与教师群体文化冲突的忽视,以及对家长群体之间的文化与阶层冲突的忽视都将"家长参与"政策影响指向了恢复种族隔离以及通过学校同化家庭文化方面。

一、教师与学生及其家庭之间潜在的文化冲突

教师和家长是"家长参与"政策的最终实践者,家校互动的频度、程度与质量如何在很大程度上取决于教师和家长对彼此的文化和价值观念的理解与认同。"家长参与"政策的利益主体是以少数族裔儿童及其家庭为主体的,而依据政策去执行家长参与要求的却是白人教师主体。在白人教师和少数族裔学生及其家庭之间存在明显的文化张力和潜在的文化冲突。在"家长参与"实践过程中,白人教师和少数族裔家长对"家长参与"的观念、"家长参与"的方式以及"家长参与"的障碍等方面的理解存在巨大差异。然而,在学业成绩框架下的"家长参与"政策越来越凸显的情境中,教师尤其是处境不利学生所在学校的教师,在面对巨大的考核和审查压力的状况下,很难有精力去进行自我文化意识反思,很难以一种文化理解的心态去进行"家长参与"吸引。因此,试图通过"家长参与"的路径去增进家长和教师之间的文化理解和认同,是一种本末倒置又不切实际的设想。

(一)"家长参与"实践主体的种族特征:基于人口学的分析

美国人口构成的多文化、多种族的特征越发地明显了。从某种程度上说,美国正面临着人口多样化带来的教育难题。这是因为,在美国公立学校当中出现了一个明显的文化矛盾,即日益增长的在校学生的"少数族裔化"与在职教师的"白人化"之间的巨大张力。

1. 少数族裔学生的人口比重激增

加西亚(García, E.)曾在 1994 年出版的著作中表示:"当教师看着教室内的学生时,他们将看见一个与自己儿时十分迥异的情景。今天,有 1/3 的儿童是来自少数族裔群体,1/7 的儿童在家讲英语之外的语言,1/15 的儿童不在美国出生。美国学校人口的语言和文化多样性在过去的十年中已经急剧增长,并将保持持续的增长势头。现在有 3/4 的美国人自称欧裔,但是到了 2050 年恐怕只有一半人可以这样声称了。'少数'族裔的概念将会过时,没有哪个群体来自多数。"① 诚然，在美国公立中小学中少数族裔学生的人数比例不断地增加，如表 6 - 1 所示，1991 年少数族裔学生人口比例占32.6%，2001 年该比例增长到 39.7%，而到了 2011 年，公立学校中少数族裔学生占到 48.3%，已经接近半数。

表 6 - 1　美国公立中小学学生种族/民族分布比例（1999～2011 年）

	1991	2001	2011
总计	100	100	100
白人	67.4	60.3	51.7
黑人	16.4	17.1	15.8
西班牙裔	11.8	17.1	23.7
亚裔/太平洋岛民	3.4	4.3	5.1
美国印第安人/阿拉斯加原住民	1.0	1.2	1.1
两种或以上种族			2.6

资料来源：Snyder, T. D.. Mobile Digest of Education Statistics, 2013 ［EB/OL］. ［2016 - 09 - 23］. Washington, DC.: National Centerfor Education Statistics, Institute ofEducational Sciences, U. S. Department of Education. http：//nces. ed. gov/pubs2014/ 20 14086. pdf.

公立学校中少数族裔学生数量激增意味着公共教育领域的服务对象具有更加多样的教育需求，这一现实在 20 世纪末催生了一场"多元文化教育"②运动。多元文化教育希望尊重并接受少数族裔儿童们自身的多种文化背景。多元文化主义的倡导者们希望在教育和课程设置方面做出调整。比如，以多元文化的方式教授黑人历史，将非裔美国人的文化视角持续地融入学校课程中。但是，多元文化主义似乎仅仅吸引了一些教育学、社会学和人文科学领域的学者的关注，而在实践中，特别是在课程设置方面，多元文化主义并没

---

① García, E.. Understanding and meeting the challenge of student diversity ［M］. Boston：Corwin Press, 1994. 转引自：Ofelia B. Miramontes, Adel Nadeau, Nancy L. Commins. Restructuring Schools for Linguistic Diversity：Linking Decision Making to Effective Programs ［M］. New York：Teachers College Press, 1997：ix.

② 多元文化不仅限于少数族裔学生，还包括残疾人、妇女及同性恋等视角。但由于研究问题限制，本研究中主要研究公立学校中针对少数族裔学生进行的多元文化教育倡导。

有得到基本的支持和认同。教育机构和团体要么不能理解这个问题，要么对其毫无兴趣。

尽管如此，少数族裔学生数量的激增已经成为美国公共教育领域的一个显著问题，对于少数族裔学生的文化与主流教育之间的关系问题已经远非美国历史上曾经出现的对移民进行强制的文化同化的方式所能解决。虽然美国历来就是一个多文化、多种族的移民国家，但是现在，美国公众要比任何时期都需要正视这种多文化、多种族的社会现实，要比任何时期都需要正视少数族裔的文化力量，多元文化教育思潮也只不过是这种真正反思的开始。

综上所述，少数族裔学生人口比例的激增以及文化多元教育思潮的出现，为判断美国"家长参与"政策的有效性提供一个社会现实基础，也就是说，"家长参与"政策在面对少数族裔学生群体及其家庭文化的多元化方面是否做好准备并做出有效的引导？答案显然是否定的，"家长参与"政策制定之初至今，政策制定者们对少数族裔群体的文化定位仍然是基于"文化缺陷理论"的框架之中，所以，即使是从最基本的实践层面来看，"家长参与"的主导文化仍然是"白人文化"，这一点可以从教师群体的整体文化倾向方面以及从教师为接触少数族裔儿童及其家庭所做的文化准备方面得知。

2. 教师群体的"白人化"

在美国公立中小学中，有一个隐性的白人文化群体，那就是教师。如表6-2所示，将学生种族分布和教师种族分布并置和比较，一个问题便会一目了然，那就是师生之间存在着潜在的文化冲突。教师以白人为主，白人教师所占比例具有绝对优势，而学生中少数族裔的比例却非常高。公立学校教师中有81.9%是白人，而白人学生却只有51.7%。教师中黑人的比例为6.8%，而黑人学生的比例却达到了15.8%。公立学校中师资力量呈现明显的"白人化"特征，教师的种族特征在一定程度上确保了公立学校中欧洲中心文化的统治地位。

表6-2 美国公立中小学学生及教师种族分布情况（2011~2012年）

	学生分布比例	教师分布比例
白人	51.7%	81.9%
黑人	15.8%	6.8%

续表

	学生分布比例	教师分布比例
西班牙裔	23.7%	7.8%
其他族裔	9.8%	3.5%

　　资料来源：Snyder, T. D.. Mobile Digest of Education Statistics, 2013［EB/OL］. ［2016 - 09 - 23］. Washington, DC.：National Centerfor Education Statistics, Institute ofEducational Sciences, U. S. Department of Education. http：//nces. ed. gov/pubs2014/ 201 4086. pdf.

　　进入 21 世纪，一些教育机构和研究团体已经关注教师队伍缺乏文化多样性的问题。比如，全国教育协会（National Education Association）在 2004 年发布了一份报告，名为《美国师资队伍多样性评估：行动呼吁》（"Assessment of Diversity in America's Teaching Force：A Call to Action"）。报告关注的焦点就是人们在关注教师质量问题的时候，忽视了教师多样性和文化响应教学的问题。报告认为，在教师和学生二者的种族构成情况之间存在着巨大差异，这对教学工作产生很重要的影响，尤其是对"有色人种的学生"。报告表示："第一，有色人种的学生如果由他们同一族群的教师教学，其学习成绩、个人表现和社会表现都会更好一些，但这并不意味着那些在文化交融上能力很强的教师们，不能在对来自不同族群的有色学生的教学中取得同样的成绩。第二，来自不同族群的教师已经证实，当他们采用特定文化背景下的教学技术和具有特定教学内容的方法教授有色人种学生时，他们的学习成绩会有非常明显的提升。第三，有色人种的教师对于那些来自与自己相同种族的学生会有更高的期望。"① 鉴于此，该报告呼吁国家通过政策和项目招募、培训和吸引更多的少数族裔教师加入公立学校教师队伍。

　　综上所述，美国公立学校教师队伍中，已经长期地由白人教师主导，而教师对少数族裔学生的文化响应教学的问题只是一个最近才受到关注的问题。也就是说，白人教师将在很长一个时期内仍然作为美国公立学校的主导。

---

　　① National Collaborative on Diversity in the Teaching Force. Assessment of Diversity in America's Teaching Force：A Call to Action［R］. Washington, D. C. , 2004：6.

(二) 教师与学生及其家庭之间的文化沟通

少数族裔学生与白人教师之间存在的种族分布比例差距,从根本上反映出美国公立学校的白人文化与少数族裔的多样文化之间的冲突。实质上,"家长参与"政策虽然在辞令上以提高处境不利儿童学业成绩为目标,但这其中隐含着文化论调,如政策中处境不利儿童的主体——少数族裔儿童的目标,正是要达到"白人同伴"的成绩水平,这里隐含着一种"文化距离"。因此,从"家长参与"政策出现开始,一场主流文化与少数族裔文化之间的冲突就已经不可避免,只不过这场文化战争是以学校和家庭为战场的。

"家长参与"政策和实践的关键性问题就是文化沟通,包含教师和学生还是教师与家长之间的文化沟通。"家长参与"政策希图公立学校对处境不利儿童及其家庭的服务更有针对性和响应性,希望通过家长参与学校教育促进学校文化和学生的家庭文化之间的接轨与融合。因此,在"家长参与"这一家校互动过程中,教师和学生及其家长之间需要以文化理解作为有效沟通的前提,而语言是教师和少数族裔儿童及其家长进行沟通的关键媒介。但是,从实践过程中看,美国公立学校的教师似乎仍未对与少数族裔儿童及其家庭的有效沟通做好准备。语言是文化的载体。我们可以以"语言"为例来理解白人教师与少数族裔学生及其家庭之间的隐性的文化冲突。

在少数族裔儿童的教育当中,语言是其教育中的重点,关乎学生学业的整体发展水平,关乎教师的教学效果,更关乎教师与学生的有效沟通。在美国,西班牙裔学生受其语言影响而成为教育处境不利学生的情况十分明显,这是因为,西班牙裔学生在很大程度上很依赖他们的母语。在《2000年教育状况》的调查数据中显示:44.4%的西班牙裔学生在家里讲西班牙语,有大约20%~28%的西班牙裔学生在家里只讲西班牙语(参见表6-3)。

表6-3　西班牙裔学生在家中讲的语言:从家中所讲语言和年级看0~12年级西班牙裔学生的比例分布情况

年级	在家中大部分讲英语	在家中讲英语和讲西班牙语各半	在家中大部分讲西班牙语	讲英语和讲其他语言各半或讲其他语言
0~5	54.8%	16.2%	28.2%	0.8%
6~8	58.2%	20.1%	20.6%	1.0%

年级	在家中大部分 讲英语	在家中讲英语和 讲西班牙语各半	在家中大部分 讲西班牙语	讲英语和讲其他语言 各半或讲其他语言
9～12	61.5%	15.9%	22.4%	0.2%

资料来源：〔美〕乔尔·斯普林. 美国教育［M］. 张弛，张斌贤，译. 合肥：安徽教育出版社，2010：131.

　　在这种情况下，教师如果只用英语进行教学，势必会影响学生对所学知识的理解与体悟；如果教师缺乏对于西班牙语的理解，势必会影响教师与学生之间的有效沟通。面对这种情况，学校就会面临一个难题，那便是寻找和雇佣受过培训、专门对缺乏英语能力（Limited English Proficiency）的学生进行教学的教师。在美国各地公立学校的所有从事缺乏英语能力学生教学的教师当中，仅有很少人接受过相关培训，也就是说，在面对少数族裔学生的特殊语言教育需求时，只有很少的教师能够满足教学需要。在美国国家教育统计中心的一份调查数据中显示，在美国公立学校从事缺乏英语能力学生教学工作的教师中，接受过相关培训的比例普遍较低（如表6-4所示）。

表6-4　不同地区的公立学校从事缺乏英语能力学生教学工作的教师
接受过相关培训的比例（1993～1994年）

地区	受过培训的教师比例
东北部	21.5%
中西部	11.6%
南部	29.0%
西部	47.3%
全国	29.5%

资料来源：〔美〕乔尔·斯普林. 美国教育［M］. 张弛，张斌贤，译. 合肥：安徽教育出版社，2010：133.

　　从这个调查数据可以看出，美国教师整体并未对少数族裔学生的语言差异做好准备。从这个侧面也可以看出，教师同样并未对接触和理解少数族裔学生的多元文化家庭做好准备。所以说，现在的以白人教师为主体的公立学校，首先不能满足少数族裔学生，尤其是西班牙裔学生的基本教学需求（他们往往不能充分地从以英语为基础的教学当中获益，这是导致西班牙裔学生辍学率高的重要原因）；那么，再要求白人教师们去达成与少数族裔家长之间的有效沟通和合作，"家长参与"政策是否对白人教师存在一种不切实际的高要求。

除了语言媒介的欠缺导致的文化沟通障碍之外，公立学校教师在"家长参与"实践过程中，还会显现出与少数族裔家长之间更为深刻的文化观念冲突。

（三）"家长参与"实践中的教师与家长的文化冲突

尽管绝大多数家长和教师都认为"家长参与"对于孩子是有益的，但是，他们往往对"家长参与"的意义和功能的理解并不一致。所以，很多美国学者在研究"家长参与"时经常会说：家长参与并没有一个准确的含义，对于不同的人它意味着不同的事情。正如安妮特·拉鲁说过的那样，"同样的词汇，如'与学校联系''检查作业''家庭作业帮助'以及'与教师交谈'等，对于家长来说似乎会有不同的意义"①。

1. 教师和家长对"家长参与"的意义和功能理解的文化差异

背景环境对于意义的理解极其重要。教师和处境不利家长在"家长参与"的理解上存在着的差距主要源自他们生活背景的不同，以及他们分别与"家长参与"实践的中心场域的关系的不同。显然，从教师的生活背景角度讲，美国教师属于中产阶层，并且经过系统的欧裔文化的熏陶与培训。从文化价值观念的层面上看，他们代表着一种美国社会主流文化价值观。从与学校的关系角度看，教师已经在其专业发展过程中形成一种对自身的身份和角色认同，那就是"教育专业人士"。因此他们对于学校发生的事情享有一种天然的优越感，并形成一种专业自信，这种角色认同直接影响着他们对学校事务和教学活动的主导，从而影响着他们对家长角色以及"家长参与"的认知。

从"家长参与"的实践维度看，公立学校教师在两个层面上体现明显的

---

① Lareau, A.. Assessing parent involvement in schooling: A critical analysis ［A］. In Booth and J. Dunn（Eds.）, Family - school links: How do they affect educational outcomes? ［C］. Mahwah, NJ: Lawrence Erlbaum, 1996: 59.

文化特征。一方面，在文化价值观念方面，教师群体代表着一种主流的社会文化价值观，并存在很强的文化优越感，这不仅影响教师自然地依据自己的文化价值标准对"家长参与"做出设想，还会影响他们对少数族裔家长的参与程度、态度、方式及价值等方面做出判断；另一方面，在角色认同方面，教师角色是"校内专家"，依据这一角色，他们会主导"家长参与"的实践过程，他们会以他们希望的方式和路径吸引家长参与，从教师的本职工作——教学和成绩方面来定义"家长参与"的意义和功能。

从"家长参与"的实践维度讲，处境不利群体也会体现自己的文化特征。一方面，处境不利群体家长常常会因为在工作赚钱和陪伴孩子之间选择前者而被冠之以"不参与"之名，而事实是他们的参与方式并不被认可和重视；另一方面，处境不利家长往往更多地从孩子全面的切身利益出发，如从安全角度出发，去理解"家长参与"的意义和功能，而不仅仅围绕学业成绩。

教师和处境不利家长在"家长参与"实践过程中的文化冲突的两个方面可以从下面的案例中得到生动而深刻的阐释。

2. 教师和家长在"家长参与"中的文化冲突——一个田野案例

迈克尔·A. 劳森（Lawson，M. A.）自 1997 年开始在美国中西部的一个城市的贫困社区中，选择了一所第一款小学（Title I neighborhood school）——加菲尔德小学（Garfield Elementary），围绕"在特定的背景中理解家校关系"这一主题进行了为期两年的田野研究，并以半结构式人种志访问的方式对这所学校的 12 名教师和 13 名家长进行了调查研究。

加菲尔德小学有 815 名学生，42 名教师、19 名专职人员助理、1 名护士、1 名兼职顾问以及 1 名家访教师。学生中非裔占 60%，其余接近 40% 的学生为高加索白人，这所学校是典型的服务于低收入家庭的学校。学校所在的社区也是高贫困社区，社区 11000 人当中，5000 人的家庭中有 84% 是单亲家庭，社区总人口的 94% 是非裔美国人，70% 处于贫困线以下。接受访问的 12 名教师当中，有 2 名是非裔男性、3 名是非裔女性、5 名是欧裔女性、1 名是欧裔男性以及 1 名多种族女性。教师没有一人生活在此社区。13 名受访家长全是非裔，其中 6 名是"参与的"（involved）家长，也就是说，是参与到学校的，7 名家长自认为是"不参与的"（uninvolved）家长，这些家长除非孩子在学校有特殊事件，否则并不参与学校之中。所以，从整体特征来看，劳森选择的学校是一个贫困社区中的一所贫困学校，该校申请参加了第一款项目，学生以非裔为主，教师以欧裔为主。

劳森对 12 名教师和 13 名家长进行的采访展现了一副生动鲜活的家校互动图景，经过教师和家长们的自述，可以真切地感受到"家长参与"政策实践中家长和教师之间的文化冲突，以及教师和家长基于各自的目标和需求进行的"家长参与"意义和功能定位。

首先，家长和教师对"家长参与"的意义和功能定位存在基本的文化冲突。家长们从一种关乎孩子安全的角度，希望"家长参与"应该以社区为中心，并将学校视作一个社区服务机构与家长一道关照孩子。这一视角是基于这些非裔家长对社区的依赖以及对社区沦落的恐惧。这个社区的环境在近 20 年内极度恶化，"药物和暴力在街道中吞噬着儿童"。在这种生活环境中，家长们经常因工作赚钱而无法看管孩子，内心常常感到担忧和内疚。因此，"尽管家长参与一词是在学校中心的背景下实施的，但是加菲尔德的家长们将家长参与视为有关孩子生活和将来的一场殊死搏斗，这场战争远远超出学校和教师的需求"①。正像一位家长所说，我们中的大多数，关注孩子每天离开学校之后他们都会做些什么。我们把食物放在桌子上，把衣服放在他们的背上，让孩子远离街角，那就是我们的工作。我们必须工作并确保他们有机会能每天都去上学。因为贫穷没有衣服，或者他们在街道上遇到坏人，对于他们上学都是阻碍。所以，我并不是担忧学校，我是担忧其他事情。② 因此，这些非裔家长对于"家长参与"的定位是基于社区环境的，其中 8/13 的家长认为学校是对孩子生命安全的基本保障，他们认为孩子在校的 6 小时是孩子难得的安全的时间。非裔家长们将学校定位为替代已经沦落的社区，为孩子提供一个基本的安全和服务。对学校的定位直接影响非裔家长们对"家长参与"的意义和功能的认知，他们认为"家长参与"应该是以社区为中心，以孩子的安全和基本需求为目标，家长和教师一道合作。

---

① Michael A. Lawson. School – Family Relations In Context：Parent and Teacher Perceptions of Parent Involvement ［J］. Urban Education，2003，38（1）：91.

② Michael A. Lawson. School – Family Relations In Context：Parent and Teacher Perceptions of Parent Involvement ［J］. Urban Education，2003，38（1）：91 – 92.

　　然而，教师并不能理解家长的这种基本诉求，教师们关注"家长参与"的基点是基于他们的"专业"身份，他们关注"家长参与如何提升和帮助教师教育孩子的能力，家长和家庭如何提高孩子们的生活和教育体验"的问题。一位4年级教师这样回答，如果家长能够做到教师要求他们去做的某些事情，那么，这就是家长参与学校了。一位4年级的教师说，"家长参与"应该就是在图书馆、在操场、在自助餐厅，监视走廊或者休息室。一位3年级教师认为，"家长参与"就是参与到学生的实地考察旅行中。一位6年级教师认为，以学校为基础的"家长参与"是一条培养有力的和有效的教室助手和联盟的路径。① 另外，教师们还认为，家长们在家参与也很重要。一位教师这样说，"家长参与"非常重要，因为家长是孩子接受重要价值观和系统信仰之源。如果家长相信学校是重要的，那么孩子也会相信学校是重要的。如果家长只是把孩子送到学校而不监督和问询孩子在学校的情况，或者很少了解学校内进行什么活动，那么孩子就会认为学校在家长的生活中一定是不重要的。② 总之，教师对"家长参与"的意义和功能的理解是基于一种线性的、技术的和工作相关的视角，强调家长支持教师的要求和学校定义的目标，以及强调家长在家和在学校帮助孩子巩固课堂所教内容。

　　其次，教师在对家长的参与方式的理解上存在明显的文化偏见。教师们已经在自己的文化价值观念和教育经验范围内建立起一套有关"家长参与"的活动框架、"家长参与"的程度和水平的评价标准，正如"家长参与"政策中所框定的那样。但是这些框架在与少数族裔家长的互动合作过程中，常常受到挫败，可以说，既定的"家长参与"的活动和标准框架已经让教师们无法理解，也不试图去理解家长们的参与行为和方式特征了，他们转而对"家长参与"进行一种独断的评判，并且在这种评判中饱受挫败感，而这种挫败感会直接影响他们对"家长参与"进一步的判断，这是一个恶性循环。在劳森的调查中，教师和家长的自述显现了这种由于文化偏见引发的沟通受阻的状况。虽然教师们很少明显地提及种族和文化人口特征，但是他们认为

---

① Lawson, M. A.. School – Family Relations In Context: Parent and Teacher Perceptions of Parent Involvement [J]. Urban Education, 2003, 38（1）: 104 – 105.

② Lawson, M. A.. School – Family Relations In Context: Parent and Teacher Perceptions of Parent Involvement [J]. Urban Education, 2003, 38（1）: 104 – 105, 106.

大部分学生没有做好上学准备和学习能力准备。他们隐含地对家庭习惯、家庭生活模式以及家长和孩子之间的关系模式做出一系列基于"标准"的评判。比如,一位教师说道:"这个社区的需求非常大,它应该开始着手解决生活上的需求,如孩子们对营养的需求,很多孩子经常性地不吃早餐,这些需要应该更早得到解决。"① 另一位教师描述道:"当你教一些居住不稳定的孩子的时候,他们会首先告诉你昨天晚上他的家里发生的事情,因为他们昨天晚上没有拥抱,他必须先给你一个拥抱。他们会告诉你昨天晚上发生了什么。他们还会告诉你他的妈妈做了什么,他的妈妈的男朋友怎样。总之,在他们开始学习之前,他们必须讲一下发生在他们身边的情况。如果你不让他们讲昨天晚上他们的经历,那么你什么都别想干。所以,你会以应对一系列的行为问题结束你的课时,因为这些孩子真的花费太少时间在他们的学业上。"② 另外,教师们往往不能理解非裔家长尤其是非裔单亲家长们的困境,也不能理解非裔家长将孩子寄放在亲属家里的举动。显然,他们习惯了双亲和睦的标准家庭模式,并从这种理想的家庭模式出发去评价非裔家庭。比如,一位教师说,我教的许多孩子,他们可能今天和妈妈生活,但是当妈妈想去做她自己的事而想摆脱他们的时候,他们就会和他们的阿姨一起居住。当他们的阿姨想去做她自己的事而想摆脱他们的时候,他们就得和他们的外婆一起居住。他们生活中缺少一个真正稳定的因素。③ 教师对家长和家庭的判断还体现在他们对"家长参与"情况的武断的评价。一位"不参与的"家长叙述了他的经历:"我已经筋疲力尽了,因为我的一个孩子遇到了法律麻烦。学校不能理解为什么孩子不能阅读而我却能。学校说我没有对孩子进行足够的关注。我的孩子不能阅读,他不知道什么是阅读。一切对我们来说都很糟糕,直到我不得不让他去教育委员会接受阅读障碍测试。那时,他们发现了困扰孩子学习的阅读障碍的问题,但是,那已经太晚了。他已经违法

---

① Lawson, M. A.. School – Family Relations In Context: Parent and Teacher Perceptions of Parent Involvement [J]. Urban Education, 2003, 38 (1): 104 – 105, 107.

② Lawson, M. A.. School – Family Relations In Context: Parent and Teacher Perceptions of Parent Involvement [J]. Urban Education, 2003, 38 (1): 104 – 105, 107.

③ Lawson, M. A.. School – Family Relations In Context: Parent and Teacher Perceptions of Parent Involvement [J]. Urban Education, 2003, 38 (1): 104 – 105, 107 – 108.

了，他开始混街头。学校认定他是坏孩子，我没法反驳。但是这是一个沟通问题，因为教师们应该倾听我们的声音。我已经努力地告诉他们他的问题已经很长时间了，但是他们不听我的。教师可以教育孩子，因为职责所在，但是与孩子生活在一起的却是我们。他们认定是家长没有处理好孩子的事情，但是我确实做了。老师可以告诉我孩子在学校做了什么，我可以告诉老师孩子在家做的怎样，但是，老师们总是试图告诉我孩子在家里发生了什么以及我们家长对他做了什么，这是错的！如果他们不与我们沟通，不倾听家长的声音，不与我们合作，那么孩子的情况将会继续恶化。他们试图告诉我，我是不参与家校合作的那种家长。"①

在劳森的采访中，不只这一位家长谈及教师对他们的态度，家长们较为一致地认为，"教师总是认为他们知道一切"。其中一位家长还表示不解和愤怒："真正让我崩溃的是，他们（教师）总是不让我们知道他们知道的，而总是指责我们没有做什么。"②

总之，在家长的叙述中，可以看到教师在吸引家长参与的过程中，常常以一系列"专业标准"来判断和评价家长的付出，对儿童的家庭状况及其文化价值观念总是表现得不能理解。这种文化冲突带来了家长参与的巨大障碍。教师对自己文化价值观念的反思意识的缺乏以及对专业标准的教条都是解决"家长参与"实践有效性必然需要面对的问题。

3. 教师培训中的家庭多元文化

美国学者已经意识到"家长参与"实践中出现的教师与家长之间的文化冲突及其对"家长参与"和家校合作有效性的影响，并开始越来越多地强调将如何与家长合作、如何认识家庭文化多样性、如何进行有效的家校沟通等主题作为教师培训的内容。类似的研究成果逐渐丰富，如格雷恩·奥尔森和玛丽·娄·福勒的《家校关系：与家长和家庭成功合作》（*Home – School Relations: Working Successfully with Parents and Families*），系统地为教师们讲述如何能够与家长建立起良好的关系，此书开宗明义地强调了家长是孩子第一

---

① Lawson, M. A.. School – Family Relations In Context: Parent and Teacher Perceptions of Parent Involvement [J]. Urban Education, 2003, 38 (1): 104 – 105, 97 – 98.

② Lawson, M. A.. School – Family Relations In Context: Parent and Teacher Perceptions of Parent Involvement [J]. Urban Education, 2003, 38 (1): 104 – 105, 99.

任也是最重要的老师，深入地阐释了只有家庭才能充分引导儿童和青少年成长的行为倾向、语言、价值观和文化理解。① 再如，尤金妮亚·赫普沃斯·伯杰和玛丽·里奥哈-科特斯编著了《家长作为教育合作伙伴：家庭和学校一道工作》，在书中谈及美国社会在过去 25 年间的家庭变化，尤其是文化与语言多元家庭结构突出。研究者呼吁："对于教育者来说，不仅理解和了解儿童发展理论是重要的，理解儿童在他们的家庭背景中如何发展同样重要。"②

正如一位新教师所说的："以前，我总认为，家校合作是家长来学校提供帮助，或至少每天在家帮助孩子完成家庭作业。可现在，我认识到以上家校合作模式的固化概念是由于我中产阶级背景造成的。这种模式不适合工人阶级家庭和贫困家庭，这些家庭中的家长和其他成员工作忙，无法与我合作。我的旧观念也不适合那些有时间但看不懂学生作业的家长，因为他们没有受过英语教育。现在，我知道合作有很多方式。尽管它们不是我所期待的方式，但这些合作关系能极大地帮助学生。"③

显然，研究者们已经开始关注家校关系中教师对家长和家庭文化的长期忽视的不良结果，并在美国的人口变化的现实中开始重新思考如何建立教师和少数族裔家长之间的文化关系。但值得注意的是，这种研究趋势和理念的发展最终还是要取决于美国主流文化对少数族裔文化的根本态度的转变。

二、政策实践中家长群体之间的文化差异

在"家长参与"政策的实践主体的分类维度上，并不只有教师和家长之分。实际上，家长群体之间的关系和文化差异在很大程度上影响着"家长参与"实践的有效性。由于美国学校融合运动的实施，美国大部分公立学校都是融合的，即使是郊区学校，由于面对当地生源短缺而导致学校关闭的危

---

① 〔美〕格雷恩·奥尔森，玛丽·娄·福勒. 家校关系：与家长和家庭成功合作 [M]. 3 版. 朱运致，译. 南京：南京师范大学出版社，2013：1.

② Berger, E. H. , M. Riojas - Cortez. Parents as Partners in Education: Families and Schools Working Together [M] . 8th ed. Pearson Education, Inc. , Upper Saddle River: 2011. ⅶ.

③ 黄河清. 家校合作导论 [M]. 上海：华东师范大学出版社，2008：219.

险，也不得不参与学校融合计划。所以，在一所融合学校中，家长主体之间的文化差异便会在"家长参与"计划执行过程中显现，而这种文化差异会导致一定程度的种族隔离。

（一）白人家长与少数族裔家长参与方式的差异

美国家长群体的多样性问题已经成为家长参与研究领域的一个重要问题，在对"家长参与"的方式与成果（促进学生成绩）之间的关联性进行研究的过程中，种族和阶层通常是一个普遍的研究维度。一些实证研究发现，不同家长群体以不同的参与方式参与教育，并产生不同的效果。菲利斯·J·霍布森（Hobson, P. J.）在其研究结果中表示，受教育程度低或者贫困家长虽然从整体程度上没有中产阶级家长参与得活跃，但是他们确实在某种情况下会参与孩子教育，而且他们的参与确实能够使得他们孩子学校成功程度获得提升。[1] 荣格－苏珂·李（Lee, Jung－Sook）和娜塔莎·K. 博文（Bowen, N. K.），在他们的 2006 年的研究中通过种族、贫困、家长的受教育程度三个维度检验"家长参与"的五种类型（包括家长在校参与、家长与儿童关于教育的讨论、作业帮助、时间管理和家长教育期望）对小学生成绩的影响及水平。结果发现，不同特征群体的家长采取不同的参与方式，但主流群体采用的参与方式与学生的成绩更加相关，主流群体和非主流群体的成员同样地受益于某种特定类型的参与方式，并且受益方面也彼此不同。[2]

然而，在众多的从种族和阶层维度进行不同家长群体的"家长参与"效果的关联性的研究中，大多数是从不同群体家长的参与方式和程度对儿童学业成绩的影响的维度进行考察的，而对于不同种族和阶层家长的参与方式产生的原因，以及家长群体之间的种族和阶层差异对学校内部的"家长参与"政策的实践的影响方面的问题却鲜有研究。在社会学家对"家长参与"的功能的理解和引导下，"家长参与"政策将目标指向低收入和少数族裔群体，

---

① Hobson, P. J.. The Partnership with Title I Parents ［A］. Ronald S. Brandt, Partners: Parents and Schools ［C］. Association for Supervision and Curriculum Development, Washington St. , 1979: 41 –45.

② Jung－Sook Lee, N. K. Bowen. Parent Involvement, Cultural Capital, and the Achievement Gap Among Elementary School Children ［J］. American Educational Research Journal, 2006, 43（2）: 193 –218.

并且努力使"家长参与"涵盖所有家庭。

（二）以学业成绩为中心的"家长参与"政策实践与种族隔离的恢复——一个研究案例

但是，在政策引导下的"家长参与"实践对于不同种族和阶层群体来讲会是民主和平等的吗？在"所有家庭"都参与到多元种族学校中的时候，所有的家长都会受益吗？下面，可以通过一个研究案例来观察，除了学业成绩之外，"家长参与"实践中的家长群体差异还会影响到更深的问题层面，如种族隔离问题。

维吉尼亚·戈登（Gordon，V.）和奥诺丽娜·诺肯（Nocon，H.）在2008年发表了他们的研究成果《重塑隔离：家长参与，多样性和学校治理》（*Reproducing Segregation：Parent Involvement，Diversity，and School Governance*）。这项研究以布迪厄的文化资本理论为解释框架，关注低收入拉丁裔家长与中产阶级白人和亚裔家长在参与学校治理方面的努力及其结果的不同。他们选择了一所名为山地公园的小学（Hill Park Elementary School）进行研究，这所小学位于美国西南的一个郊区。学校有400名学生，人口由三个部分构成：中产阶级邻里儿童、不住在这里但却在这附近工作的中产阶级择校儿童，还有由校车接送的内城低收入拉丁裔儿童。在进行研究的时期内，拉丁裔儿童占25%～30%，12%是亚裔儿童，50%是白人儿童。白人儿童中有很多来自中东和欧洲，学校中大约40%的家长在家都讲英语以外的语言。学校中学生群体呈现出一种语言极为丰富的状况，有16种语言。从社会经济地位角度讲，大约30%的学生来自低收入家庭。他们搜集了该校20世纪90年代的包括学校理事会备忘录、学区和学校报告、时事通讯录和文章在内的所有公文以及2004～2005学年的档案研究，在此基础之上，提取相关数据进行分析。另外，他们还通过对该校的家长、教师、学校管理人员和工作人员进行访谈，获得了相关数据。

1. 学校内家长参与学校治理的组织载体及家长群体分化

山地公园小学在20世纪90年代是学区内的高分数学校，它有一个积极的"家长参与"的历史。家长教师联合会和学校基金会每年都会筹集上万美元用于学校项目的拓展。另外，家长也会在学校决策机构中任职，如学校委员会或者学校治理小组。校车接送的学生家长群体也通过州和地方命令建立的双语咨询委员会（Bilingual Advisory Committee）参与到学校治理中。然而，中产阶级家长通常自发和自我组织活动，而低收入家长组织是由学校管理者组织的。中产阶级家长组织家长教师联合会、可以为学校筹集独立的并可以随意使用的基金的学校基金年会以及各种专门委员会。而低收入拉丁裔家长加入的双语咨询委员会是由校长组织的。所有的会议都在学校活动，只有双语咨询委员会是在来自内城的巴士计划学生的家庭中举行。学校治理小组的成员都不是来自内城的，而且也不会参加双语咨询委员会的会议。

　　显然，山地公园小学的学校治理中家长活动积极性很高，这是郊区学校所具备的特点。郊区学校通常有着非常不同的政治环境，办学很大程度上依赖于社区的支持，社区投票决定学校的经费。郊区学校一般规模较小，不会对外封闭，因此家长参与在郊区学校中很积极和普遍，而且对学校具有实质性影响。但是显而易见的不和谐也出现了，那就是以种族和阶层为隐性标准划分的家长群体之间，虽然对于参与学校治理都抱有积极性，但是，来自内城的拉丁裔低收入家长群体在学校治理方面并没有实质影响力，而只有一个关乎他们孩子学习的双语咨询委员会。所以，在这所学校内，家长群体之间在发挥学校治理的"家长参与"功能方面，力量很不均衡。那么，这种力量不均对不同的家长群体有何影响呢？戈登和诺肯的梳理明确地揭示了不良影响的存在，并且他们认为，不同的家长在一些计划诸如双语教室计划和天才班教育计划方面的提倡有所不同，最终的项目受益人更倾向来自高收入家庭的孩子。

　　2. 不同家长群体对双语计划和天才班教育计划的决策的影响

　　在戈登和诺肯的研究中，山地公园小学实施的两个计划——双语教室计划和天才班教育计划很受关注。因为，这两个计划分别体现了低收入拉丁裔家长群体和中产阶级白人家长群体各自参与学校治理的力量和结果。

　　首先，低收入拉丁裔家长群体发起了撤销双语教室计划的决策影响。在20世纪90年代初，很多为低收入儿童服务的学校都会把幼儿园至3年级的学生安排在两个双语教室中，主要用西班牙语教学。在4年级时他们转到常规的配备双语教师的英语授课的教室。在山地公园小学，白人和亚裔儿童是不参加西班牙双语课程的。尽管低收入学生主要集中在一个传统课堂和两个双语课堂，但是第一条款基金却要给所有教室的教师助手买单。因此，第一条款补偿基金被用于支付的服务是使大多数的中产阶级儿童受益的。在 20 世纪 90 年代末学校中的低收入家长找到了一个更加积极地参与孩子教育的角色。1998 年的冬天,低收入家长不满意学校的双语教室计划了。一个中产阶级拉丁裔治理委员会成员,她的丈夫是大学教授,他们的孩子在英语班,他们质疑大多数拉丁裔孩子在转入混合班之前要花费四年时间用在双语教室计划中,他们说:"我的孩子刚刚来到学校的时候说西班牙语,但是,我们把他们放到英语班,他们在两年之后就适应了。"这位家长是居住在一个经历城市化的区域,临近巴士计划家长们居住的社区,他鼓励一些低收入家长说出他们的关注。在社区会议之后,整个治理小组成员见面讨论这个问题。教师的关注点是他们可能不能处理好拉丁裔学生在英语课堂上的需求。一个学校委员会成员说道:"巴士计划的家长必须知道,如果他们的孩子被安置在一个英语课堂中,他们的支持与参与的水平必须提高。"治理小组决定在巴士计划家长中进行投票,结果是 38 位家长回复了调查,其中 35 位家长想让他们的孩子接受仅用英语教学。所以,接下来的秋天,校长消除了双语教室并把低收入学生分散到各个教室中。

显然,在一个多元的学校社区中,不同群体家长的行为会影响其他群体家长。低收入家长群体在取消双语教师计划的决策中起到关键作用,这是他们参与学校治理的成果。但是,取消了双语教室计划,这些来自低收入家庭的儿童和家长仍然面对着很多问题。比如,双语教师作为"文化和政治工作者"努力支持低收入拉丁裔家长的地位被削弱了,学校双语教室的取消剥夺了低收入家长与孩子教师之间的沟通途径和机会。再如,学校的双语教师离开了学校,同时离开的还有双语教室助手。因此学校流失了它的双语人事的主体。随着正规教室内教师很少或不讲西班牙语,那个西班牙语校长和双语秘书逐渐地成为家长和教师会议的翻译,低收入家长和教室内教师之间的沟通受限。因此,虽然低收入家长在教室整合方面受益,但是他们在家庭与学校之间的沟通方面面临新的困难。

其次,天才班方案的出现代表着中产阶级白人家长通过学校治理参与重塑学生隔离。中产阶级家长持续地给校长和教师施压,希望他们能够回应优等学生的更高要求。中产阶级治理小组的家长在教师雇佣委员会任职,并且细心地对教师候选者进行筛选,以确保他们的质量能够胜任教育出高成绩的学生。这些家长个体和集体的施压活动有了结果。在 1999 年秋天，4 年级和 5 年级的学生被划分为数学"优资教育"（Gifted and Talented Education）学生和非优资教育学生。5 年级对语言艺术维度也进行了学生分组，成立了一个独立的优资教育班。到 2000 年秋天，3 年级也进行了数学优资教育分班，优资教育的学生主要是邻里学生和择校生。

戈登和诺肯的研究显示了山地公园小学内两个家长群体——低收入拉丁裔家长和中产阶级白人家长在学校治理方面的参与过程。尽管低收入拉丁裔家长试图通过寻求容纳和与中产阶级网络联结，也投入广泛的努力去争取向上的流动，但是他们不会像中产阶级家长那样对学校施加压力让学校将更多的资源分配给他们的孩子，也不能影响州的政策对他们的孩子更加有利。相反，联邦和州分配给他们的一些资源却被中产阶级家长所利用。因此，在"家长参与"政策的实践中，不同家长群体之间的文化冲突仍然被掩盖了，被弱化了。虽然学校融合一直在持续，但是正如戈登和诺肯所说："当隔离不再依据语言和种族的时候，隔离就要依靠学术成绩了。"①

三、政策实施的实际效果审视：成绩差距缩小了吗？

"家长参与"政策带动了大量的实证研究，这些研究大多都是围绕"家长参与"项目实践的重要性和有效性展开考察的。正如亨德森主持的"证据"系列研究得出的结论那样，美国社会各界普遍都已经认同家长参与实践的重要性和有效性，这已经不是一个"问题"了。然而，这些研究有两个重要特点。其一，这些研究都是基于一种线性的"目的—结果"的绩效性考察，它们的目的就是孩子的学业成绩或者是某个可测标准与"家长参与"之间的关联性。其二，它们中的大多数是基于经验分析研究的，绝大多数的研究都需要对考察目标做出选择和限定，如学业成绩、学生行为或者学生对学校的态度等方面，还需要对"家长参与"的维度或层面做出选择和限定；如家长在家辅导作业、家长与孩子进行学校有关内容的谈话、家长做教室志愿者等。在这种双方面的限定之下，考察一种"特定"背景中的"家长参与"

---

① Gordon, V., H. Nocon. Reproducing Segregation: Parent Involvement, Diversity, and School Governance [J]. Journal of Latinos and Education, 2008, 7 (4): 336.

实践的效果。因此,这类研究所论证的"家长参与"项目的有效性实际上也是一种"限定下的"有效性。所以,笔者认为,这是一种"绩效考察"。令人好奇的是,在众多的"家长参与"的有效性评估研究中,对于"家长参与"政策的明确目标,即缩小处境不利儿童与白人儿童之间学业成绩差距方面的研究却很鲜见。

(一)成绩差距与"文化差距"的深刻关联性

从"家长参与"政策最初制定的社会背景和理论前提的角度看,将提高处境不利学生成绩与缩小他们与白人同伴之间的成绩差距作为政策的目标,是值得质疑的。在第五章对科尔曼提出"文化缺陷论"的考察部分,已经可以作为这种目标确立的基本依据。在政策的前提逻辑上,就已经承认了处境不利儿童与白人同伴之间不仅是成绩差距这么简单。换句话说,处境不利儿童和白人儿童成绩差距的背后是更加深刻的文化差距。那么,依据科尔曼的"有效学校"的功能定位,即促使学校提供有效的同质环境,让处境不利儿童融入白人儿童之中接受同辈的文化影响,可以消除处境不利儿童与白人儿童之间的文化差距,从而缩小他们之间的成绩差距吗?这一假设中存在一个根本的问题,那就是夸大了学校在处理其内部发生的两类文化关系——白人教师与少数族裔儿童之间以及白人家长与少数族裔家长之间的文化关系——的能力。在没有打破社会宏观和学校微观层面上的主流文化对少数族裔文化的隔离与歧视的情况下,无论从宏观社会还是从微观环境,都一样无法缩小文化差距造成的学业成绩差距。正如戈登和诺肯所说:"当隔离不在依据语言和种族的时候,隔离就要依靠学术成绩了。"① 无论是因为阶层优越感还是因为阶层危机感,似乎社会主流阶层总是试图保持一种文化优越性,与处境不利人群之间保持着一种文化距离,而学校根本无法避免这种"隔离意识"。

(二)巨大的成绩差异依然存在

在布朗案判决颁布后的半个多世纪中,虽然少数族裔学生的教育成就与

---

① Gordon, V. , H. Nocon. Reproducing Segregation: Parent Involvement, Diversity, and School Governance [J]. Journal of Latinos and Education, 2008, 7 (4): 336.

学业成绩有了较大的改善，但是少数族裔学生与白人同伴之间的巨大的成绩差异依然存在。对此，可以借助统计数据清晰地做出判断。如表 6 – 5 所示，1973 年至 2003 年间的七次全国教育进步评估结果显示，在 4 年级和 8 年级学生的阅读与数学成绩方面，非西班牙裔白人学生和非西班牙裔黑人学生、西班牙裔学生之间持续存在着较大差距。在 4 年级阅读和数学成绩上，非西班牙裔白人学生要比非西班牙裔黑人学生和西班牙裔学生持续高出 28～36 分和 21～35 分；在 8 年级阅读和数学成绩上，非西班牙裔白人学生要比非西班牙裔黑人学生和西班牙裔学生持续高出 20～36 分和 17～46 分。

表 6 – 5　各种族/民族 4 年级和 8 年级学生在全国教育进步评估中的阅读与

数学成绩（1973～2003 年）

			1973	1975	1978	1980	1986	1990	2003
阅读	4年级	非西班牙裔白人		217		221		217	229
		非西班牙裔黑人		181		189		182	198
		西班牙裔		183		190		189	200
	8年级	非西班牙裔白人		262		264		262	272
		非西班牙裔黑人		226		233		242	244
		西班牙裔		233		237		238	245
数学	4年级	非西班牙裔白人	225		224		227	235	243
		非西班牙裔黑人	190		192		202	208	216
		西班牙裔	202		203		205	214	222
	8年级	非西班牙裔白人	274		272		271	276	288
		非西班牙裔黑人	228		230		249	249	252
		西班牙裔	239		238		254	255	259

资料来源：〔美〕L. 迪安·韦布. 美国教育史：一场伟大的美国实验［M］. 陈露茜，李朝阳，译. 合肥：安徽教育出版社，2010：446.

白人学生和少数族裔学生之间不断扩大的成绩差距，以及这种持续增加的趋势应该引起政策制定者、教育家和公众的关注。归根结底，只有将更多的资源用于帮助这些需要完成教育的学校和少数族裔学生们，这种成绩差距才会得以改善。而"家长参与"在大的文化背景和物质前提之下，其有效性应该从何谈起？

四、政策有效性的新维度：为儿童的一生做准备

2002 年 6 月 19 日，布什总统向"白宫品格与社区委员会"（White House Conference on Character and Community）阐述了他的公共教育目标："令我欣赏的是，你们懂得教育要为我们的孩子的就业做准备，同时也要为他们的一生做准备。我与你们一样，迫切希望我们的孩子不仅长于知识技能，同时也拥有丰富的思想。对我们的孩子进行品格和品德的培养，刻不容缓。的确是迫在眉睫！我要对你们各位的工作表示感谢。"①

显然，在美国 20 世纪 80 年代以来的教育整体环境中，公共教育目标并未给予品格教育以实质性的关注，而是更为集中地关注经济竞争环境中的劳动力培养。教师们实际上能够像《不让一个孩子掉队法案》所建议的那样，把品格教育整合到他们的教学中去吗？分别讲授阅读、写作、算术、英语、历史、科学及其他科目的教师们，实际上能够赋予学生那些有助于减少犯罪、促进种族和文化和谐、关注机会、为全球化做好准备的知识和价值吗？一切以高标准考试和评价体系为中心的目标能够给予教师们多大的教育内容选择空间？

在公共教育已然不可自拔地卷入经济政治框架所左右的儿童培养的工具理性旋涡中的情况下，家庭和家长，作为孩子的品格、道德、各种珍贵的价值观与社会化的最基本单位，为什么还要被卷入这场根本不关注儿童广泛的基本利益的"战斗"中来呢？

正如奥尔森和福勒在亲子关系的框架内对"家庭的功能"做出的诠释那样，"家庭，能为孩子做两件重要的事：一是保护他们免受各种有害影响，二是帮助他们做好适应文化（即社会）的准备"②。那么，在"家长参与"政策框架下，一切围绕学业成绩进行，家长还能够自主地、正确地判断对孩子的保护标准和社会化准备的标准吗？

---

① 〔美〕乔尔·斯普林.美国教育 ［M］.张弛，张斌贤，译.合肥：安徽教育出版社，2010：4.
② 〔美〕格雷恩·奥尔森，玛丽·娄·福勒.家校关系：与家长和家庭成功合作 ［M］.3 版.朱运致，译.南京：南京师范大学出版社，2013：3.

国家政策对儿童成绩的关注是出于国家在国际中的整体利益视角，学校和教师对儿童成绩的关注是出于他们的职业视角，那么，家长对儿童成绩的关注应该出于什么视角？对于家长来说，孩子的就业准备固然重要，但是孩子的一生发展才是最为重要的。

因此，"家长参与"政策应该重新进行价值定位，应该与家长构筑共同引导孩子的一生良性发展的合作机制，至少，它不应该将公立学校的经济发展目的以强加的形式侵入家庭生活，不应该让家庭沦为学校教育满足自己功利目的的一种附庸手段。

结　语

　　美国"家长参与"政策从根本上讲是一种系统整合行为，是对处境不利儿童家庭与学校之间关系、家长责任以及学校在削弱不利家庭影响方面的功能的定位与普及化。从哈贝马斯的生活世界理论出发，系统的整合功能与生活世界的社会整合功能同样重要，这是肯定家校关系政策可以发挥有效的、合法的系统整合功能的重要前提依据。也就是说，首先应该肯定在处理处境不利儿童的家校关系方面，政策系统是可以发挥有效作用的。但是，政策如何有效地发挥系统整合功能而不使生活世界工具化和殖民化，是一个关键问题。进一步说，家校关系政策应该基于处境不利人群的家校关系、家庭责任和学校功能等方面的文化传统认知以及他们对家校关系的现实需求来进行家庭和学校之间功能的平衡和整合，从而使处境不利儿童在教育层面上获得摆脱不利处境的支持力量。

　　然而，美国的"家长参与"政策显然并未对处境不利儿童及其家庭在历史上所遭受的种种奴役、压迫、歧视和隔离在他们的家庭功能、学校功能以及家校关系认知方面产生的巨大而潜在的影响给予正视；也未曾对处境不利儿童及其家庭遭受过的和正在遭受的不公平待遇与他们如今的生活困境之间的强大联系予以正视；更未曾真正地、认真地对处境不利儿童及其家庭目前对家校合作和学校帮助的强烈需求及其方向加以考察和分析。相反，美国"家长参与"政策基于学校教育与经济成功关系框架，已经将家庭视为一种提升学生成绩和改善学校业绩的工具，试图将一种中产阶级为代表的社会主流阶层的家长参与观念进行普及化，欲使包括处境不利儿童家庭在内的所有家庭都实践家长参与学校教育。

　　半个多世纪以来，在《初等和中等教育法案》经历的七次增补与修订中，"家长参与"政策作为其基本内容，并以联邦基金作为保障不断得到丰富和强化。政策话语通过确立家长责任框架、家长参与能力建设以及参与方式建模和普及化等路径，不断将家长参与学校教育合法化为一种"好的儿童养育"的必需部分，以此促使家长"专业地"履行养育职责，这种工具理性行为已经将美国的儿童养育引向"学校化"。显然，政治经济系统已经通过其特有的路径——科学研究、专家统治、权力与金钱——跨越生活世界进行自由的、独立的意义符号赋予，政治经济系统已经控制了日常生活世界。

　　在"家长参与"政策实践过程中，政策已经限制了实践主体——家长、教师和儿童——的交往理性，已经将"家长参与"转变为一种"技术问题"，更重要的是已经出现了实践主体的"表达危机"和"委托危机"。首先，处境不利儿童的家长已经无从选择和表达他们对孩子关注的焦点是什么，因为学业成绩和学校成功已经成为一个大背景、大环境下生存的必需品，他们只能被急流推动，在尚未满足一些基本的儿童养育需求的情况下，必须选择迎合这一系统要求。在不利处境带来的困难尚未得到有效帮助的情况下，他们被人告知他们必须去帮助别人（学校和教师）。其次，在这个政策过程中，学校教师也已经无从选择和表达他们对儿童教育的关注点是什么了，或者已经"理所当然地"定义了他们的关注点。因为，学业成绩和标准化考试及考核评估，甚至是学校达标后的奖励已经成为他们不得不放弃或者不再需要基本教育理想和原则的驱动力，教师对政策系统要求的适应改变了他们的家校关系的观念，固化了家长的学校教育责任，强化了他们对家长学校教育作用和角色的期待，以及规格化了他们对家长的参与行为和态度的评价标准。最后，所有儿童尤其是处境不利儿童都在"家长参与"政策的经济政治工具理性框架影响下，被"学校化"的儿童养育思维包围着。在家庭中，他们与父母的关系模式已经被政策规定所引导。家庭成为课堂的延伸，父母和孩子在家庭中还时刻想着学习，这已经无形中将父母和孩子进行了另一种关系的"对象化"。家长在家庭中也要充当"教师"，而孩子在家庭中也还要做"学生"。学业成绩的关注已经大量地转移了父母对孩子其他需求予以关注的时间和精力。那么，儿童自身发展的自由、儿童与父母之间的非理性情感交流以及儿童在父母那里得到的爱、信任、肯定以及优秀的定义都将被压抑。

因此，美国"家长参与"政策引发的家校合作热潮所倡导的，并非家校的真正合作伙伴关系的建立，家庭也远非是一个独立的教育职能单位。相反，政策导向的家校关系中，家庭已经成为现代学校制度的附庸工具，强大的工具理性和技术理性因素已经将家庭吸附于学校的经济功能的实现过程中，家长所能掌控和发挥的对学校教育的监督、建议、问责和申诉的功能都是被围限于家庭对学校的经济功能的依赖的范围内，很难真正独立地、有意识地自主关注儿童的自由发展。家庭和儿童都已经成为现代理性的规格产品，非理性的情感沟通以及儿童的基本生活需求等方面都已经逐渐被学业成绩这一中心任务所掩盖，甚至无视，各种严肃的道德也都被适应体制内生存和发展的各种个性品质所代替。这是现代理性对家庭和儿童生活的"侵占"，而非人的理性选择下的认同与共识。

综上所述，美国"家长参与"政策，无论在其政策目标选择、政策价值定位、政策合法化路径，还是在政策有效性评估方面都存在明显的工具理性特征，政策的合法性和有效性值得质疑。政策非但不能达到其目标，即通过"家长参与"提升处境不利儿童学业成绩，缩小他们与白人同伴之间的成绩差距，而且还将严重地侵害处境不利家庭对儿童养育功能的发挥，影响处境不利儿童与家长之间的亲子关系，从而影响处境不利儿童的学业和社会发展。另外，作为一项联邦政策，它引导和规范着儿童养育的价值定位，它将家长参与学校教育定义为一种"好的儿童养育"，这种政策影响绝非针对处境不利人群，而是一种国家性的儿童养育和家校关系定向。这种定向的普及化，意味着美国的儿童养育的基本方面正日益遭受着现代工具理性的侵蚀。

参考文献

一、英文论文类

［1］Abrams, L. S., J. T. Gibbs. Disrupting the Logic of Home – School Relations: Parent Involvement Strategies and Practices of Inclusion and Exclusion ［J］. Urban Education, 2002, 37 (3): 384 – 407.

［2］Abramson, L. S.. Measuring Parent Involvement Program Implementation ［J］. The School Community Journal, 1994, 4 (1): 61 – 79.

［3］Alvarez, C.. Effective Strategies and Practices to Increase Parent Involvement in Title I Schools ［D］. University of La Verne, 2009.

［4］Anderson, K. J., K. M. Minke. Parent Involvement in Education: Toward an Understanding of Parents' Decision Making ［J］. The Journal of Educational Research, 2007, 100 (5): 311 – 323.

［5］Farrell, A. F., A. Melissa. Collier. School personnel's perceptions of family-school communication: a qualitative study ［J］. Improving Schools, 2010, 13 (1): 4 – 20.

［6］Anselmo, S.. Parent Involvement in the Schools ［J］. The Clearing House, 1977, 50 (7): 297 – 299.

［7］Barnard, W. M.. Parent involvement in elementary school and educational attainment ［J］. Children and Youth Services Review, 2004, 26 (1): 39 – 62.

［8］Bartel, V. B.. Home and School Factors Impacting Parental Involvement in a Title I Elementary School [J] . Journal of Research in Childhood Education, 2010, 24 (3): 209 – 228.

[9] Beach, Mary – Elizabeth. Parent Involvement and the New TitleI [J]. Journal of Education for Student Placed at Risk, 1997, 2 (1): 7 – 9.

[10] Becher, R. M.. Parent Involvement: A Review of Research and Principles of Successful Practice [R] . Washington, DC. : Elementary and Early Childhood Education, National Inst. of Education, 1984.

[11] Becker, H. J. , J. L. Epstein. Parent Involvement: A Survey of Teacher Practices [J] . The Elementary School Journal, 1982, 83 (2): 85 – 102.

[12] Bempechat, J.. The Motivational Benefits of Homework: A Social – Cognitive Perspective [J] . Theory Into Practice, 2004, 43 (3): 189 – 196.

[13] Berger, E. H.. Parent Involvement: Yesterday and Today [J] . The Elementary School Journal, 1991, 91 (3): 209 – 219.

[14] Blackmore, J. , K. Hutchison. Ambivalent Relations: the 'Tricky Footwork' of Parental Involvement in School Communities [J] . International Journal of Inclusive Education, 2010, 14 (5): 499 – 515.

[15] Brown, P.. The 'Third Wave': Education and the Ideology of Parentocracy [J] . British Journal of Sociology of Education, 1990, 11 (1) : 65 – 85.

[16] Brunner, C. C.. The Legacy of Disconnection between the Pubic Schools and their Communities: Suggestions for Policy [J] . Educational Policy, 1998, 12 (3): 244 – 266.

[17] Casanova, U.. Parent Involvement: A Call for Prudence [J]. Educational Researcher, 1996, 25 (8): 30 – 32 + 46.

[18] Christianakis, M.. Parents as "Help Labor": Inner – City Teachers' Narratives of Parent Involvement [J] . Teacher Education Quarterly, fall 2011, 157 – 178.

[19] Coleman, J. S.. Social Capital in the Creation of Human Capital [J]. The American Journal of Sociology, 1988, 94 (7): 95 – 120.

[20] Coleman, J. S.. Families and Schools [J] . Educational Researcher,

1987, 16 (6): 32 – 38.

[21] Coleman, M., S. Churchill. Challenges to family involvement [J]. Childhood Education, 1997, 73 (3): 144 – 148.

[22] Comer, J. P., N. M. Haynes. Parent Involvement in Schools: An Ecological Approach [J]. The Elementary School Journal, 1991, 91 (3): 271 – 277.

[23] Comer, J. P.. Parent Participation in the Schools [J]. The Phi Delta Kappan, 1986, 67 (6): 442 – 446.

[24] Cone, J. D., D. D. Delawyer, V. V. Wolfe. Assessing Parent Participation: The Parent/Family Involvement Index [J]. Exceptional Children, 1985, 51 (5): 417 – 424.

[25] Cooper, H., J. C. Robinson, E. A. Patall. Does Homework Improve Academic Achievement? A Synthesis of Research, 1987 – 2003 [J]. Review of Educational Research, 2006, 76 (1): 1 – 62.

[26] Cotton, E. G., G. A. Mann. Encouraging Meaningful Parent and Family Participation: A Survey of Parent Involvement Practices in California and Texas [R]. Cincinnati: Paper Presented at the Annual Conference of the National Middle School Associations, 1994.

[27] Coutts, P. M.. Meanings of Homework and Implications for Practice [J]. Theory Into Practice, 2004, 43 (3): 182 – 188.

[28] Crowson, R. L., W. L. Boyd. The New Role of Community Development in Educational Reform [J]. Peabody Journal of Education, 2001, 76 (2): 9 – 29.

[29] Crozier, G., et al. White Middle – Class Parents, Identities, Educational Choice and the Urban Comprehensive School: Dilemmas, Ambivalence and Moral Ambiguity [J]. British Journal of Sociology of Education, 2008, 29 (3): 261 – 272.

[30] Cuban, L.. Why Do Some Reforms Persist [J]. Educational Administration Quarterly, 1988, 24 (3): 329 – 335.

[31] Cuban, L.. Reforming Again, Again, and Again [J]. Educational

Researcher, 1990, 19 (1): 3 – 13.

[32] Cucchiara, M. B. , E. McNamara Horvat. Perils and Promises: Middle – Class Parental Involvement in Urban Schools [J] . American Educational Research Journal, 2009, 46 (4) : 974 – 1004.

[33] David, J. L. . Restructuring and Technology: Partners in Change [J]. The Phi Delta Kappan, 1991, 73 (1): 37 – 40 + 78 – 80 + 82.

[34] Davies, D. . Schools Reaching Out: Family, School, and Community Partnerships for Students' Success [J] . Phi Delta Kappan, 1991, 72 (5): 376 – 382.

[35] D' Angelo, D. A. , C. R. Adler. Chapter 1: A Catalyst for Improving Parent Involvement [J] . The Phi Delta Kappan, 1991, 72 (5): 350 – 354.

[36] DeBray, E. H. . Partisanship and Ideology in the ESEA Reauthorization in the 106th and 107th Congresses: Foundations for the New Political Landscape of Federal Education Policy [J] . Review of Research in Education, 2005, 29 (1): 29 – 50.

[37] DeDeo, Carrie – Anne. Building the Future of Family Involvement [J]. The Evaluation Exchange, 2008, 14 (1 – 2): 1 – 40.

[38] DePlanty, J. , R. Coulter – Kern, K. A. Duchane. Perceptions of Parent Involvement in Academic Achievement [J] . The Journal of Educational Research, 2007, 100 (6) : 361 – 368.

[39] Doherty, W. J. . Boundaries between Parent and Family Education and Family Therapy: The Levels of Family Involvement Model [J] . Family Relations, 1995, 44 (4): 353 – 358.

[40] Domina, T. . Leveling the Home Advantage: Assessing the Effectiveness of Parental Involvement in Elementary School [J] . Sociology of Education, 2005, 78 (7): 233 – 249.

[41] Driscoll, M. E. . Professionalism Versus Community: Themes From Recent School Reform Literature [J] . Peabody Journal of Education, 1998, 73 (1): 89 – 127.

[42] Eagle, E. . Socioeconomic Status, Family Structure, and Parental In-

volvement: The Correlates of Achievement [R] . San Francisco: Paper presented at the Annual Meeting of the American Educational Research Association, 1989.

[43] Edwards, P. A. , L. S. Jones Young. Beyond Parents: Family, Community, and School Involvement [J] . The Phi Delta Kappan, 1992, 74 (1): 72 – 80.

[44] Epstein, J. L. . Meeting NCLB Requirements for Family Involvement [J] . Middle Ground, 2004, 8 (1): 14 – 17.

[45] Epstein, J. L. . Paths to Partnership: What We Can Learn from Federal, State, District, and School Initiatives [J] . The Phi Delta Kappan, 1991, 72 (5): 344 – 349.

[46] Epstein, J. L. . New Connections for Sociology and Education: Contributing to School Reform [J] . Sociology of Education, 1996, 69: 6 – 23.

[47] Epstein, J. L. , S. B. Sheldon. Present and Accounted for: Improving Student Attendance through Family and Community Involvement [J] . The Journal of Educational Research, 2002, 95 (5): 308 – 318.

[48] Epstein, J. L. . Parent Involvement : What Research Says to Administrators [J] . Education and Urban Society, 1987, 19 (2): 119 – 136.

[49] Epstein, J. L. . School/Family/Community Partnerships: Caring For The Children We Share [J] . Phi Delta Kappan, 1995, 76 (9): 701 – 712.

[50] Epstein, J. L. . Parents' Reactions to Teacher Practices of Parent Involvement [J] . The Elementary School Journal, 1986, 86 (3): 277 – 294.

[51] Epstein, J. L. . A Question of Merit: Principals' and Parents' Evaluations of Teachers [J] . Educational Researcher, 1985, 14 (7) : 3 – 10.

[52] Epstein, J. L. . What Matters in the Middle Grades: Grade Span or Practices? [J] . The Phi Delta Kappan, 1990, 71 (6): 438 – 444.

[53] Epstein, J. L. , M. G. Sanders. Prospects for Change: Preparing Educators for School, Family, and Community Partnerships [J] . Peabody Journal of Education, 2006, 81 (2): 81 – 120.

[54] Epstein, J. L. , S. L. Dauber. School Programs and Teacher Practices of Parent Involvement in Inner – City Elementary and Middle Schools [J] . The Ele-

mentary School Journal, 1991, 91 (3): 289 – 305.

[55] Epstein, J. L., H. J. Becker. Teachers' Reported Practices of Parent Involvement: Problems and Possibilities [J]. The Elementary School Journal, 1982, 83 (2): 103 – 113.

[56] Epstein, J. L.. Attainable Goals? The Spirit and Letter of the No Child Left Behind Act on Parental Involvement [J]. Sociology of Education, 2005, 78 (2): 179 – 182.

[57] Fan, Xitao. Parental Involvement and Students' Academic Achievement: A Growth Modeling Analysis [J]. The Journal of Experimental Education, 2001, 70 (1): 27 – 61.

[58] Fan, Xitao, M. Chen. Parental Involvement and Students' Academic Achievement: A Meta – Analysis [J]. Educational Psychology Review, 2001, 13 (1): 1 – 22.

[59] Fege, A. F.. Getting Ruby a Quality Public Education: Forty – Two Years of Building the Demand for Quality Public Schools through Parental and Public Involvement [J]. Harvard Educational Review, 2006, 76 (4): 570 – 586.

[60] Ferlazzo, L.. Involvement or Engagement [J]. Educational Leadership, 2011, 68 (8): 10 – 14.

[61] Ferrara, M. M.. Phrase versus Phase: Family Engagement [J]. The Clearing House: A Journal of Educational Strategies, Issues and Ideas, 2011, 84 (5): 180 – 183.

[62] Ferrara, M. M.. Increasing Parent Involvement Knowledge and Strategies at the Preservice Level: The Power in Using a Systematic Professional Development Approach [J]. Teacher Educator, 2009, 44 (4): 268 – 274.

[63] Ferrara, M. M.. Broadening the Myopic Vision of Parent Involvement [J]. The School Community Journal, 2009, 19 (2): 123 – 142.

[64] Feuerstein, A.. School Characteristics and Parent Involvement: Influences on Participation in Children's Schools [J]. The Journal of Educational Research, 2000, 94 (1): 29 – 39.

[65] Finch, R. R., J. E. Allen, Jr. History of Title I ESEA [R]. Wash-

ington, DC. : Office of Education (DHEW), 1969.

[66] Fullan, M. G. , M. B. Miles. Getting Reform Right: What Works and What Doesn't [J] . The Phi Delta Kappan, 1992, 73 (10): 744 – 752.

[67] Galindo, R. , C. Medina. Cultural Appropriation, Performance, and Agency in Mexicana Parent Involvement [J] . Journal of Latinos and Education, 2009, 8 (4): 312 – 331.

[68] Gill, B. P. , S. L. Schlossman. Villain or Savior? The American Discourse on Homework, 1850 – 2003 [J] . Theory into Practice, 2004, 43 (3): 174 – 181.

[69] Glick, J. E. , B. Hohmann – Marriott. Academic Performance of Young Children in Immigrant Families: The Significance of Race, Ethnicity, and National Origins [J] . The International Migration Review, 2007, 41 (2): 371 – 402.

[70] Goldring, E. B. . The School Community: The Effects on Principals' Perceptions of Parent [J] . Educational Administration Quarterly, 1986, 22 (2): 115 – 132.

[71] Goldring, E. B. . Principals, Parents, and Administrative Superiors [J] . Educational Administration Quarterly, 1993, 29 (1): 93 – 117.

[72] Goodyear, R. K. , J. J. Rubovits. Parent Education: A Model for Low-Income Parents [J] . The Personnel and Guidance Journal, 1982, 3: 409 – 412.

[73] Gordon, V. , H. Nocon. Reproducing Segregation: Parent Involvement, Diversity, and School Governance [J] . Journal of Latinos and Education, 2008, 7 (4): 320 – 339.

[74] Gordon, M. F. , K. S. Louis. Linking Parent and Community Involvement with Student Achievement: Comparing Principal and Teacher Perceptions of Stakeholder Influence [J] . American Journal Education, 2009, 116 (1): 1 – 32.

[75] Gordon, I. J. . Education in the 1970's [J] . Peabody Journal of Education, 1971, 48 (3): 228 – 237.

[76] Gordon, I. J. . Our View of the Child: 1970 [J] . Theory into Practice, 1969, 8 (3): 152 – 157.

［77］Graves Jr, S. L. , L. B. Wright. Parent involvement at school entry: A national examination of group differences and achievement ［J］. School Psychology International, 2011, 32（1）: 35 – 48.

［78］Griffith, J.. Relation of Parent Involvement, Empowerment, and School Traits to Student Academic Performance ［J］. The Journal of Educational Research, 1996, 90（1）: 33 – 41.

［79］Grolnick, W. S. , M. L. Slowiaczek. Parents' Involvement in Children's Schooling: A Multidimensional Conceptualization and Motivational Model ［J］. Child Development, 1994, 65（1）: 237 – 252.

［80］Grolnick, W. S. , C. Benjet, C. O. Kurowski, and N. H. Apostoleris. Predictors of Parent Involvement in Children's Schooling ［J］. Journal of Educational Psychology, 1997, 89（3）: 538 – 548.

［81］Halgunseth, L. C. , A. Peterson. Family Engagement, Diverse Families, and Early Childhood Education Programs: An Integrated Review of the Literature ［R］. Washington, DC. : National Association for the Education of Young Children, 2009.

［82］Hasan, A. M.. Deconstruction and Reconstruction Parent Involvement ［D］. University of California, 2004.

［83］Hassrick, E. M. , B. Schneider. Parent Surveillance in Schools: A Question of Social Class ［J］. American Journal of Education, 2009, 115（2）: 195 – 225.

［84］Hayes, M. M.. Maintaining Parent Interest in Title I Parent Advisory Councils ［J］. The Urban Review, 1979, 11（2）: 81 – 87.

［85］Henderson, A. T. , J. Carson, P. Avallone. Making the Most of School-Family Compacts ［J］. Educational Leadership, 2011, 68（8）: 48 – 53.

［86］Hicks, M. W. , J. W. Williams. Current Challenges in Educating for Parenthood ［J］. Family Relations, 1981, 30（4）: 579 – 584.

［87］Hill, N. E. , L. C. Taylor. Parental School Involvement and Children's Academic Achievement: Pragmatics and Issues ［J］. Current Directions in Psychological Science, 2004, 13（4）: 161 – 164.

[88] Hill, N. E. , et al. Parent Academic Involvement as Related to School Behavior, Achievement, and Aspirations: Demographic Variations Across Adolescence [J] . Child Development. 2004, 75 (5): 1491 –1509.

[89] Hills, M. D. , D. W. Knowles. Providing for Personal Meaning in Parent Education Programs [J] . Family Relations, 1987, 36 (2): 158 –162.

[90] Hoffman, D. M.. Childhood Ideology in the United States: A Comparative Cultural View [J] . International Review of Education, 2003, 49 (1 –2): 191 –211.

[91] Holloway, S. L. , H. Pimlott – Wilson. Parental Involvement in Children's Learning: Mothers' Fourth Shift, Social Class, and the Growth of State Intervention in Family Life [J] . The Canadian Geographer, 2013, 57 (3): 327 –336.

[92] Hoover-Dempsey, K. V. , O. C. Bassler, J. S. Brissie. Parent Involvement: Contributions of Teacher Efficacy, School Socioeconomic Status, and Other School Characteristics [J] . American Educational Research Journal, 1987, 24 (3): 417 –435.

[93] Hoover – Dempsey, K. V. , H. M. Sandler. Why Do Parents Become Involved in Their Children's Education [J] . Review Of Educational Research, 1997, 67 (1): 3 –42.

[94] Hoover – Dempsey, K. V. , et al. Why Do Parents Become Involved? Research Findings and Implications [J] . The Elementary School Journal, 2005, 106 (2): 105 –130.

[95] Hoover – Dempsey, K. V. , O. C. Bassler, R. Burow. Parents' Reported Involvement in Students' Homework: Strategies and Practices [J] . The Elementary School Journal, 1995, 95 (5): 435 –450.

[96] Howard, T. C. , R. Reynolds. Examining Parent Involvement in Reversing the Underachievement of African American Students in Middle – Class Schools [J] . The Journal of Educational Foundations, 2008, 22 (1 – 2): 79 –98.

[97] Huntsinger, C. S. , P. E. Jose. Parental involvement in children's

schooling: Different meanings in different cultures [J]. Early Childhood Research Quarterly, 2009, 24 (4): 398 –410.

[98] Huntsinger, C. S. , P. E. Jose. Chinese American and Caucasian American Family Interaction Patterns in Spatial Rotation Puzzle Solutions [J]. Merrill-Palmer Quarterly, 1995, 41 (4): 471 –496.

[99] Huntsinger, C. S. , P. R. Huntsinger, Wei – Di Ching, Choi – Bo Lee. Understanding Cultural Contexts Fosters Sensitive Caregiving of Chinese American Children [J]. Young Children, 2000, 55 (6): 7 – 12, 14 – 15.

[100] Hursh, D. . Assessing 'No Child Left Behind' and the Rise of Neoliberal Education Policies [J]. American Educational Research Journal, 2007, 44 (3): 493 –518.

[101] Jeynes, W. H. . Parental Involvement Research: Moving to the Next Level [J]. The School Community Journal, 2011, 21 (1): 9 –18.

[102] Ji, Cheng Shuang. , S. A. Koblinsky. Parent Involvement in Children's Education: An Exploratory Study of Urban, Chinese Immigrant Families [J]. Urban Education, 2009, 44 (6): 687 –709.

[103] Jiang, Y. , M. Ekono, C. Skinner. Basic Facts about Low – Income Children: Children 6 through 11 Years, 2014. [EB/OL]. New York: National Center for Children in Poverty, Mailman School of Public Health, Columbia University. 2016. [2016 – 12 – 25]. http: //www. nccp. org/publications/pdf/text_ 1146. pdf.

[104] Jiang, Y. , M. Ekono, C. Skinner. Basic Facts about Low – Income Children: Children 12 through 17 Years, 2014. [EB/OL]. New York: National Center for Children in Poverty, Mailman School of Public Health, Columbia University. 2016. [2016 – 12 – 25]. http: //www. nccp. org/publications/pdf/text_ 1147. pdf.

[105] Johnson, D. . Putting The Cart before The Horse: Parent Involvement in the Improving America's Schools Act [J]. California Law Review, 1997, 85 (6): 1757 –1801.

[106] Kaplan, D. M. . Identifying The Need For Family Involvement [R].

Greensboro: Counseling and Student Services Clearinghouse, 2009.

[107] Kainz, K. , N. L. Aikens. Governing the Family through Education: A Genealogy on the Home/School Relation [J]. Equity & Excellence in Education, 2007, 40 (4): 301 –310.

[108] Kim, E. M. , et al. Parent Involvement and Family – School Partnerships: Examining the Content, Processes, and Outcomes of Structural Versus Relationship – Based Approaches [R]. Lincoln: Nebraska Center for Research on Children, Youth, Families and Schools, 2012.

[109] Kindervater, T.. Models of Parent Involvement [J]. The Reading Teacher, 2010, 63 (7): 610 –612.

[110] Knopf, H. T. , K. J. Swick. Using Our Understanding of Families to Strengthen Family Involvement [J]. Early Childhood Education Journal, 2008, 35 (5): 419 –427.

[111] Kohl, G. O. , L. J. Lengua, R. J. McMahon. Parent Involvement in School Conceptualizing Multiple Dimensions and Their Relations with Family and Demographic Risk Factors [J]. Journal of School Psychology, 2000, 38 (6): 501 –523.

[112] Kyriakides, L. . Evaluating School Policy on Parents Working with Their Children in Class [J]. The Journal of Educational Research, 2005, 98 (5): 281 –298.

[113] Lareau, A.. Social Class Differences in Family – School Relationships: The Importance of Cultural Capital [J]. Sociology of Education, 1987, 60 (60): 73 –85.

[114] Lareau, A. , W. Shumar. The Problem of Individualism in Family – School Policies [J]. Sociology of Education, 1996 (69): 24 –39.

[115] Lareau, A. , E. Mc. Horvat. Moments of Social Inclusion and Exclusion: Race, Class, and Cultural Capital in Family – School Relationships [J]. Sociology of Education, 1999, 72 (1): 37 –53.

[116] Lawson, M. A.. School – Family Relations In Context: Parent and Teacher Perceptions of Parent Involvement [J]. Urban Education, 2003, 38

(1): 77 – 133.

[117] Lawson, M. A. , T. Alameda – Lawson. A Case Study of School – Linked, Collective Parent Engagement [J] . American Educational Research Journal, 2012, 49 (4): 651 – 684.

[118] Lee, Jung – Sook. , N. K. Bowen. Parent Involvement, Cultural Capital, and the Achievement Gap Among Elementary School Children [J]. American Educational Research Journal, 2006, 43 (2): 193 – 218.

[119] Lewis, K. C. . Seen But Not Heard: ESEA and Instructional Aides in Elementary Education [J] . Review of Research in Education, 2005, 29 (1): 131 – 149.

[120] Lewis, A. E. , T. A. Forman. Contestation or Collaboration? A Comparative Study of Home – School Relations [J] . Anthropology & Education Quarterly, 2002, 33 (1): 60 – 89.

[121] Lightfoot, S. L. . Toward Conflict and Resolution: Relationships between Families and Schools [J] . Theory Into Practice, 1981, 20 (2): 97 – 104.

[122] Lightfoot, S. L. . Family – School Interactions: The Cultural Image of Mothers and Teachers [J] . Signs, 1977, 3 (2): 395 – 408.

[123] López, G. R. , J. D. Scribner, K. Mahitivanichcha. Redefining Parental Involvement: Lessons From High – Performing Migrant – Impacted Schools [J]. American Educational Research Journal, 2001, 38 (2): 253 – 288.

[124] Macmillan, R. B. . Parental Involvement and Governance: the Reconstruction of the "Community School" [R] . San Diego, CA: Presented at the Annual Meeting of the American Educational Research Association, 1997.

[125] Mapp, K. L. . Having Their Say: Parents Describe Why and How They are Engaged in Their Children's Learning [J] . School Community Journal, 2010, 13: 35 – 64.

[126] Mattingly, D. J. , R. Prislin, T. L. McKenzie. Evaluating Evaluations: The Case of Parent Involvement Programs [J] . Review of Educational Research, 2002, 72 (4): 549 – 576.

[127] McConnell, S.. Parent Involvement and Family Support: Where Do We Want to Go, and How Will We Know We Are Headed There [J]. Journal of Early Intervention, 2001, 24 (1): 15 – 18.

[128] McGrath, D. J., P. J. Kuriloff. "They' re Going to Tear the Doors Off this Place": Upper – Middle – Class Parent School Involvement and the Educational Opportunities of Other People's Children [J]. Educational Policy, 1999, 13 (5): 603 – 629.

[129] McLaughlin, M. W., P. M. Shields. Involving Low – Income Parents in the Schools: A Role for Policy [J]. The Phi Delta Kappan, 1987, 69 (2): 156 – 160.

[130] McNeal Jr, R. B.. Parental Involvement as Social Capital: Differential Effectiveness on Science Achievement, Truancy, and Dropping Out [J]. Social Forces, 1999, 78 (1): 117 – 144.

[131] Mizell, M. H.. Implementation of title I parent advisory councils in the rural south [R]. Boston: Annual Meeting of the American Educational Research Association, 1980.

[132] Moles, O. C.. Who Wants Parent Involvement: Interest, Skills, and Opportunities among Parents and Educators [J]. Education and Urban Society, 1987, 19 (2): 137 – 145.

[133] Moles, O. C.. Synthesis of Recent Research on Parent Participation in Children's Education [J]. Educational Leadership, 1982, 40 (2): 44 – 47.

[134] Nardine, F. E., R. D. Morris. Parent Involvement in the States: How Firm Is the Commitment?   [J]. The Phi Delta Kappan, 1991, 72 (5): 363 – 366.

[135] National PTA. National Standards for Parent/Family Involvement Programs [R]. Chicago: 1997.

[136] Nebgen, M. K.. Parent Involvement in Title I Programs [J]. The Educational Forum, 1979, 43 (2): 165 – 174.

[137] Noel, A., P. Stark, J. Redford. Parent and Family Involvement in Education, from the National Household Education Surveys Program of 2012 [R].

Washington, DC. : U. S. Department of Education, 2013.

[138] Numata, H.. What Children Have Lost by the Modernization of Education: A Comparison of Experiences in Western Europe and Eastern Asia [J]. International Review of Education, 2003, 49 (1/2): 241 - 264.

[139] O' Bryan, S. T. , J. H. Braddock II, M. P. Dawkins. Bringing Parents Back In: African American Parental Involvement, Extracurricular Participation, and Educational Policy [J] . The Journal of Negro Education, 2006, 75 (3): 401 - 414.

[140] Ogbu, J. U.. Understanding Cultural Diversity and Learning [J]. Educational Researcher, 1992, 21 (8): 5 - 14 + 24.

[141] Okagaki, L. , P. A. Frensch. Parenting and Children's School Achievement: A Multiethnic Perspective [J] . American Educational Research Journal, 1998, 35 (1): 123 - 144.

[142] Paige, R.. An Overview of America's Education Agenda [J] . The Phi Delta Kappan, 2002, 83 (9): 708 - 713.

[143] Pappas, L. N.. School Closings and Parent Engagement [J] . Peace and Conflict: Journal of Peace Psychology, 2012, 18 (2): 165 - 172.

[144] Parcel, T. L. , M. J. Dufur, R. C. Zito. Capital at Home and at School: A Review and Synthesis [J] . Journal of Marriage and Family, 2010, 72 (4): 828 - 846.

[145] Patall, E. A. , H. Cooper, J. C. Robinson. Parent Involvement in Homework: A Research Synthesis [J] . Review of Educational Research, 2008, 78 (4): 1039 - 1101.

[146] Peña, D. C.. Parent Involvement: Influencing Factors and Implications [J] . The Journal of Educational Research, 2000, 94 (1): 42 - 54.

[147] Perrone, V.. Parents As Partners [J] . The Urban Review, 1971 (11): 35 - 40.

[148] Petersen, A. C. , J. L. Epstein. Development and Education across Adolescence: An Introduction [J] . American Journal of Education, 1991, 99 (4): 373 - 378.

［149］Plunkett, V. R. L.. From Title I to Chapter 1: The Evolution of Compensatory Education ［J］. The Phi Delta Kappan, 1985, 66 (8): 533 – 537.

［150］Powell, D. R.. Parenting: Supporting Parents within a Family Literacy Perspective ［R］. Washington, DC. : Department of Education, 1995.

［151］Pomerantz, E. M., E. A. Moorman, S. D. Litwack. The How, Whom, and Why of Parents' Involvement in Children's Academic Lives: More Is Not Always Better ［J］. Review of Educational Research, 2007, 77 (3): 373 – 410.

［152］Riddle, W.. Chapter 1, Education Consolidation and Improvement Act Grants to Local Educational Agencies for the Education of Disadvantaged Children: Selected Reauthorization Options and Alternatives ［R］. Washington, D. C. : Library of Congress, Congressional Research Service, 1986.

［153］Robertson, S. E.. Parent Education: Current Status ［J］. Canadian Counsellor, 1984, 18 (3): 100 – 105.

［154］Robelen, E. W.. 40 Years After ESEA, Federal Role in Schools Is Broader Than Ever ［J］. Education Week, 2005, 24 (31): 41 – 42.

［155］Roderique, T. W., et al.. Homework: A Survey of Policies in the United States ［J］. Journal of Learning Disabilities, 1994, 27 (8): 484 – 485.

［156］Rumberger, R. W., et al. Family Influences on Dropout Behavior in One California High School ［J］. Sociology of Education, 1990, 63 (4): 283 – 299.

［157］Seeley, D. S.. A new paradigm for parent involvement ［J］. Educational Leadership, 1989, 42 (7): 46 – 48.

［158］Seginer, R., A. D. Vermulst. Family Environment, Educational Aspirations and Academic Achievement in Two Cultural Settings ［J］. Journal of Cross-Cultural Psychology, 2012, 33 (6): 540 – 558.

［159］Shartrand, A. M., H. B. Weiss, H. M. Kreider, M. E. Lopez. New Skills For New Schools: Preparing Teachers in Family involvement ［R］. Cambridge, MA: Harvard Family Research Project, Harvard Graduate School of Education, 1997.

[160] Sheldon, S. B. , J. L. Epstein. Involvement Counts: Family and Community Partnerships and Mathematics Achievement [J] . The Journal of Educational Research, 2005, 98 (4): 196 – 206.

[161] Sheldon, S. B.. Parents' Social Networks and Beliefs as Predictors of Parent Involvement [J] . The Elementary School Journal, 2002, 102 (4): 301 – 316.

[162] Sheridan, S. M. , et al. Parent Engagement and School Readiness: Effects of the Getting Ready Intervention on Preschool Children's Social – Emotional Competencies [J] . Early Education & Development, 2010, 21 (1): 125 – 156.

[163] Shores, E. F.. A Call to Action: Family Involvement as a Critical Component of Teacher Education Programs [R] . Washington, DC. : Office of Educational Research and Improvement, 1998.

[164] Smrekar, C. , L. Cohen – Vogel. The Voices of Parents: Rethinking the Intersection of Family and School [J] . Peabody Journal of Education, 2001, 76 (2): 75 – 100.

[165] Solomon, Z. P.. California's Policy on Parent Involvement: State Leadership for Local Initiatives [J] . The Phi Delta Kappan, 1991, 72 (5): 359 – 362.

[166] Souto-Manning, M. , K. J. Swick. Teachers' Beliefs about Parent and Family Involvement: Rethinking our Family Involvement Paradigm [J] . Early Childhood Education Journal, 2006, 34 (2): 187 – 193.

[167] Stanley, J. , M. G. Wyness. Living with Parental Involvement: A Case Study of Two 'Open Schools' [J] . International Studies in Sociology of Education, 1999, 9 (3) : 239 – 266.

[168] Stevenson, D. L. , D. P. Baker. The Family – School Relation and the Child's School Performance [J] . Child Development, 1987, 58 (5): 1348 – 1357.

[169] S. 941 – 112th Congress. Family Engagement in Education Act of 2011 [EB/OL] . [2016 – 12 – 25] . https: //www. govtrack. us/congress/bills/

112/s941.

[170] State Guidelines for Implementation of Chapter 1, Public Law 97 – 35. [EB/OL]. [2016 – 12 – 25]. http: //files. eric. ed. gov/fulltext/ED254577. pdf.

[171] Tekin, A. K.. Parent Involvement Revisited: Background, Theories, and Models [J]. International Journal of Applied Educational Studies, 2011, 11 (1): 1 – 13.

[172] Terriquez, V.. Schools for Democracy: Labor Union Participation and Latino Immigrant Parents' School – Based Civic Engagement [J]. American Sociological Review, 2011, 76 (4): 581 – 601.

[173] Terrion, J. L.. Building Social Capital in Vulnerable Families: Success Markers of a School – Based Intervention Program [J]. Youth&Society, 2006, 83 (2): 155 – 176.

[174] Thomas, J. Y., K. P. Brady. The Elementary and Secondary Education Act at 40: Equity, Accountability, and the Evolving Federal Role in Public Education [J]. Review of Research in Education, 2005, 29 (1): 51 – 67.

[175] United States Statutes Large. Elementary & Secondary Education Act (ESEA) (P. L. 89 – 10) [EB/OL]. [2015 – 08 – 25]. http: //www. ncticl p. org/files/40646763. pdf.

[176] United States Congress. Education Amendments of 1974 [EB/OL]. [2015 – 08 – 25]. http: //www. gpo. gov/fdsys/pkg/STATUTE – 88/pdf/STATUTE – 88 – Pg484. pdf.

[177] United States Congress. Education Amendments of 1978 [EB/OL]. [2015 –08 –25]. http: //files. eric. ed. gov/fulltext/ED168250. pdf.

[178] United States Congress. Omnibus Budget Reconciliation Act of 1981 [EB/OL]. [2015 – 08 – 25]. https: //www. govtrack. us/congress/bills/97/ hr3982/text.

[179] United States Congress. Augustus F. Hawkins – Robert T. Stafford Elementary and Secondary School Improvement Amendments of 1988 [EB/OL]. [2015 –08 –25]. http: //files. eric. ed. gov/fulltext/ED307960. pdf.

［180］United States Congress. Improving America's Schools Act of 1994
［EB/OL］. ［2015 – 08 – 25］. http：//www. gpo. gov/fdsys/pkg/BILLS –
103hr6eas/pdf/BILLS – 103hr6eas. pdf.

［181］United States Congress. No Child Left Behind Act of 2001 ［EB/OL］.
［2015 – 08 – 25］. http：//www. gpo. gov/fdsys/pkg/PLAW – 107publ110/con-
tent – detail. html.

［182］United States Congress. Every Student Succeeds Act ［EB/OL］.
［2016 – 12 – 25］. https：//www2. ed. gov/documents/essa – act – of – 1965. pdf.

［183］Walberg, H. J.. Families as Partners in Educational Productivity
［J］. The Phi Delta Kappan, 1984, 65（6）：397 – 400.

［184］Wanat, C. L.. Challenges Balancing Collaboration and Independence
in Home – School Relationships：Analysis of Parents' Perceptions in One District
［J］. The School Community Journal, 2010, 20（1）：159 – 186.

［185］Warner, C. H.. Emotional Safeguarding：Exploring the Nature of
Middle – Class Parents' School Involvement ［J］. Sociological Forum, 2010, 25
（4）：703 – 724.

［186］Warner, I.. Parents in Touch：District Leadership for Parent Involve-
ment ［J］. The Phi Delta Kappan, 1991, 72（5）：372 – 375.

［187］Weiss, H. B., N. Stephen. From Periphery to Center：A New Vision
for Family, School, and Community Partnerships ［A］. Christenson, S.,
A. Reschley. Handbook of School – Family Partnerships ［C］. New York：Rout-
ledge, 2009：448 – 472.

［188］Weiss, H. B., K. Faughnan, et al. Taking a Closer Look：A Guide
to Online Resources on Family Involvement ［R］. Cambridge, MA：Harvard
Family Research Project, 2005.

［189］Weiss, H. B., E. Mayer, et al. Making It Work：Low – Income
Working Mothers' Involvement in Their Children's Education ［J］. American Edu-
cational Research Journal, 2003, 40（4）：879 – 901.

［190］Weiss, H. B.. Preparing Teachers for Family Involvement ［R］.
Cambridge, MA：Summary of Paper Presented at the National Conference of the

Family Involvement Partnership for Learning, 1996.

[191] Weiss, H. B. , S. M. Bouffard, B. L. Bridglall, et al. Reframing Family Involvement in Education: Supporting Families to Support Educational Equity [R] . Columbia: A Research Initiative of the Campaign for Educational Equity, 2009.

[192] Weiss, H. B. , M. E. Lopez, H. Rosenberg. Beyond Random Acts Family, School, and Community Engagement as an Integral Part of Education Reform [R] . Cambridge, MA: Harvard Family Research Project, 2010.

[193] West, A. , P. Noden, A. Edge, M. David. Parental Involvement in Education in and out of School [J] . British Educational Research Journal, 1998, 24 (4): 461 −484.

[194] White, K. R. , M. J. Taylor, V. D. Moss. Does Research Support Claims About the Benefits of Involving Parents in Early Intervention Programs? [J]. Review of Educational Research, 1992, 62 (1) : 91 −125.

[195] Wiseman, A. . Family Involvement in Four Voices: Administrator, Teacher, Students, and Community Member [J] . Perspectives on Urban Education, 2010, 7 (1): 115 −124.

[196] Zellman, G. L. , J. M. Waterman. Understanding the Impact of Parent School Involvement on Children's Educational Outcomes [J] . The Journal of Educational Research, 1998, 91 (6): 370 −380.

[197] Zoppi, I. M. . Latino Parental Involvement in Students' School Attendance and Achievement [R] . Maryland: University of Maryland College of Education − Latino Education Research Center, 2001.

[198] Zou, Wuying, N. Anderson, R. Sorin, K. Hajhashemi. A Contextual understanding of Mainland Chinese Parent Involvement In Their Children's Primary School Years' Education [J] . Journal of Asian Critical Education, 2013, (2): 54 −68.

[199] Zusman, R. S. . Parent Involvement in Title I Programs [J] . Equity & Excellence Education, 1974, 12 (5): 19.

二、英文著作类

[1] Beatty, B. , E. D. Cahan, J. Grant. When Science Encounters the Child: Education, Parenting, and Child Welfare in 20th – Century America [C]. New York: Teachers College Press, 2006.

[2] Berger, E. H. , M. Riojas – Cortez. Parents as Partners in Education: Families and Schools Working Together [M] . 8th ed. Upper Saddle River: Pearson Education, Inc. , 2011.

[3] Borman, K. M. , N. P. Greeman. Changing American Education: Recapturing the Past or Inventing the Future [M] . New York: State University New York Press, 1994.

[4] Bornstein, M. H. . Handbook of parenting [C] . 2nd ed. London: Lawrence Erlbaum Associates, Inc, 2002.

[5] Bushman, R. L. . From Puritan to Yankee: Character and the Social Order in Connecticut, 1690 – 1765 [M] . Cambridge: Harvard University Press, 1998.

[6] Christenson, S. L. , A. L. Reschly. Handbook of School – Family Partnerships [C] . New York: Routledge, 2010.

[7] Cutler III, W. W. . Parents and Schools: The 150 – year Struggle for Control in American Education [M] . Chicago: The University of Chicago Press, 2000.

[8] de Carvalho, Maria E. P. . Rethinking Family – School Relations: A Critique of Parental Involvement in Schooling. [M] . Mahwah, NJ: Lawrence Erlbaum Associates, 2001.

[9] Deslandes, R. . International perspectives on contexts, communities, and evaluated innovative practices: family – school – community partnerships [C]. New York: Routledge, 2009.

[10] Dowling, E. , E. Osborne. The Family and the School: A Joint Systems Approach to Problems with Children [C] . New York: Routledge, 2002.

[11] Edwards, R. . Children, Home and School Regulation, Autonomy or

Connection? [C]. New York: Routledge Falmer, 2002.

[12] Fine, M. J. , S. W. Lee . Handbook of Diversity in Parent Education: The Changing Faces of Parenting and Parent Education [C] . San Diego, California: Academic Press, 2001.

[13] Galen, J. V. , M. A. Pitman. Home Schooling: Political, Historical, and Pedagogical Perspectives [C] . New Jersey: Ablex Publishing Corporation, 1991.

[14] Gatto, J. T. . The Underground History of American Education: A Schoolteacher's Intimate Investigation Into The Problem Of Modern Schooling [M]. New York: Oxford Village Press, 2001.

[15] Hargreaves, A. . Extending Educational Change: International Handbook of Educational Change [C] . New York: Springer Dordrecht, 2005.

[16] Henderson, A. T. , N. Berla. A New Generation of Evidence: The Family is Critical to Student Achievement [M] . Washington, DC. : National Committee for Citizens in Education, 1994.

[17] Henderson, A. T. , K. L. Mapp. A New Wave of Evidence: The Impact of School, Family, and Community Connections on Student Achievement [C] . Austin: Southwest Educational Development Laboratory, 2002.

[18] Ho, E. Sui - Chu. , Wai - Man Kwong. Parental Involvement on Children's Education: What Works in Hong Kong [M] . New York: Springer, 2013.

[19] Hornby, G. . Parental Involvement in Childhood Education: Building Effective School - Family Partnerships [M] . New York: Springer Science + Business Media, LLC, 2011.

[20] James Lynch, Celia Modgil, Sohan Modgil. Cultural Diversity And The Schools: Prejudice, Polemic Or Progress? [C] . The Falmer Press, London: 1992.

[21] Jeynes, W. H. . Parental Involvement and Academic Success [M]. New York: Routledge, 2011.

[22] Kozol, J. . The Shame of the Nation: the Restoration of Apartheid

Schooling in America [M]. New York: Crown Publishers, 2005.

[23] Krause, P. H., T. M. Dailey. Handbook of Parenting: Styles, Stresses and Strategies [C]. New York: Nova Science Publishers, Inc., 2009.

[24] Lareau, A.. Home advantage: social class and parental intervention in elementary education [M]. Lanham: Rowman & Littlefield Publishers, Inc., 2000.

[25] Louis, K. S., S. D. Kruse. Professionalism and Community: Perspectives on Reforming Urban Schools [M]. Corwin: Thousand Oaks, 1994.

[26] Lynch, J., C. Modgil, S. Modgil. Cultural Diversity And The Schools: Prejudice, Polemic Or Progress? [C]. London: The Falmer Press, 1992.

[27] Marsella, A., M. I. Martini. Learning in Cultural Context: Family, Peers, and School [C]. New York: Kluwer Academic / Plenum Publishers, 2005.

[28] McClure, M., J. C. Lindle. Expertise versus Responsiveness in Children's Worlds: Politics in School, Home and Community Relationships [C]. London: The Falmer Press, 1997.

[29] Miramontes, O. B., A. Nadeau, N. L. Commins. Restructuring Schools for Linguistic Diversity: Linking Decision Making to Effective Programs [M]. Teachers College Press, New York: 1997.

[30] Olivos, E. M.. The Power of Parents: A Critical Perspective of Bicultural Parent Involvement in Public Schools [M]. New York: Lang, 2006.

[31] Patrikakou, E. N., R. P. Weissberg, S. Redding, H. J. Walberg. School-Family Partnerships for Children's Success [C]. New York: Teachers College, Columbia University, 2005.

[32] Popham, W. J.. America's "Failing" Schools: How Parents and Teachers Can Cope With No Child Left Behind [M]. New York: Routledge Falmer, 2004.

[33] Redding, S., M. Murphy, P. Sheley. Handbook on Family and Community Engagement [C]. Lincoln: Academic Development Institute, 2011.

[34] Reed, D. S.. Building the Federal Schoolhouse: Localism and the A-

merican Education State [M] . New York: Oxford University Press, 2014.

[35] Richter, M. , S. Andresen. The Politicization of Parenthood: Shifting Private and Public Responsibilities in Education and Child Rearing [C] . New York: Springer Science + Business Media B. V. , 2012.

[36] Rury, J. L. . Education and Social Change: Themes in the History of American Schooling [M] . London: Lawrence Erlbaum Associates, Inc. , 2002.

[37] Sen, N. . Family, School and Nation: The child and literary constructions in 20th – century Bengal [M] . New York: Routledge, 2015.

[38] Sheridan, S. M. , E. M. Kim. Foundational Aspects of Family – School Partnership Research [C] . Switzerland: Springer International Publishing, 2015.

[39] Sheridan, S. M. , E. M. Kim. Family – School Partnerships in Context [C] . Switzerland: Springer International Publishing, 2016.

[40] Sheridan, S. M. , E. M. Kim. Processes and Pathways of Family – School Partnerships Across Development [C] . Switzerland: Springer International Publishing, 2015.

[41] Sheridan, S. M. , T. R. Kratochwill. Conjoint Behavioral Consultation: Promoting Family – School Connections and Interventions [M] . 2nd ed. New York: Springer Science + Business Media, LLC, 2007.

[42] Swap, S. M. . Developing Home – School Partnerships: from concepts to practice [M] . New York: Teachers College Press, 1993.

[43] Taylor, R. D. , M. C. Wang. Resilience Across Contexts: Family, Work, Culture, and Community [C] . Mahwah: Lawrence Erlbaum Associates, Inc, 2000.

[44] Tobin, J. , Y. Hsueh, M. Karasawa. Preschool in three cultures revisited : China, Japan, and the United States [M] . London: The University of Chicago Press, Ltd. , 2009.

[45] Trumbull, E. . Bridging Cultures between Home and School: A Guide for Teachers: With a Special Focus On Immigrant Latino Families [C] . Mahwah: Lawrence Erlbaum Associates, Inc. , 2001.

[46] Tyack, D. , L. Cuban. Tinkering toward Utopia: A Century of Public

School Reform [M]. Cambridge: Harvard University Press, 1995.

[47] Whitty, G.. Making Sense of Education Policy: Studies in the Sociology and Politics of Education [M]. London: Paul Chapman Publishing Ltd, 2002.

三、中文期刊类

[1]〔美〕安德毅. 美国的学校改革与教育政策 [J]. 教育研究, 1997 (12): 67-70.

[2] 曹丽. 二战后美国家校合作发展研究 [D]. 保定: 河北大学, 2004.

[3] 陈华森. 美国个人主义的历史审视 [J]. 理论导刊, 2007 (11): 119-122.

[4] 陈剑琦. 美国: 吸引家长参与教学 [J]. 比较教育研究, 2004 (3): 94.

[5] 陈洁菲. 个人主义与美国家庭变革 [D]. 济南: 山东师范大学, 2007.

[6] 陈晓端, 闫福甜. 当代美国教育改革六次浪潮及其启示 [J]. 山西师范大学学报 (哲学社会科学版), 2007 (6): 95-99.

[7] 陈文彦. 教师与家长之微观政治学分析 [J]. 教育研究咨询, 2002, 10 (2): 183-198.

[8] 陈学军. 教育政策研究的第三立场: 面向政策利益相关者 [J]. 清华大学教育研究, 2007, 28 (3): 54-59.

[9] 陈奕平. 当代美国西班牙裔人口的变动特点及其影响 [J]. 世界民族, 2002 (5): 37-49.

[10] 陈峥, 王建梁. 家校合作的纽带——美国家长教师联合会研究 [J]. 外国中小学教育, 2003 (5): 22-25.

[11] 崔雪茹. 美国个人主义研究述评 [J]. 北京城市学院学报, 2010 (4): 56-61.

[12] 邓蜀生. 美国黑人的历史地位和现状 [J]. 史学集刊, 1990 (4): 48-56+62.

［13］董梁，王燕红．家校合作中家长边缘性参与研究［J］．教学与管理，2015（9）：61－63.

［14］董梁，王燕红．家校合作中家长沉默现象探析［J］．教学与管理，2015（5）：6－9.

［15］冯建军．主体间性与教育交往［J］．高等教育研究，2001，22（6）：26－31.

［16］高和荣．哈贝马斯交往行为理论的社会学探索［J］．学习与探索，2004（4）：52－54.

［17］关颖．角色错位：家校合作的隐性障碍［J］．班主任，2015（1）：33－34.

［18］郭中凯，章亚希．"家校合作"中的家长主体缺失及对策［J］．教学与管理，2015（22）：20－23.

［19］何欢．美国家庭政策的经验和启示［J］．清华大学学报（哲学社会科学版），2013，28（1）：147－156.

［20］何瑞珠．家长参与子女的教育：文化资本与社会资本的阐释［J］．教育学报，1999，27（1）：233－261.

［21］黄河清．论家庭教育与学校教育的合作［J］．教育评论，2001（4）：24－27.

［22］黄河清．美国家校合作管窥［J］．教育评论，2008（6）：162－165.

［23］黄河清，马恒懿．家校合作价值论新探［J］．华东师范大学学报（教育科学版），2011，29（4）：23－29.

［24］黄万盛，刘涛．全球化时代的中国价值［J］．开放时代，2009（7）：142－158.

［25］姬虹．种族主义阴影下的美国黑人现状［J］．国际观察，2002（2）：57－61.

［26］蒋有慧，曾晓燕．家长参与管理：西方国家基础教育改革的新动向［J］．江西教育科研，2000（5）：25－27.

［27］金相文．论宗教个人主义的世俗意义——分析16世纪宗教改革的起源和影响的一个视角［J］．学海，2002（4）：147－152.

[28] 劳凯声，李孔珍. 教育政策研究的民生视角 [J]. 教育科学研究，2012 (12)：11 – 18.

[29] 劳凯声，李孔珍. 教育政策研究：在教育学学科建设中发展 [J]. 教育科学研究，2012 (1)：5 – 11.

[30] 李飞，张桂春. 中美两国家校合作机制差异之比较 [J]. 教育探索，2006 (3)：49 – 50.

[31] 李家成. 家校合作的问题反思与发展可能 [J]. 班主任之友，2013 (1 – 2)：113 – 115.

[32] 李孔珍，洪成文. 教育政策的重要价值追求——教育公平 [J]. 清华大学教育研究，2006，27 (6)：65 – 69.

[33] 李昆秦. 教育民主化的新思考——兼论家长参与学校教育和管理 [J]. 教书育人（高教论坛），2009 (4)：34 – 36.

[34] 李乔杨，张培青，熊坤新. 非裔美国人婚姻家庭及其教育观念的嬗变 [J]. 民族教育研究，2014，25 (1)：119 – 123.

[35] 李生兰. 美国学校家长志愿者探析 [J]. 外国中小学教育，2008 (7)：8 – 13.

[36] 李小芬. 20 世纪以前美国个人主义的历史演变 [J]. 厦门大学学报（哲学社会科学版），2003 (5)：121 – 128.

[37] 李先军. 家长参与：学校变革的应然选择 [J]. 南通大学学报（教育科学版），2008 (3)：15 – 18.

[38] 李燕. 亲子关系的教育哲学分析 [D]. 苏州：苏州大学，2005.

[39] 缪建东. 试论我国转型期的家庭教育 [J]. 苏州大学学报（哲学社会科学版），2000 (1)：123 – 127.

[40] 林玲. 家校合作关系的检视——一种批判的视角 [J]. 教育科学研究，2013 (6)：44 – 49.

[41] 刘宝存. 大变革时代中国比较教育研究的使命与发展道路选择 [J]. 比较教育研究，2014 (2)：1 – 7.

[42] 刘宽红. 美国个人主义思想探源——爱默生个人主义之欧洲渊源及其对美国文化的贡献 [J]. 学术论坛，2006 (12)：5 – 8.

[43] 刘振天. 西方国家教育管理体制中的社会参与 [J]. 比较教育研

究，1996（3）：10-14.

[44] 卢海弘. 美国"重建学校"模式浅析 [J]. 比较教育研究，1998（6）：27-30.

[45] 卢乃桂，柯政. 教育政策研究的类别、特征和启示 [J]. 比较教育研究，2007，28（2）：27-31.

[46] 罗丽达. 清教徒·自由之土·中产阶级 [J]. 世界历史，1990（6）：35-44.

[47] 马云荣，王建平. 美国家长参与学校教育研究动态综述 [J]. 2004（1）：39-41.

[48] 马忠虎. 如何使家长参与到学校教育中来 [J]. 比较教育研究，1994（5）：52-53.

[49] 马忠虎. 家长参与学校教育——美国家庭、学校合作的模式 [J]. 外国中小学教育，1996（6）：33-37.

[50] 马忠虎. 对家校合作中几个问题的认识 [J]. 教育理论与实践，1999，19（3）：26-32.

[51] 彭虹斌. 比较教育功能的时代转换：从借鉴到理解 [J]. 比较教育研究，2007（3）：29-32.

[52] 彭茜，郭凯. 家校合作的障碍及其应对 [J]. 教育科学，2001，17（4）：28-30.

[53] 邱兴. 家长参与学校管理的中外比较研究 [J]. 外国中小学教育，2006（12）：25-28.

[54] 盛冰. 社会资本与文化资本视野下的现代学校制度变革 [J]. 教育研究，2006（1）：42-48.

[55] 盛冰. 社会资本对当代教育的影响 [J]. 北京师范大学学报（社会科学版），2003（6）：128-134.

[56] 孙孝花. 家长参与决策：美国中小学管理的新态势 [J]. 教学与管理，2007（4）：62-64.

[57] 邰晓晔. 美国家长参与学校教育研究 [D]. 四川师范大学，2011.

[58] 谈晓奇，邓明言. 克雷明与家庭教育史研究 [A]. 纪念《教育史

研究》创刊二十周年论文集（16）——外国教育思想史与人物研究［C］.北京，2009：801-804.

［59］田凌晖，陈粤秀.NCLB与美国教育政策研究机构发展［J］.复旦教育论坛，2009，7（2）：84-87.

［60］童世骏.没有"主体间性"就没有"规则"——论哈贝马斯的规则观［J］.复旦学报（社会科学版），2002（5）：23-32.

［61］王俊.家长参与学校教育：澳大利亚的经验及启示［J］.基础教育参考，2004（7）：26-27.

［62］王平.教育政策研究：从"精英立场"到"草根情结"——兼论教育政策研究的文化敏感性问题［J］.清华大学教育研究，2010，31（4）：15-20+51.

［63］王树涛，毛亚庆.美英国家儿童非智力因素培养的家校合作研究［J］.现代中小学教育，2015，31（8）：108-111.

［64］王晓俊.试论美国个人主义价值观的根源［J］.河南商业高等专科学校学报，2010，23（2）：84-87.

［65］魏晓红.美国个人主义价值观的双重性研究［J］.重庆文理学院学报（社会科学版），2010，29（5）：92-95.

［66］沃野，王朔柏.美国黑人家庭模式的转变与发展［J］.安徽大学学报（哲学社会科学版），1999，23（6）：85-89.

［67］吴重涵.从国际视野重新审视家校合作——《学校、家庭和社区合作伙伴：行动手册》中文版序［J］.教育学术月刊，2013（1）：108-111.

［68］项贤明.20世纪90年代以来的美国教育改革［J］.比较教育研究，2003（5）：23-28.

［69］肖丽萍.二战后美国教育政策的演变及启示［J］.教育研究，1997（11）：74-77.

［70］谢立中.哈贝马斯的"沟通有效性理论"：前提或限制［J］.北京大学学报（哲学社会科学版），2014，51（5）：142-147.

［71］邢利娅，王成刚.我国教师与家长的合作现状分析及对策［J］.内蒙古师范大学学报（教育科学版），2004，17（10）：86-89.

［72］熊艳.论我国教师与家长良好关系的构建［J］.内蒙古师范大学

学报（教育科学版），2007，20（2）：144 - 147.

[73] 徐明峡，吴建成. 影响现代家校合作制度建构的环境研究 [J].
内蒙古师范大学学报（教育科学版），2003，16（3）：5 - 7.

[74] 徐玉珍. 中美中小学家校合作比较研究 [D]. 上海：华东师范大
学，2006.

[75] 严加平. 从加州特许学校政策看美国教育政策的制定及政府角色
[J]. 外国中小学教育，2006（2）：24 - 29.

[76] 杨云. 美国"个人主义"文化研究 [J]. 重庆工学院学报（社会
科学），2008，22（1）：102 - 104.

[77] 杨启光. 基于家庭与学校关系变革的学校发展 [J]. 教育学报，
2009，5（1）：84 - 88.

[78] 杨启光. 美国学校教育变革中家庭参与的多维转向 [J]. 当代青
年研究，2013（6）：122 - 128.

[79] 杨启光. 家庭与学校教育改革的关系：西方的经验与中国的问题
[J]. 华东师范大学学报（教育科学版），2011，29（4）：30 - 39.

[80] 杨启光. 英国家庭与学校关系的历史擅变及其教育意蕴 [A]. 纪
念《教育史研究》创刊二十周年论文集（17）——外国教育政策与制度改革
史研究 [C]. 北京，2009：1447 - 1450.

[81] 杨天平，孙孝花. 美国家长参与学校教育管理角色的嬗变 [J].
教育研究，2007（6）：78 - 82.

[82] 杨天平. 欧洲七国关于家长参与学校教育项目的研究综述 [J].
内蒙古师范大学学报（教育科学版），2003（6）：8 - 13.

[83] 杨天平，孙孝花. 近 20 年来美国家长参与学校教育管理的角色
[J]. 学术研究，2007（2）：149 - 152.

[84] 杨天平. 鼓励和引导家长参与——美国中小学校教育管理改革的
研究与实践 [J]. 外国中小学教育，2003（9）：11 - 14.

[85] 姚文峰. 公众参与：美国中小学教育亮点 [J]. 外国中小学教育，
2007（7）：44 - 47.

[86] 叶晓璐. 国外及港台地区家校合作实践研究综述 [J]. 世界教育
信息，2011（4）：62 - 64.

［87］袁丽. 中国教师形象及其内涵的历史文化建构［J］. 教师教育研究，2016，28（1）：103－109＋122.

［88］袁永和. 对西方个人主义价值观的几点思考——以美国为例［J］. 西南民族大学学报·人文社科版，2005，26（7）：300－303.

［89］越人，蔡建兴，邓节芳. 努力构建家校合作的教育机制［J］. 江西教育科研，2005（2）：38－42.

［90］余清臣，周娟. 家校合作的真意——当代中国家校合作的教育学反思［J］. 少年儿童研究，2010（4）：4－8.

［91］曾荣光. 教育政策研究：议论批判的视域［J］. 北京大学教育评论，2007，5（4）：2－31.

［92］张丙玉. 美国"家长参与"教育的发展［J］. 外国中小学教育，2004（9）：36－38.

［93］张孟媛. 美国个人主义的清教源流［J］. 美国研究，2009（3）：116－126.

［94］张旺. 经合组织成员国"家长参与教育"概况及启示［J］. 外国中小学教育，2001（1）：28－31.

［95］张希希. 美国"家长参与教育"研究［J］. 外国教育研究，1996（5）：33－37.

［96］赵延东. 社会资本理论的新进展［J］. 国外社会科学，2003（3）：54－59.

［97］周采. 美国先行计划的现状与趋势［J］. 比较教育研究，2001（10）：49－53.

［98］周文叶，兰璇. 批判教育学视野中的美国教育政策［J］. 全球教育展望，2009（12）：3－6.

［99］周晓虹. "中国研究"的国际视野与本土意义［J］. 学术月刊，2010，42（9）：5－13.

［100］周月朗. 近年来美国家校合作的研究与实践［J］. 湖南师范大学教育科学学报，2006，5（4）：81－83.

［101］朱平. 美国个人主义析论［J］. 安徽师范大学学报（人文社会科学版），1999，27（1）：17－21.

四、中文著作类

[1] 〔美〕埃尔伍德·帕特森·克伯莱. 美国公共教育：关于美国教育史的研究与阐释 ［M］. 陈璐茜，译，合肥：安徽教育出版社，2012.

[2] 〔英〕安迪·格林. 教育与国家形成：英、法、美教育体系起源之比较 ［M］. 王春华，等，译. 北京：教育科学出版社，2004.

[3] 〔美〕安妮特·拉鲁. 家庭优势：社会阶层与家长参与 ［M］. 吴重涵，熊苏春，张俊，等，译. 南昌：江西教育出版社，2014.

[4] 〔美〕伯纳德·贝林. 教育与美国社会的形成 ［M］. 王晨，等，译. 合肥：安徽教育出版社，2013.

[5] 〔美〕C. 赖特·米尔斯. 白领——美国的中产阶级 ［M］. 杨小东，等，译. 杭州：浙江人民出版社，1987.

[6] 〔美〕戴维·B. 泰亚克. 一种最佳体制——美国城市教育史 ［M］. 赵立玮，译，上海：上海人民出版社，2010.

[7] 范国睿. 教育政策的理论与实践 ［M］. 上海：上海教育出版社，2011.

[8] 费孝通著，方李莉编. 全球化与文化自觉：费孝通晚年文选 ［M］. 北京：外语教学与研究出版社，2013.

[9] 〔美〕格雷恩·奥尔森，玛丽·娄·福勒. 家校关系：与家长和家庭成功合作（第3版） ［M］. 朱运致，译. 南京：南京师范大学出版社，2013.

[10] 黄河清. 家校合作导论 ［M］. 上海：华东师范大学出版社，2008.

[11] 黄忠敬. 教育政策导论 ［M］. 北京：北京大学出版社，2011.

[12] 〔美〕克雷明. 美国教育史.1. 殖民地时期的历程（1607—1783）［M］. 周玉军，苑龙，陈少英，译. 北京：北京师范大学出版社，2002.

[13] 〔美〕克雷明. 美国教育史.2. 建国初期的历程（1783—1876）［M］. 洪成文，丁邦平，刘建永，马忠虎，译. 北京：北京师范大学出版社，2002.

[14] 〔美〕克雷明. 美国教育史.3. 城市化时期的历程（1876—1980）

［M］．朱旭东，等，译．北京：北京师范大学出版社，2002．

[15] 〔美〕L. 迪安·韦布．美国教育史：一场伟大的美国实验［M］．陈露茜，李朝阳，译．合肥：安徽教育出版社，2010．

[16] 李家成，王培颖．家校合作指导手册［M］．北京：北京大学出版社，2016．

[17] 梁漱溟．中国文化要义［M］．上海：上海人民出版社，2005．

[18] 刘复兴．教育政策的价值分析［M］．北京：教育科学出版社，2003．

[19] 刘复兴．国外教育政策研究基本文献讲读［M］．北京：北京大学出版社，2013．

[20] 刘少杰．国外社会学理论［M］．北京：高等教育出版社，2006．

[21] 〔英〕马克·贝磊．比较教育学：传统、挑战和新范式［M］．彭正梅，等，译，柏友进，校．上海：华东师范大学出版社，2006．

[22] 〔德〕马克思·韦伯．新教伦理与资本主义精神［M］．康乐，简惠美，译．桂林：广西师范大学出版社，2010．

[23] 〔法〕玛丽·杜里－柏拉，阿涅斯·冯·让丹．学校社会学［M］．汪凌，译．上海：华东师范大学出版社，2001．

[24] 马镛．中国家庭教育史［M］．长沙：湖南教育出版社，1997．

[25] 马忠虎．家校合作［M］．北京：教育科学出版社，2001．

[26] 〔美〕迈克尔·W. 阿普尔．文化政治与教育［M］．阎光才，译．北京：教育科学出版社，2005．

[27] 〔美〕迈克尔·W. 阿普尔．官方知识——保守时代的民主教育（第二版）［M］．曲囡囡，刘明堂，译．上海：华东师范大学出版社，2004．

[28] 〔美〕迈克尔·W. 阿普尔．教育的"正确"之路——市场、标准、上帝和不平等（第二版）［M］．黄忠敬，吴晋婷，译．上海：华东师范大学出版社，2008．

[29] 〔美〕迈克尔·W. 阿普尔．教育与权力（第二版）［M］．曲囡囡，刘明堂，译．上海：华东师范大学出版社，2008．

[30] 〔美〕迈克尔·W. 阿普尔．意识形态与课程［M］．黄忠敬，吴晋婷，译．上海：华东师范大学出版社，2001．

[31]〔美〕迈克尔·W. 阿普尔，詹姆斯·A. 比恩. 民主学校——有效教育的启示［M］. 白亦方，蔡瑞君，蔡中蓓，译. 台北：冠学文化出版事业有限公司，2009.

[32] 欧力同. 哈贝马斯的"批判理论"［M］. 重庆：重庆出版社，1997.

[33]〔美〕乔尔·斯普林. 美国教育［M］. 张弛，张斌贤，译. 合肥：安徽教育出版社，2010.

[34]〔美〕乔尔·斯普林. 美国学校：教育传统与变革［M］. 史静寰，等，译. 北京：人民教育出版社，2010.

[35]〔美〕乔纳森·特纳. 社会学理论的结构［M］. 邱泽奇，等，译. 北京：华夏出版社，2006.

[36]〔美〕乔伊丝·L. 爱普斯坦. 学校、家庭和社区合作伙伴：行动手册（第三版）［M］. 吴重涵，等，译. 南昌：江西教育出版社，2012.

[37]〔美〕S. 亚历山大·里帕. 自由社会中的教育：美国历程［M］.8 版. 於荣，译. 合肥：安徽教育出版社，2010.

[38] 施琳. 美国族裔概论［M］. 北京：中央民族大学出版社，2006.12.

[39] 石中英. 教育哲学［M］. 北京：北京师范大学出版社，2007.

[40] 孙建荣，冯建华. 憧憬与迷惑的事业——美国文化与美国教育［M］. 北京：中国社会科学出版社，2000.

[41]〔美〕唐·倍根，唐纳德·R. 格莱叶. 学校与社区关系［M］. 周海涛，主译. 重庆：重庆大学出版社，2003.

[42]〔美〕托马斯·麦卡锡. 哈贝马斯的批判理论［M］. 王江涛，译. 上海：华东师范大学出版社，2009.

[43]〔美〕托马斯·索威尔. 美国种族简史［M］. 沈宗美，译. 南京：南京大学出版社，1993.

[44] 王长纯. 和而不同：比较教育学的哲学沉思［M］. 北京：首都师范大学出版社，2002.

[45]〔美〕韦恩·厄本，杰宁斯·瓦格纳. 美国教育：一部历史档案（第三版）［M］. 周晟，谢爱磊，译. 北京：中国人民大学出版社，2008.

[46]〔美〕威尔逊. 真正的穷人：内城区、底层阶级和公共政策［M］. 成伯清，等，译. 上海：上海人民出版社，2007.

[47] 吴重涵. 家校合作：理论、经验与行动［M］. 南昌：江西教育出版社，2013.

[48] 吴重涵，范忠茂. 在路上江西省家校合作试点学校工作案例选编［M］. 南昌：江西教育出版社，2013.

[49] 吴重涵等. 国际视野与本土行动：家校合作的经验和行动指南［M］. 南昌：江西教育出版社，2012.

[50] 吴遵民. 教育政策学入门［M］. 上海：上海教育出版社，2010.

[51] 谢立中. 西方社会学经典读本（下册）［M］. 北京：北京大学出版社，2008.

[52] 许烺光. 美国人与中国人——两种生活方式比较［M］. 彭凯平，刘文静，等，译. 北京：华夏出版社，1980.

[53] 杨善华. 当代西方社会学理论［M］. 北京：北京大学出版社，1999.

[54]〔德〕尤尔根·哈贝马斯. 哈贝马斯精粹［M］. 曹卫东，选译. 南京：南京大学出版社，2004.

[55]〔德〕尤尔根·哈贝马斯. 合法化危机［M］. 刘北成，曹卫东，译. 上海：上海人民出版社，2000.

[56]〔德〕尤尔根·哈贝马斯. 交往行为理论：行为合理性与社会合理性［M］. 曹卫东，译. 上海：上海人民出版社，2004.

[57]〔德〕尤尔根·哈贝马斯. 交往行为理论·第二卷——论功能主义理论批判［M］. 洪佩郁，蔺青，译. 重庆：重庆出版社，1994.

[58] 袁振国. 教育政策学［M］. 南京：江苏教育出版社，2000.

[59]〔美〕约翰·霍普·富兰克林. 美国黑人史［M］. 张冰姿，等，译. 北京：商务印书馆，1988.

[60] 周满生. 教育宏观决策比较研究［M］. 北京：人民教育出版社，2009.

后　记

　　人都要通过一定的方式认识自己，对于我来说，攻读博士学位正是一个直接而有效的方式。在读博期间，我从一个不谙世事、无忧无虑的"学生"走向承担家庭责任的"社会成员"。这是一个压力前所未有地集中的阶段，这些压力需要自己真实地、真诚地去面对、去认识、去接受、去处理，而这一系列行为都直接映射到自我认知之上，博士期间的生活与学习复杂地交织在一起，催促着我的成熟。

　　我的读博阶段，纷扰甚多，压力很大。爱情的坚定、小家庭的建立、孩子的养育、小家庭与其他至少两个紧密家庭之间的关系维系、老人的赡养、疾病与死亡的面对、工作的开始与进展……压力，自然来自以上的每一个方面，而且还会以树形结构不断向下细化蔓延与交织，如孩子的照看与教育，其中照看又细化为吃穿住行方面的琐碎，家庭成员之间责任分配以及和时间精力方面的矛盾，教育又细化为教育观念之间的矛盾，教育权力也就是谁说了算的问题，社会流行的教育观念与自己的教育观念和能力之间的矛盾等。压力大，表现为它的集中性与无法排解性。所有压力在开始读博时就在酝酿，因为正是在这个人生时期，上述所有的问题一股脑的都出现在面前，家人重病、自己生育和生病、孩子养育、爱人工作变动、生活经济窘迫等，而这些压力却无法真正得到排解。有时，这种压力不仅转化为愧疚，还会转化为可怕的自卑，继而转化为莫名的内在压力……

　　窘困的生活状态和浮躁的、迷茫的生活心态曾经让我十分质疑自己当初读博的选择，甚至质疑自己的未来。但终究我还是被一股坚定而踏实的力量鼓舞着走下来，那就是我的导师张德伟教授给予我的鼓励、指导和帮助。老师为人实在、真诚、从容、坚定、认真，这些可贵的品质引导我从浮躁中走出来，认真从容地应对生活和学业上的各种困难；老师治学严谨、一丝不苟、兢兢业业、事必躬亲，在我遇到研究上的困惑和不解时，老师耐心而又真诚地帮助我，在我表现地稍有懈怠和投机时，老师直接而又准确地点透我。老师对我说过："研究就是一种苦旅，静静地想、思才好。"所以，我可以享受着许烺光关于"文化边缘人"的感慨，享受着梁漱溟对中国文化的深邃认知，享受着哈贝马斯对现代性这一未竟事业的构想……

即将毕业离校，我将带着各位老师的学术和人生智慧进入一个新的生活环境、开始一种新的生活，我也必将秉持各位老师尊重、鼓励和帮助学生的真诚努力做好自己的教师工作。在未来的生活中，我将不负各位师长的教诲，在人生路、求知路上认真、从容、坚定地走下去。

我还要感谢东北师范大学国际与比较教育研究所的陈欣老师，陈老师总是能够在轻松愉快的氛围中以一种启发性的方式指点我、帮助我；感谢饶从满老师、李广平老师、刘学智老师、吕文华老师和索丰老师，老师们在我的论文后期提出了很多真知灼见，帮助我认识到自己的问题并且为我提出很多重要建议。